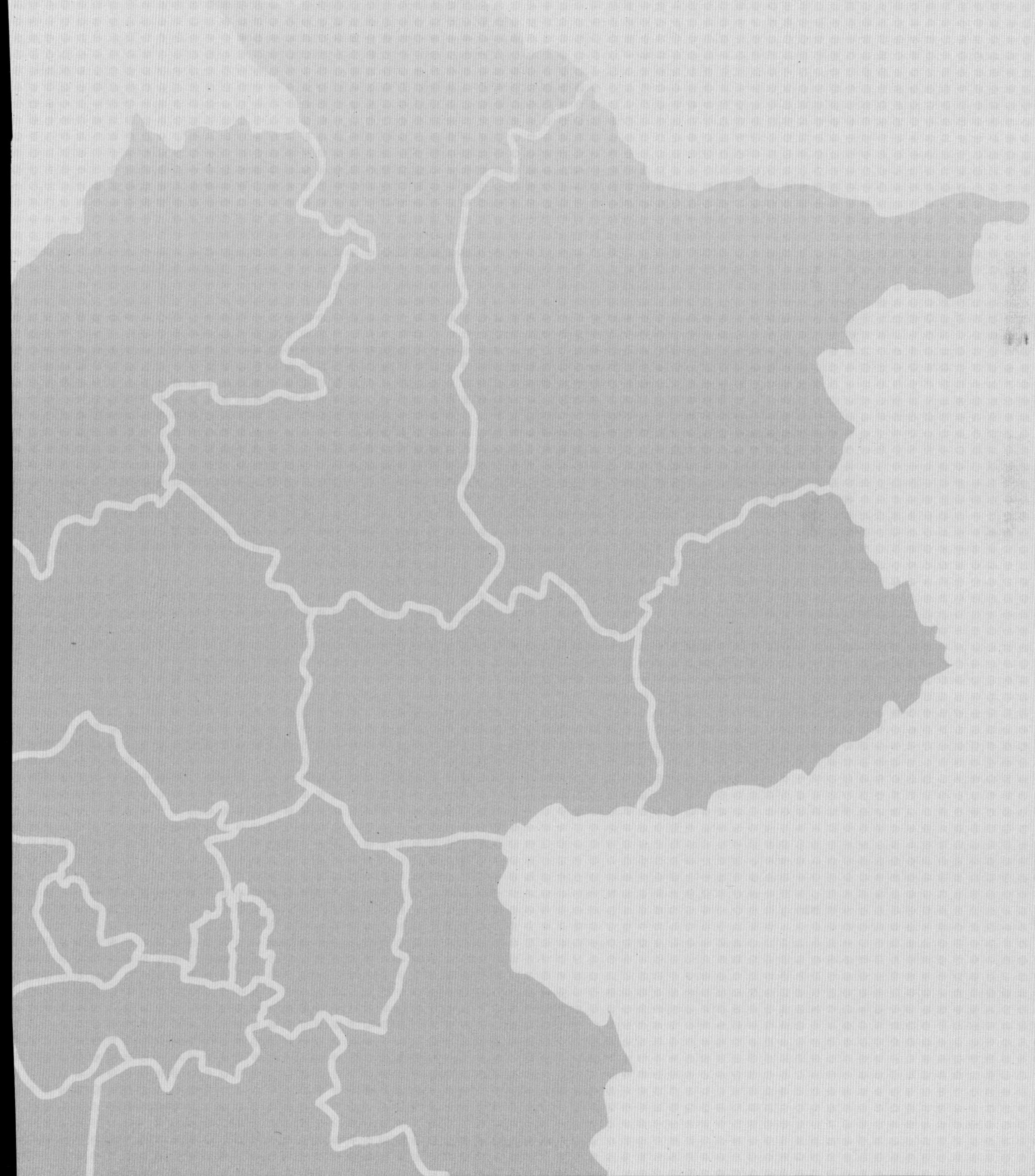

2012

北京区域统计年鉴

北京市统计局
国家统计局北京调查总队 编

北京日报报业集团
同心出版社

图书在版编目（CIP）数据

北京区域统计年鉴．2012／北京市统计局、国家统计局北京调查总队编．—北京：同心出版社，2012.11
ISBN 978-7-5477-0747-0

Ⅰ．①北… Ⅱ．①北… Ⅲ．①统计资料—北京市—2012—年鉴
Ⅳ．①C832.1-54

中国版本图书馆CIP数据核字(2012)第257137号

责任编辑：张 迪

出版发行：同心出版社
地　　址：北京市东城区东单三条8-16号东方广场东配楼四层
邮　　编：100005
电　　话：发行部：(010) 65255876
　　　　　总编室：(010) 65252135-8043
印　　刷：北京时捷印刷有限公司
经　　销：各地新华书店
版　　次：2012年11月第1版
　　　　　2012年11月第1次印刷
开　　本：787×1092　1/16
印　　张：15
字　　数：400千字
定　　价：180.00元

北京市行政区划示意图

怀柔区
延庆县
密云县
昌平区
平谷区
顺义区
海淀区
门头沟区
朝阳区
石景山区
西城区
东城区
丰台区
通州区
房山区
大兴区

东城区

首都文化中心区 世界城市窗口区

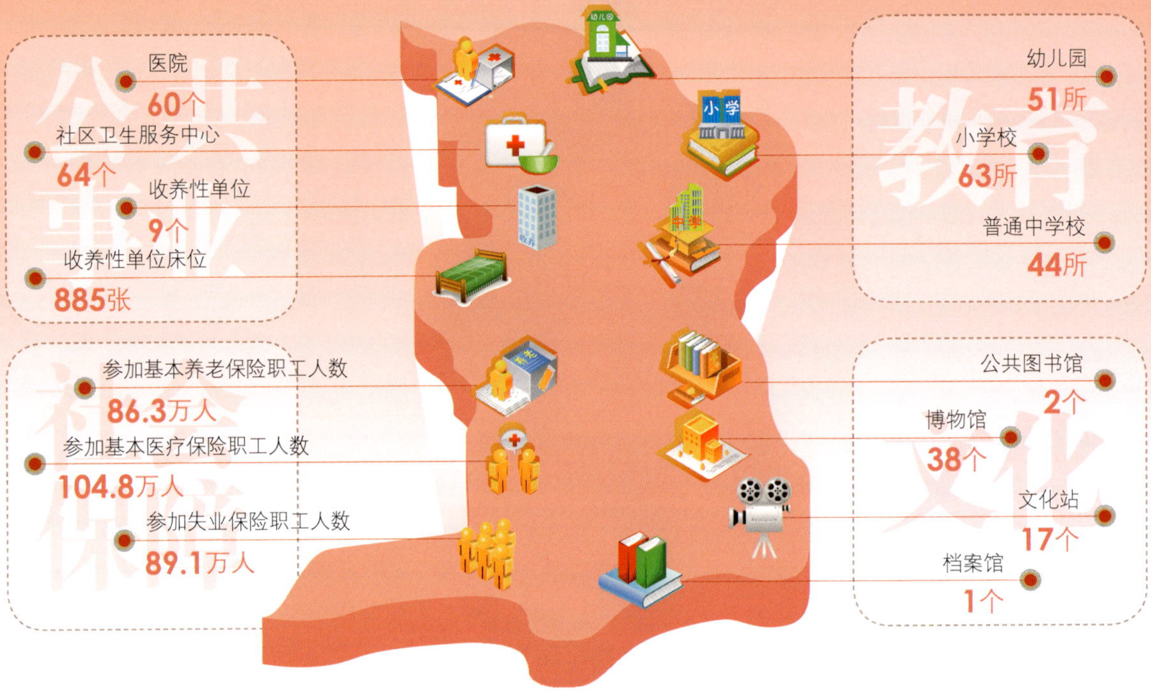

地区生产总值(单位：亿元)

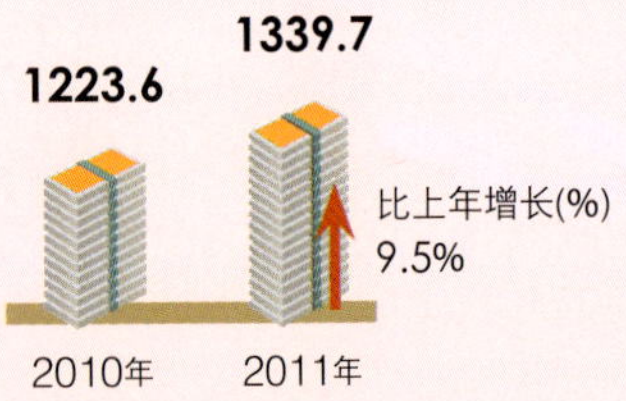

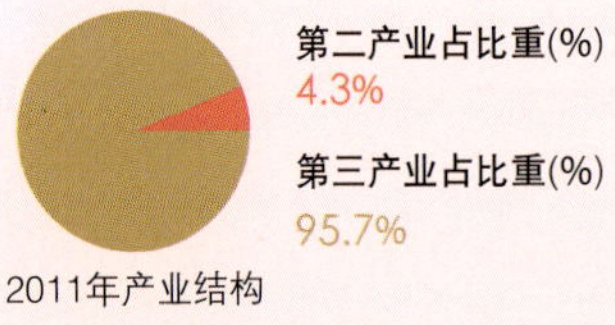

社会消费品零售额(单位：亿元)

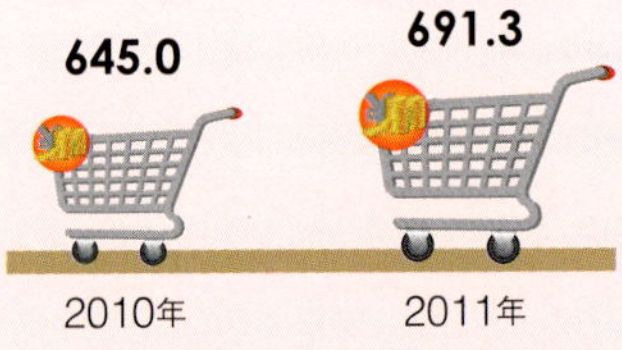

地方公共财政预算支出情况

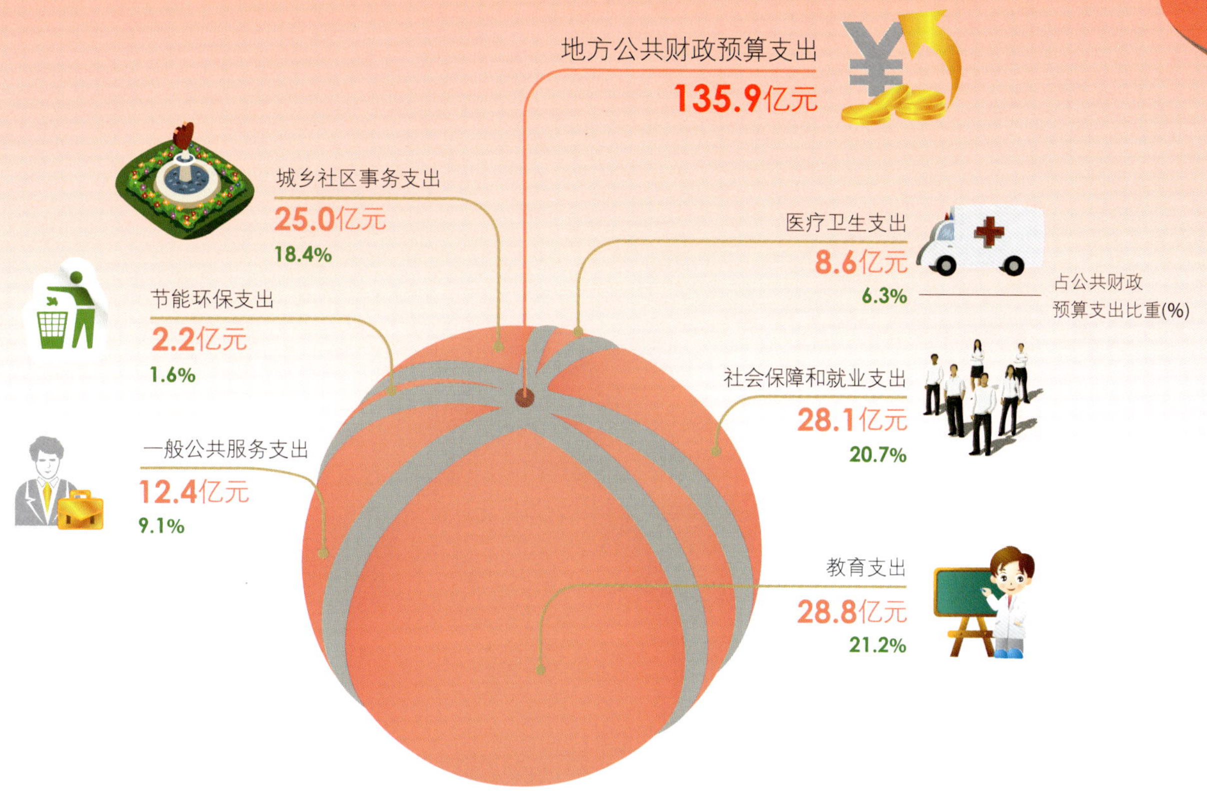

地方财政收支(单位：亿元)

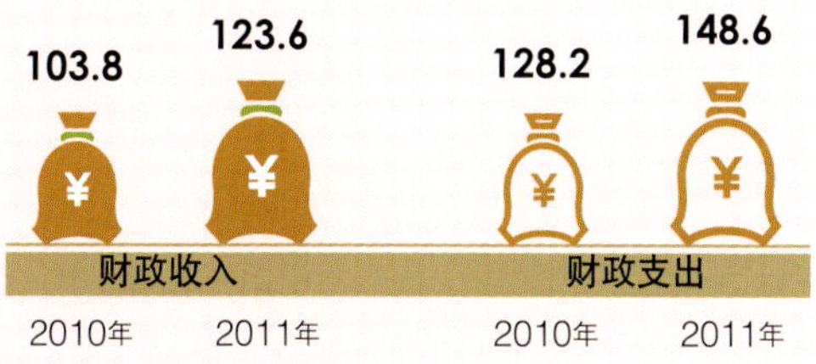

城镇居民人均收支(单位：元)

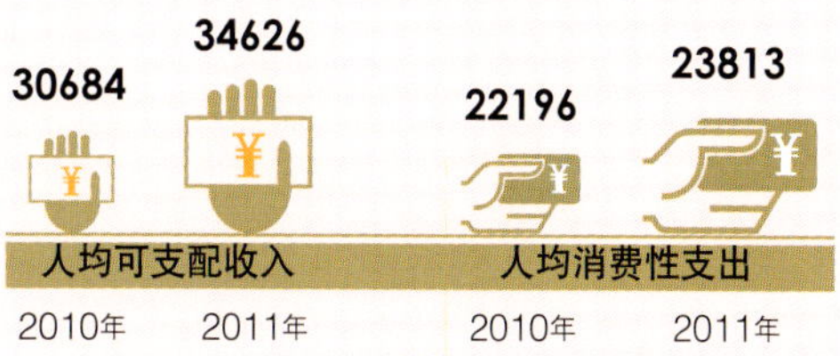

西城区

服务立区　金融强区　文化兴区

公共服务

医院
44个

社区卫生服务中心
89个

收养性单位
27个

收养性单位床位
1714张

社会保障

参加基本养老保险职工人数
125.4万人

参加基本医疗保险职工人数
138.7万人

参加失业保险职工人数
127.4万人

教育

幼儿园
63所

小学校
72所

普通中学校
51所

文化

公共图书馆
3个

博物馆
29个

文化站
15个

档案馆
2个

土地面积（平方公里）
50.53

常住人口（万人）
124.0

地区生产总值（单位：亿元）

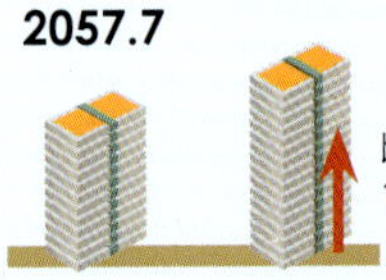

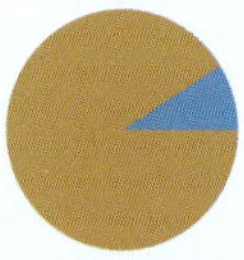

2011年产业结构

社会消费品零售额（单位：亿元）

重点行业发展情况

旅游业综合收入
335.2亿元
14.6% 比上年增长(%)

金融业增加值
939.2亿元
13.7%

地方财政收支(单位：亿元)

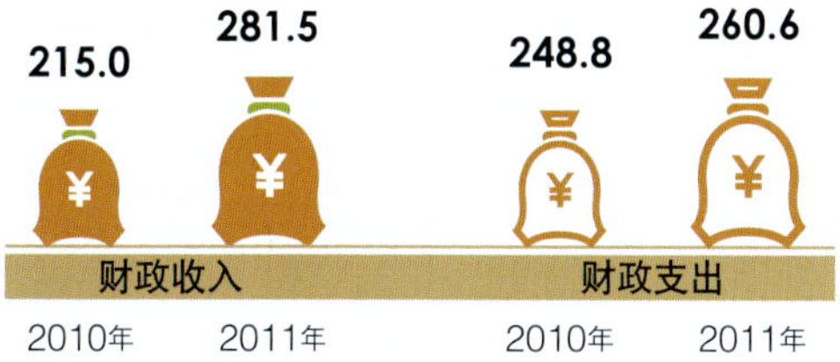

城镇居民人均收支(单位：元)

朝阳区

全面建设“新四区”　科学发展新朝阳

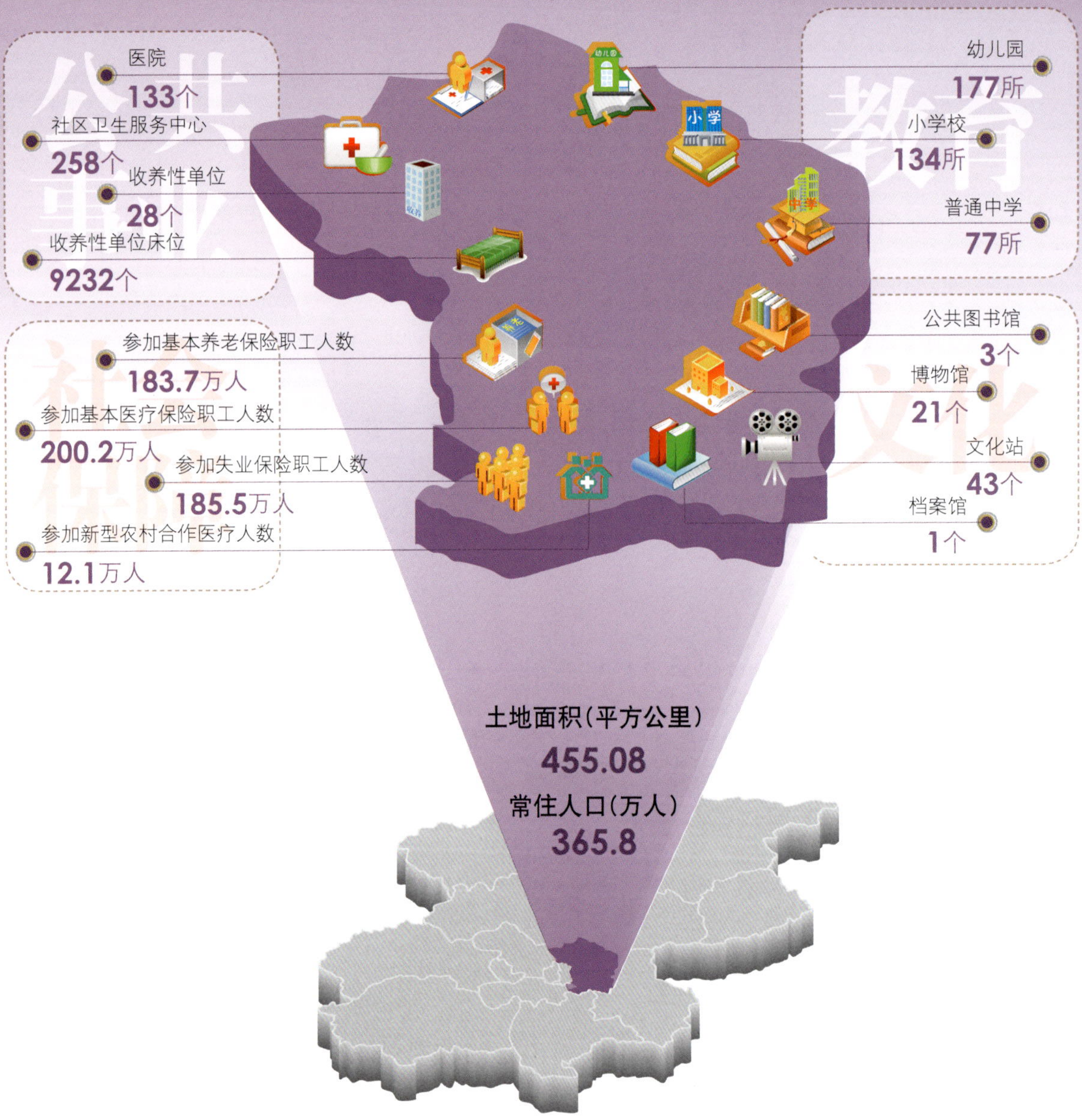

地区生产总值(单位：亿元)

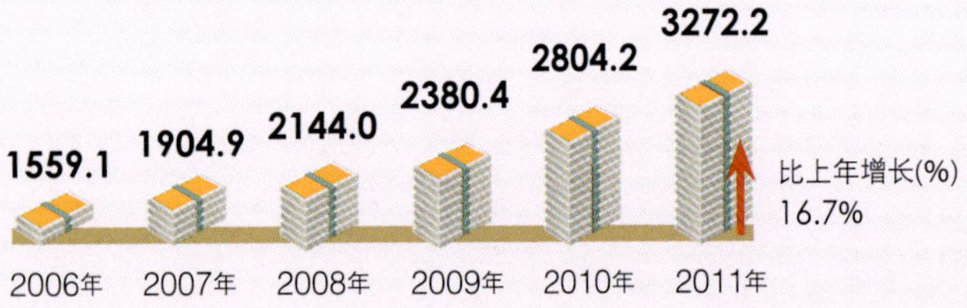

进出口总额(单位：亿美元)

重点服务业情况

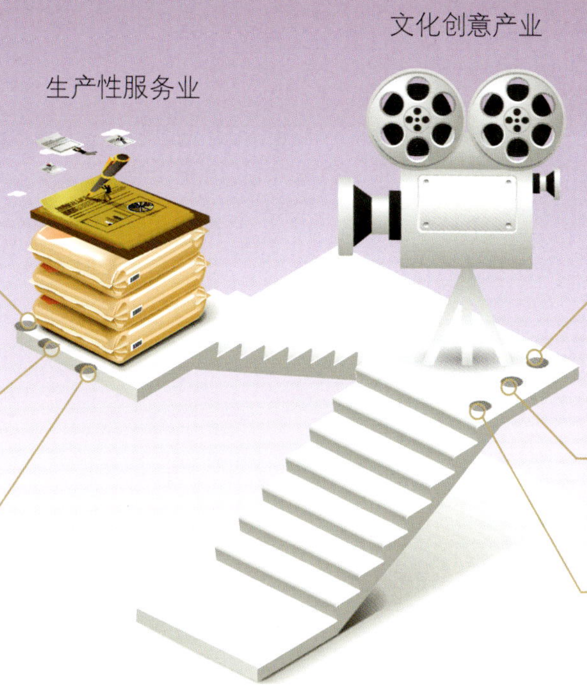

生产性服务业

收入合计
15561.7亿元
21.3%

利润总额
2319.5亿元
7.4%

从业人员平均人数
53.9万人
-0.6%

文化创意产业

收入合计
1955.9亿元
20.3% —— 比上年增长(%)

利润总额
95.6亿元
50.5%

从业人员平均人数
19.5万人
15.9%

实际利用外商直接投资额(单位：亿美元)

城乡居民收入(单位：元)

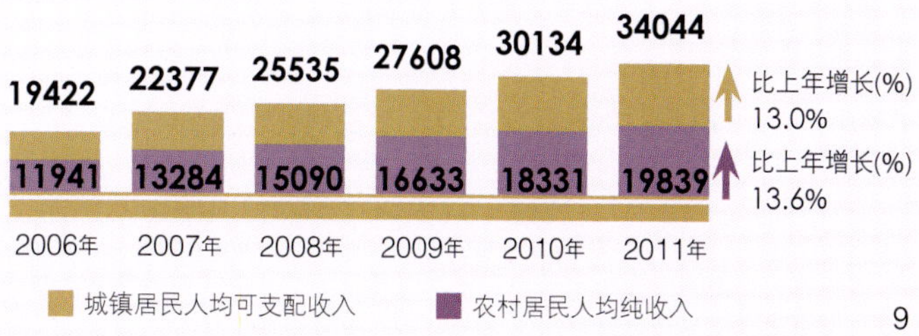

丰台区

丰收的沃土 成功的舞台

地区生产总值(单位：亿元)

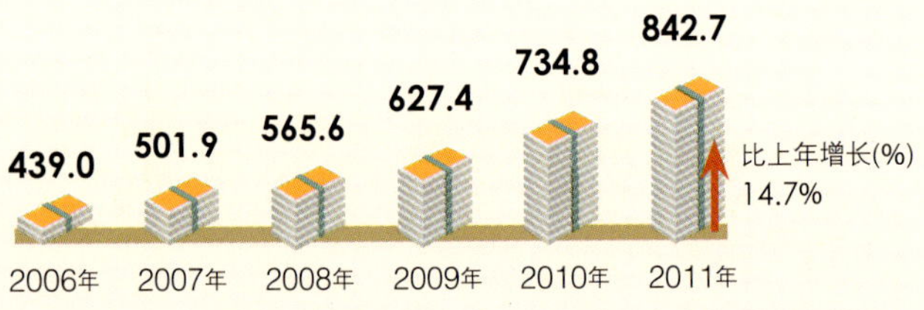

全社会固定资产投资(单位：亿元)

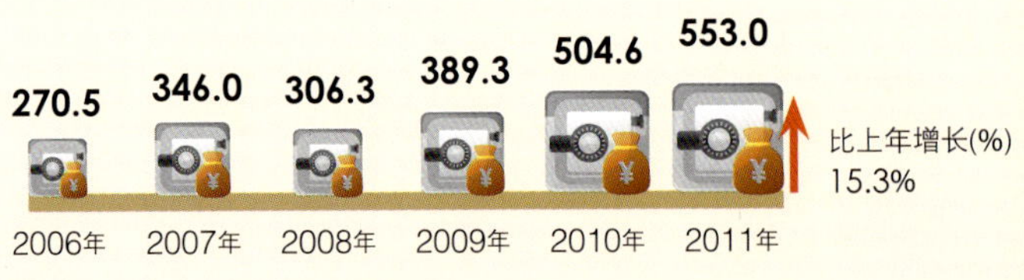

中关村科技园区丰台园各技术领域收入情况

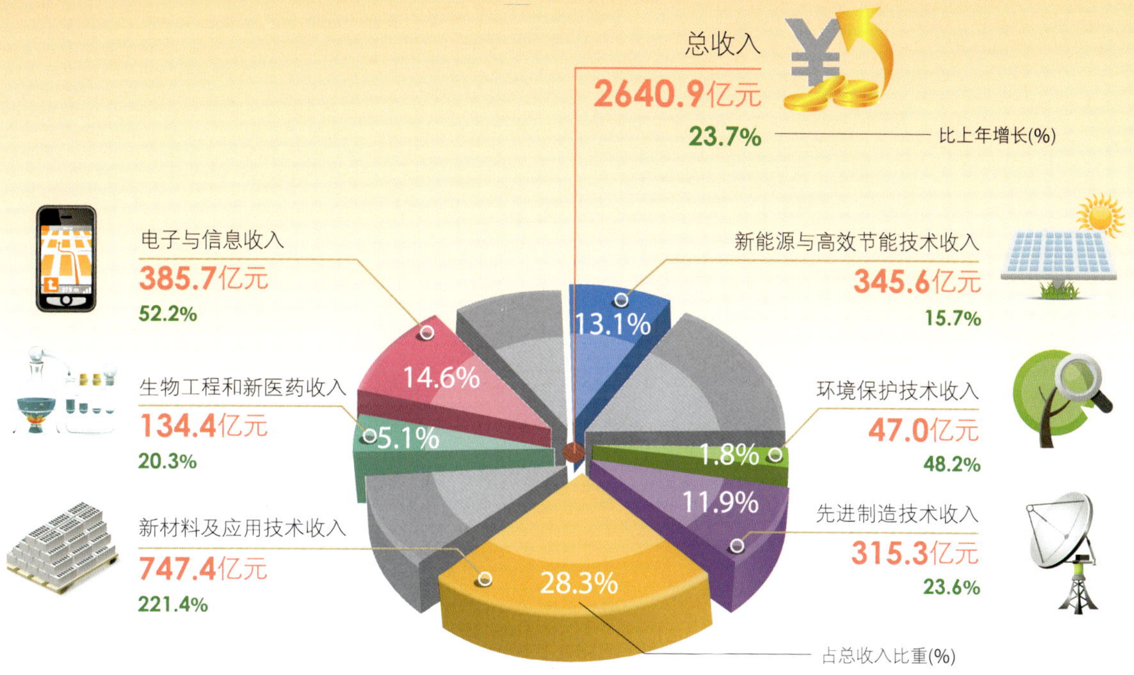

规模以上工业总产值(单位：亿元)

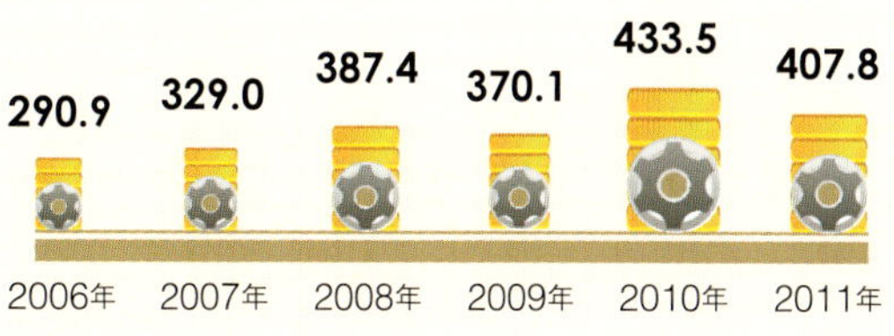

城乡居民收入(单位：元)

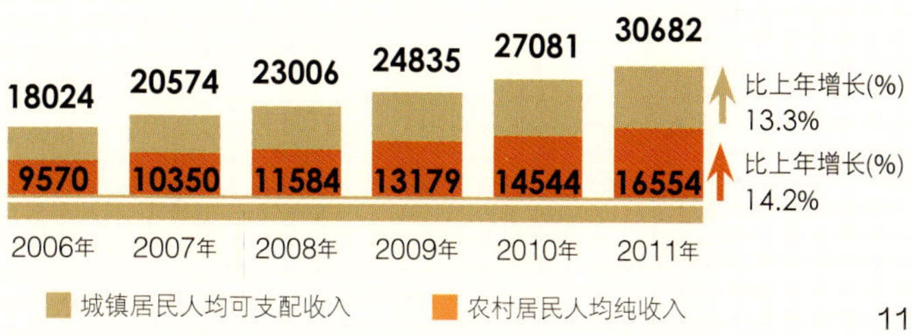

石景山区

创意创智CRD 宜商宜居石景山

地区生产总值(单位：亿元)

第三产业增加值(单位：亿元)

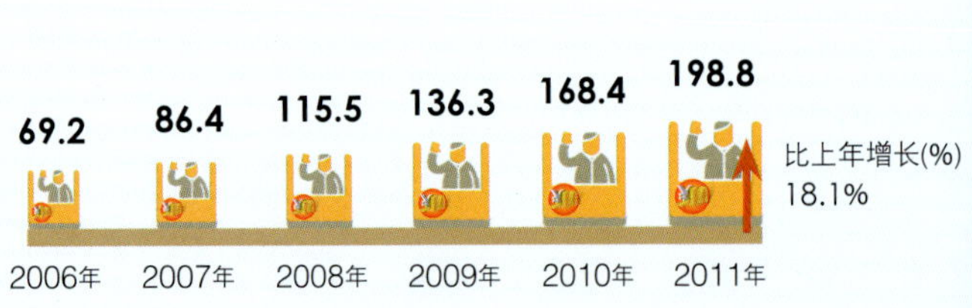

生产性服务业收入情况

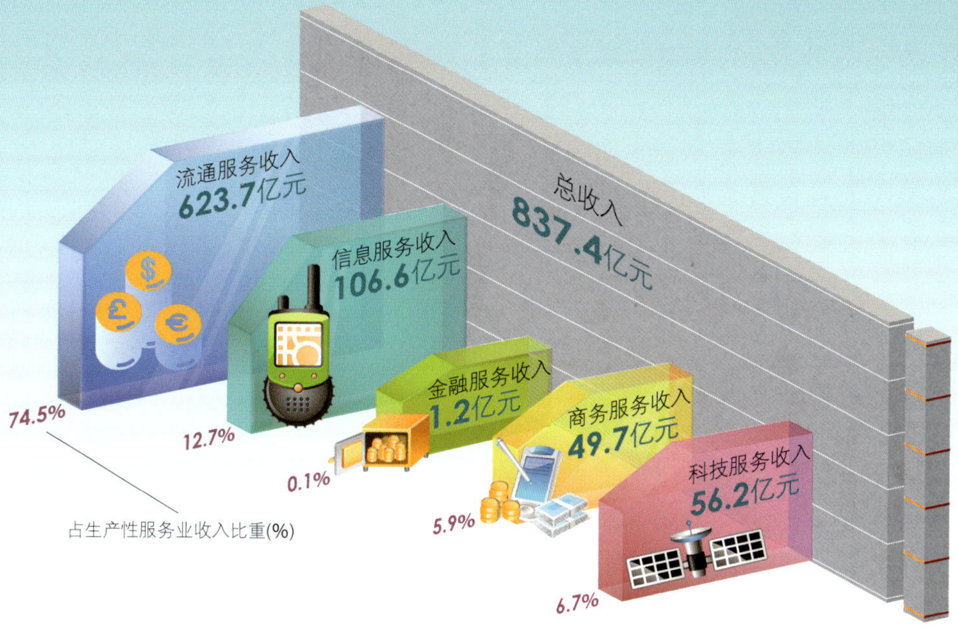

地方财政收入(单位：亿元)

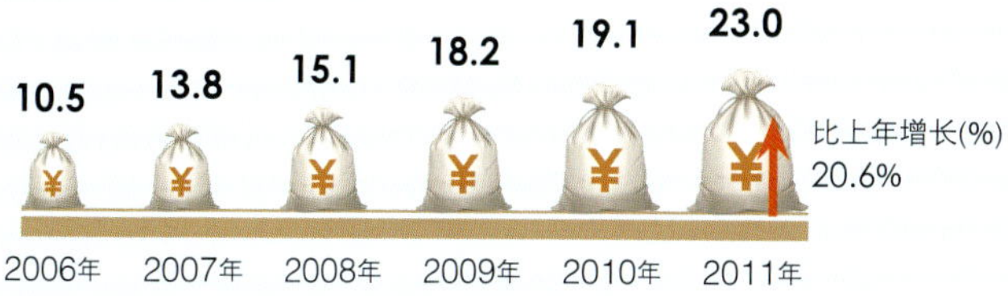

城镇居民人均可支配收入(单位：元)

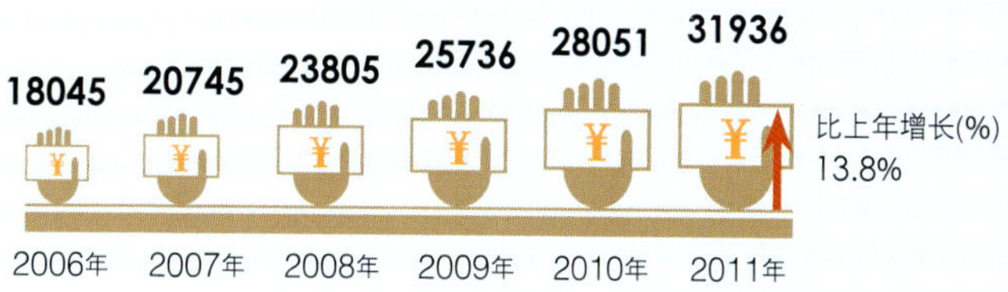

海淀区

文化之海 创意之淀

地区生产总值(单位：亿元)

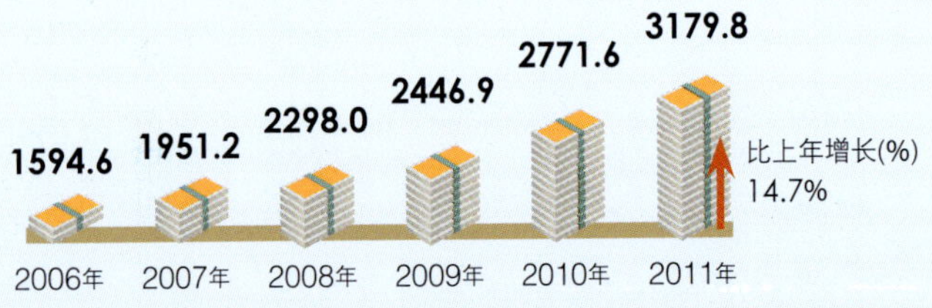

社会消费品零售额(单位：亿元)

重点行业和重点领域发展情况

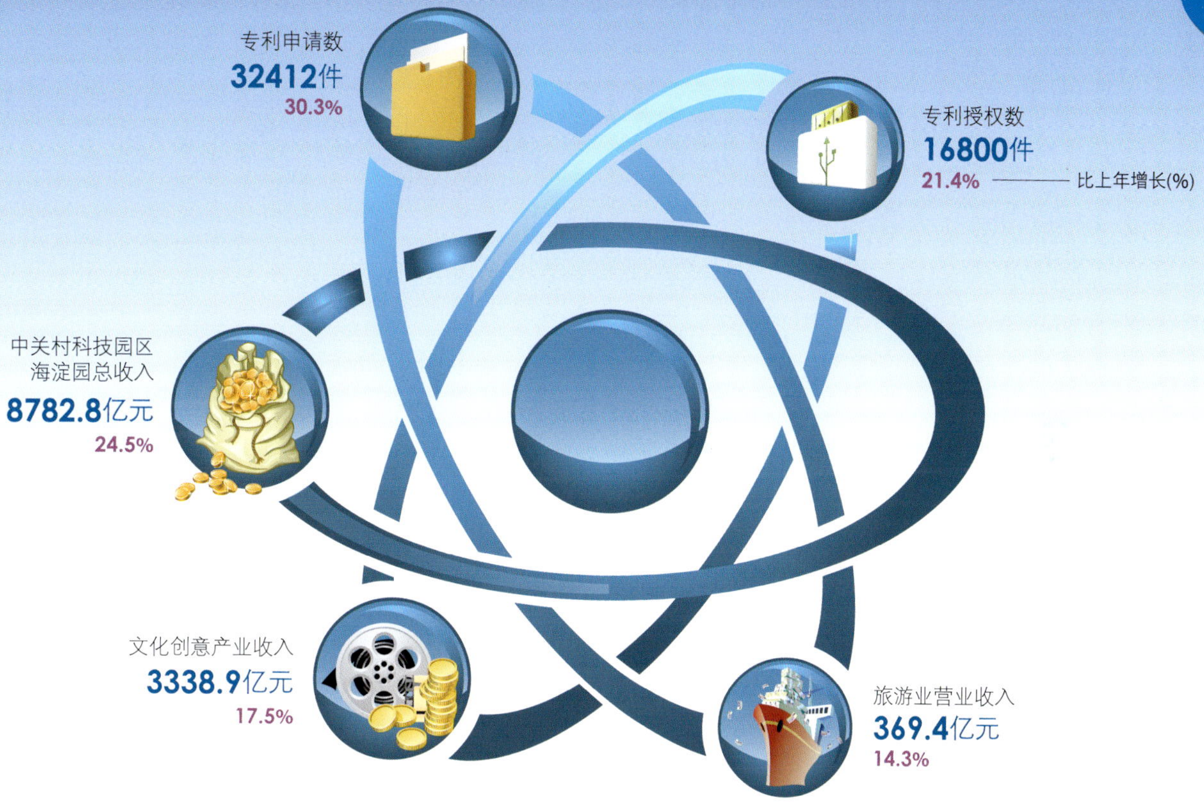

地方财政收入（单位：亿元）

城乡居民收入（单位：元）

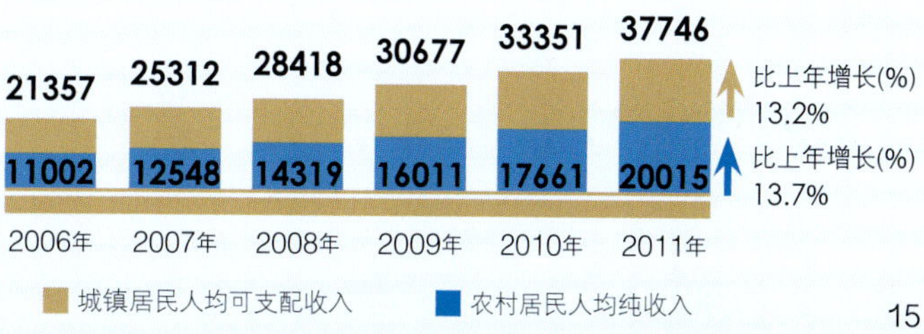

房山区

首都高端制造业新区和现代生态休闲新城

地区生产总值(单位：亿元)

全社会固定资产投资(单位：亿元)

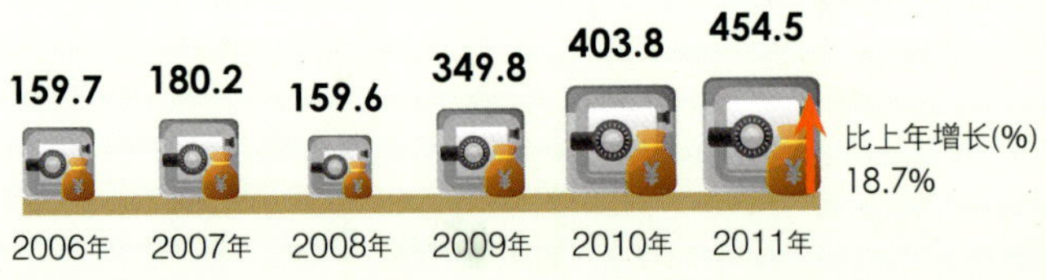

固定资产投资情况

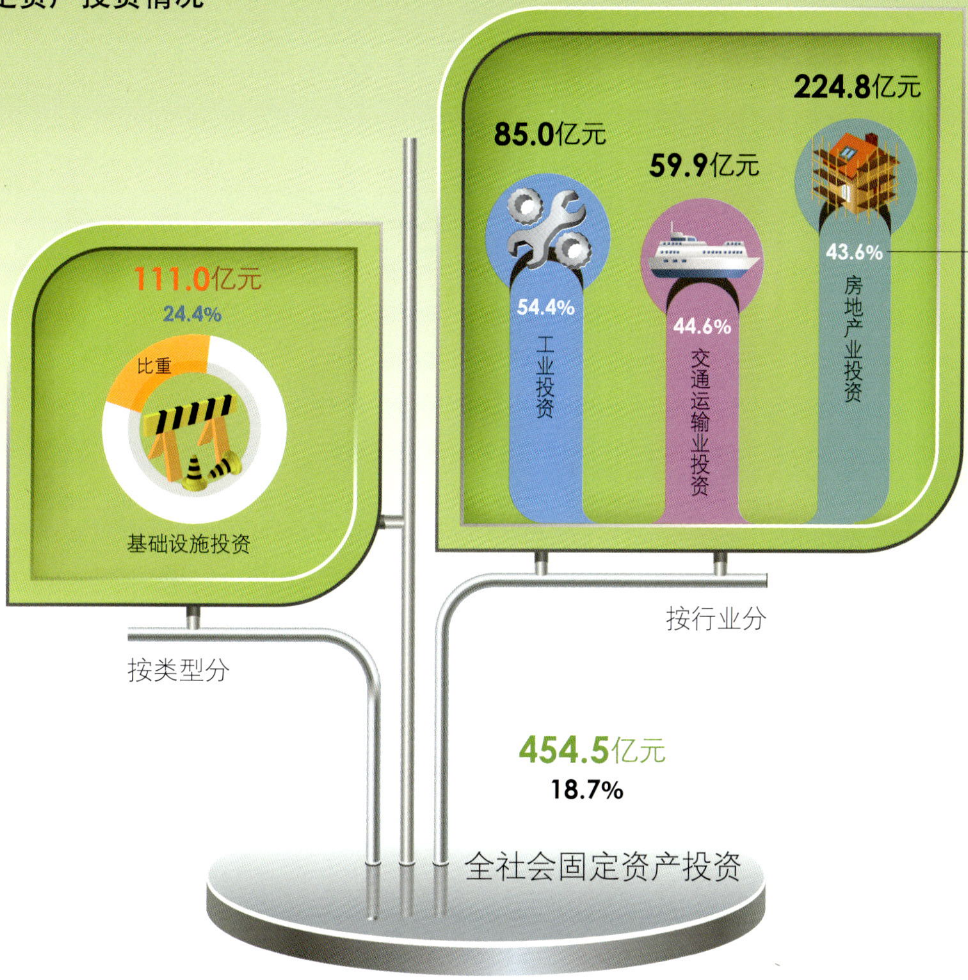

规模以上工业总产值(单位：亿元)

2006年	2007年	2008年	2009年	2010年	2011年
568.5	637.1	821.3	756.1	949.6	1025.7

城乡居民收入(单位：元)

	2006年	2007年	2008年	2009年	2010年	2011年	比上年增长(%)
城镇居民人均可支配收入	16987	18713	20329	21955	23769	26956	13.4%
农村居民人均纯收入	8013	8981	10073	11315	12492	13527	13.5%

通州区

打造功能完备的城市副中心
建设“魅力 实力 活力 和谐 幸福”新城

地区生产总值(单位：亿元)

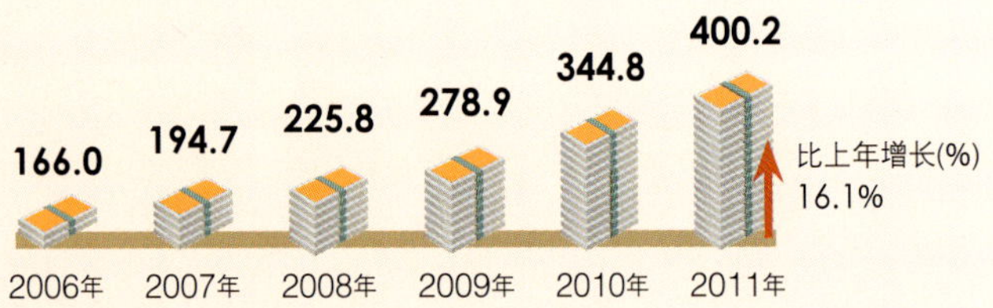

房地产开发投资(单位：亿元)

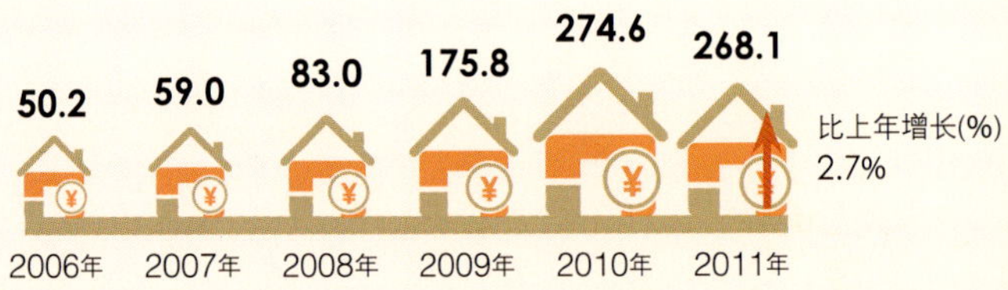

医药制造业情况

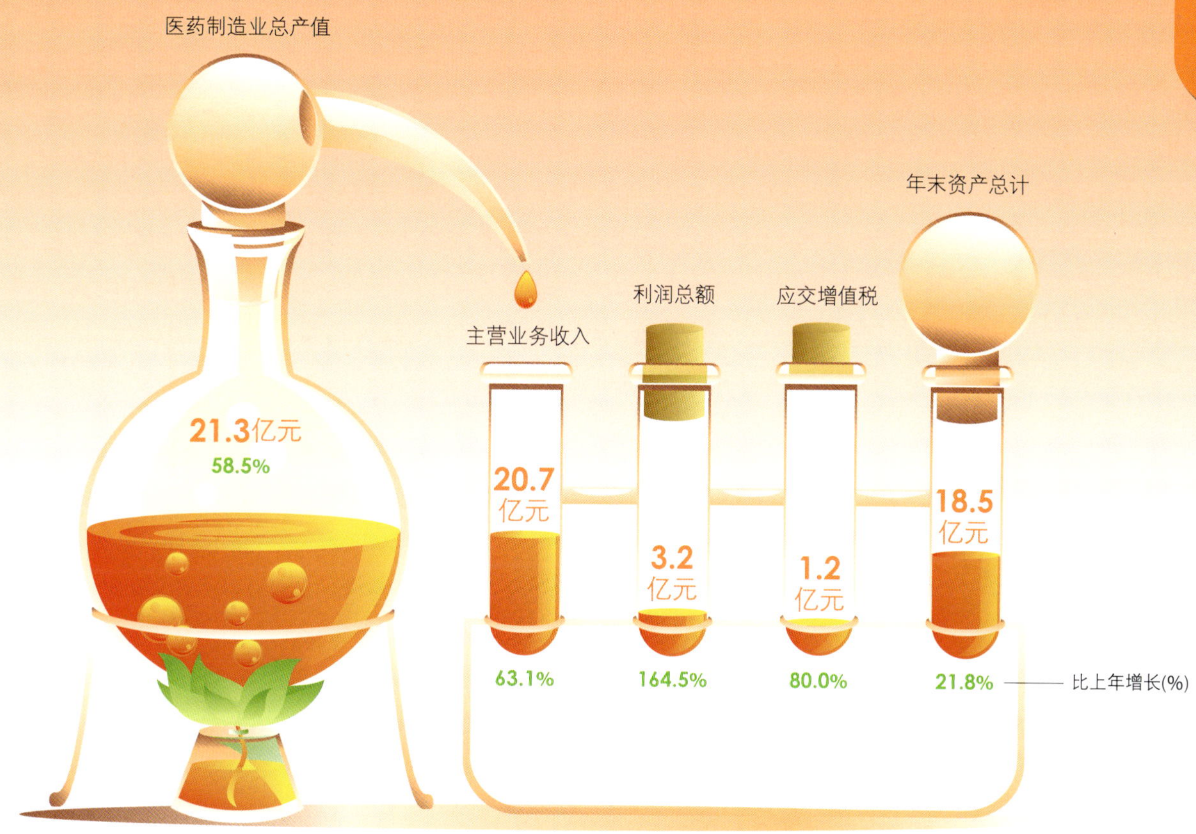

建筑业总产值(单位：亿元)

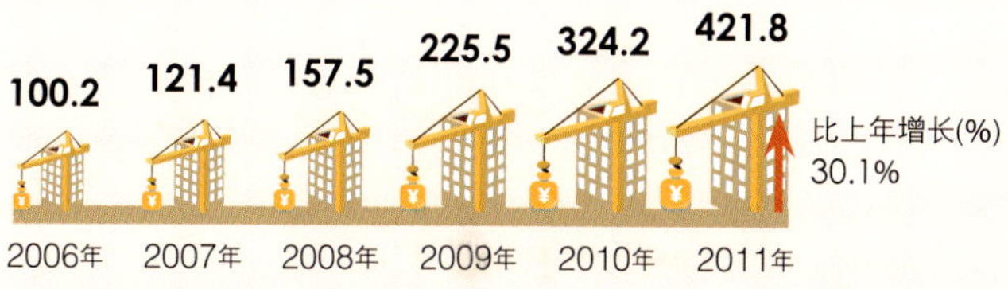

城乡居民收入(单位：元)

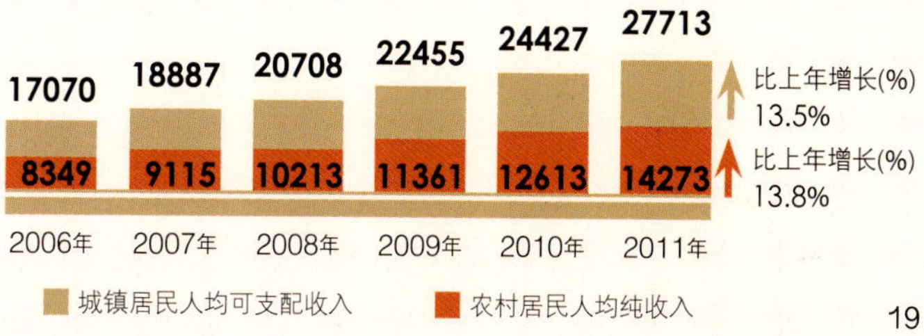

顺义区

打造临空经济区 建设世界空港城

地区生产总值(单位：亿元)

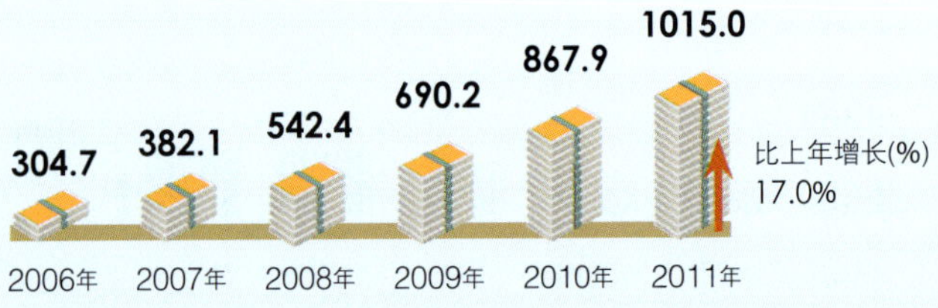

规模以上工业总产值(单位：亿元)

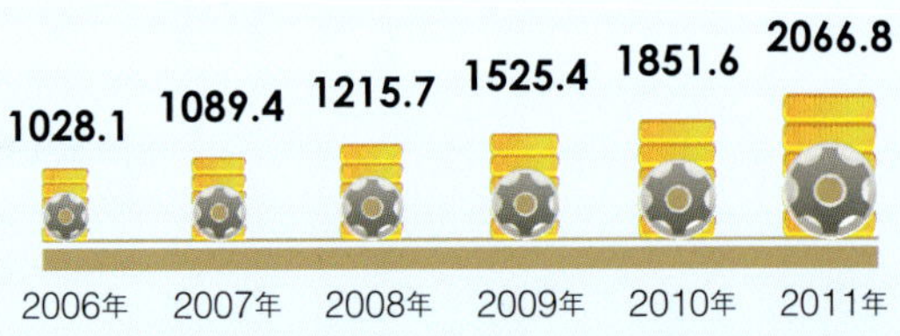

规模以上工业总产值重点行业分组情况

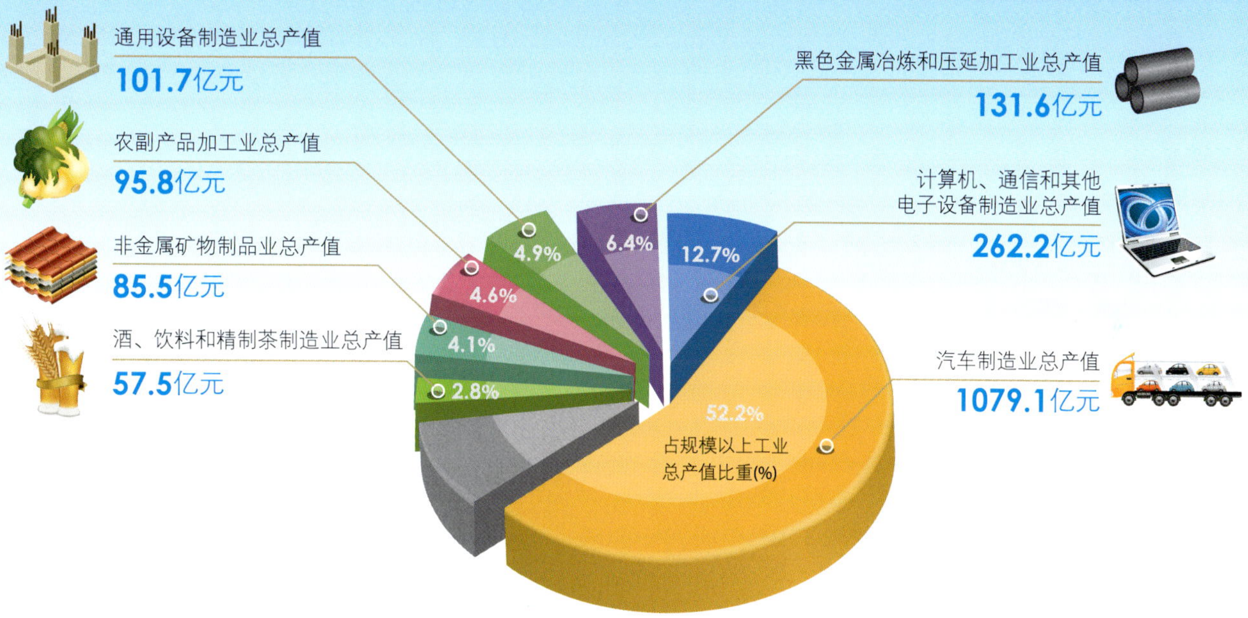

地方财政收入(单位：亿元)

城乡居民收入(单位：元)

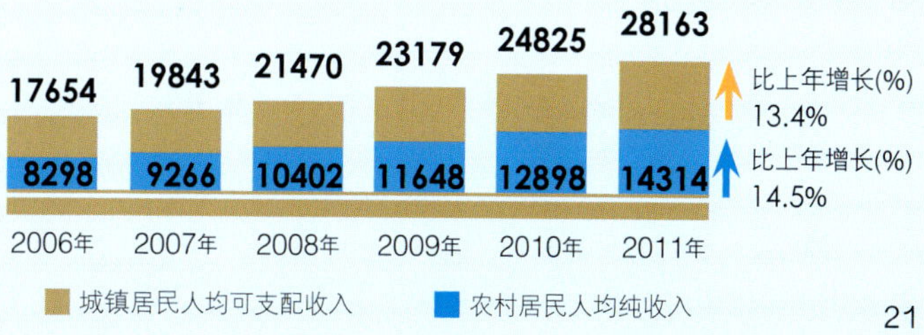

昌平区

京北创新中心 国际科教新城

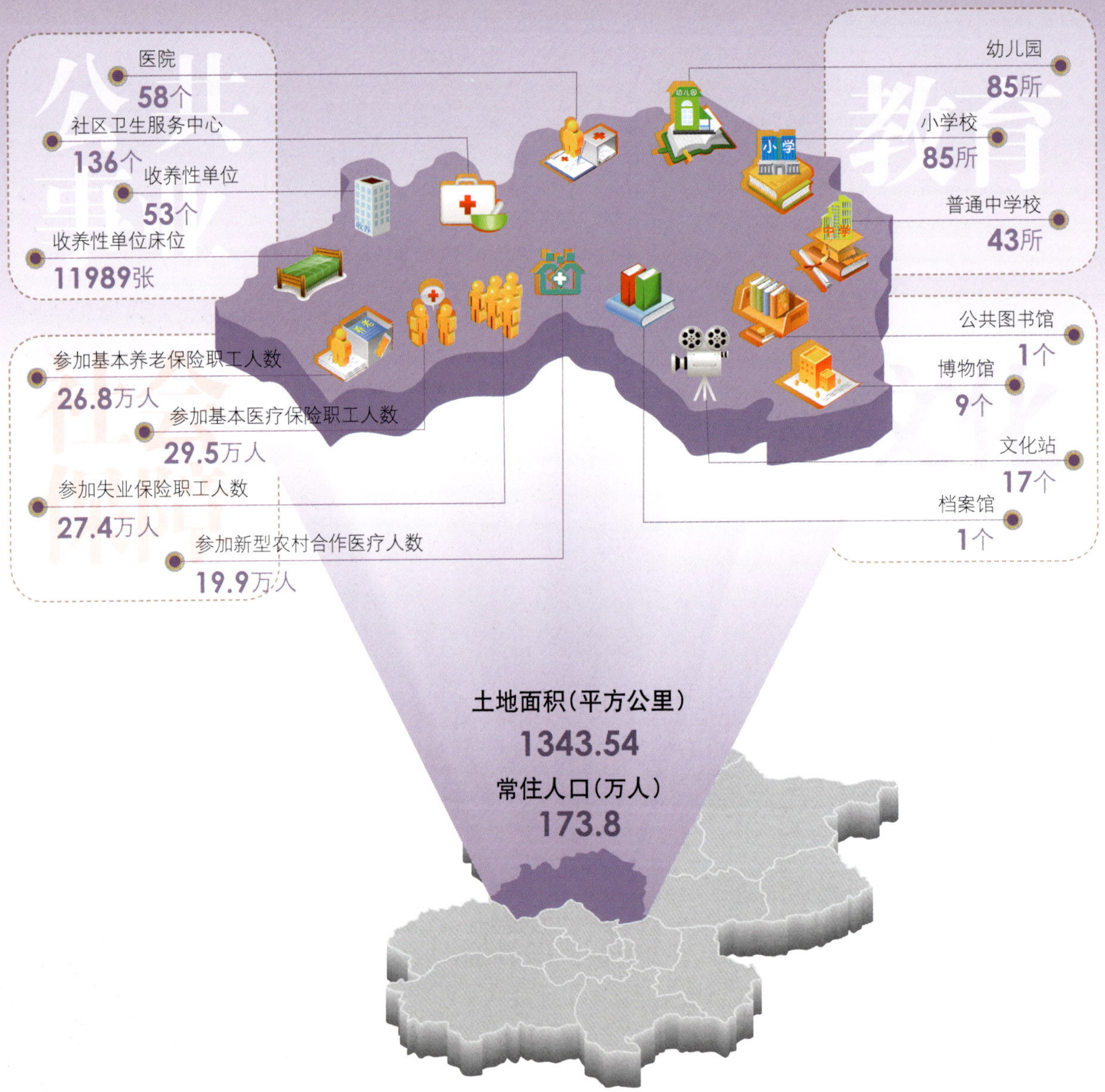

地区生产总值(单位：亿元)

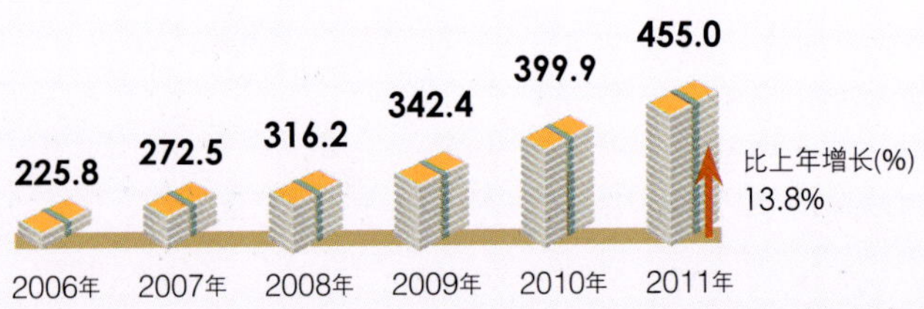

规模以上工业总产值(单位：亿元)

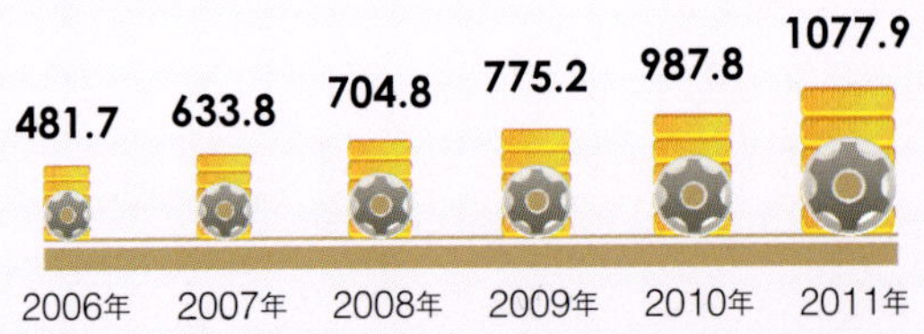

昌平园高新技术企业情况

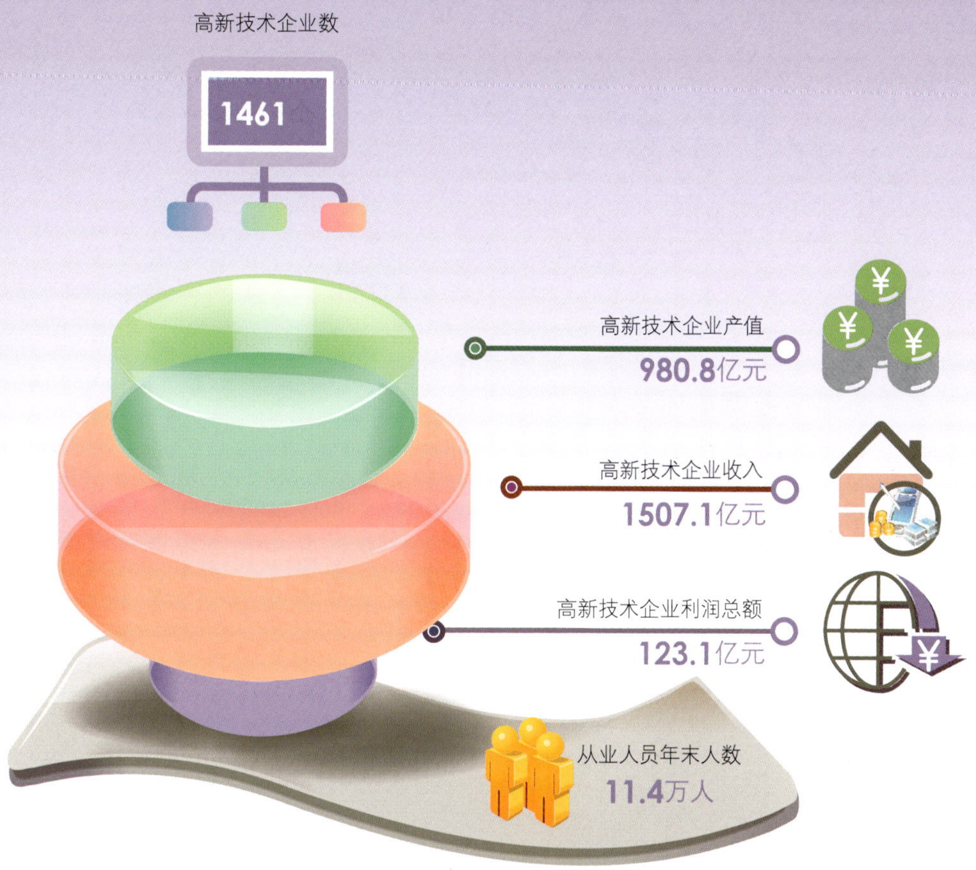

地方财政收入（单位：亿元）

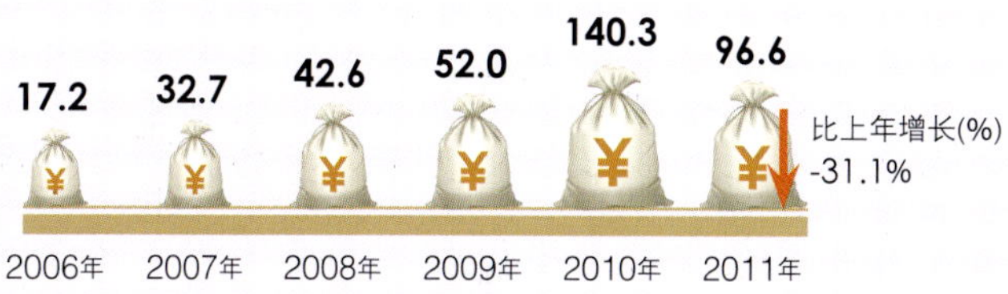

城乡居民收入（单位：元）

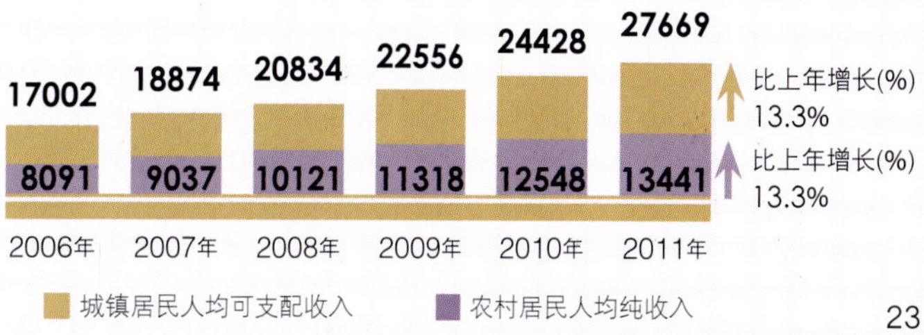

大兴区

三座新城矗立 高端产业集聚
环境宜业宜居 人民文明富裕

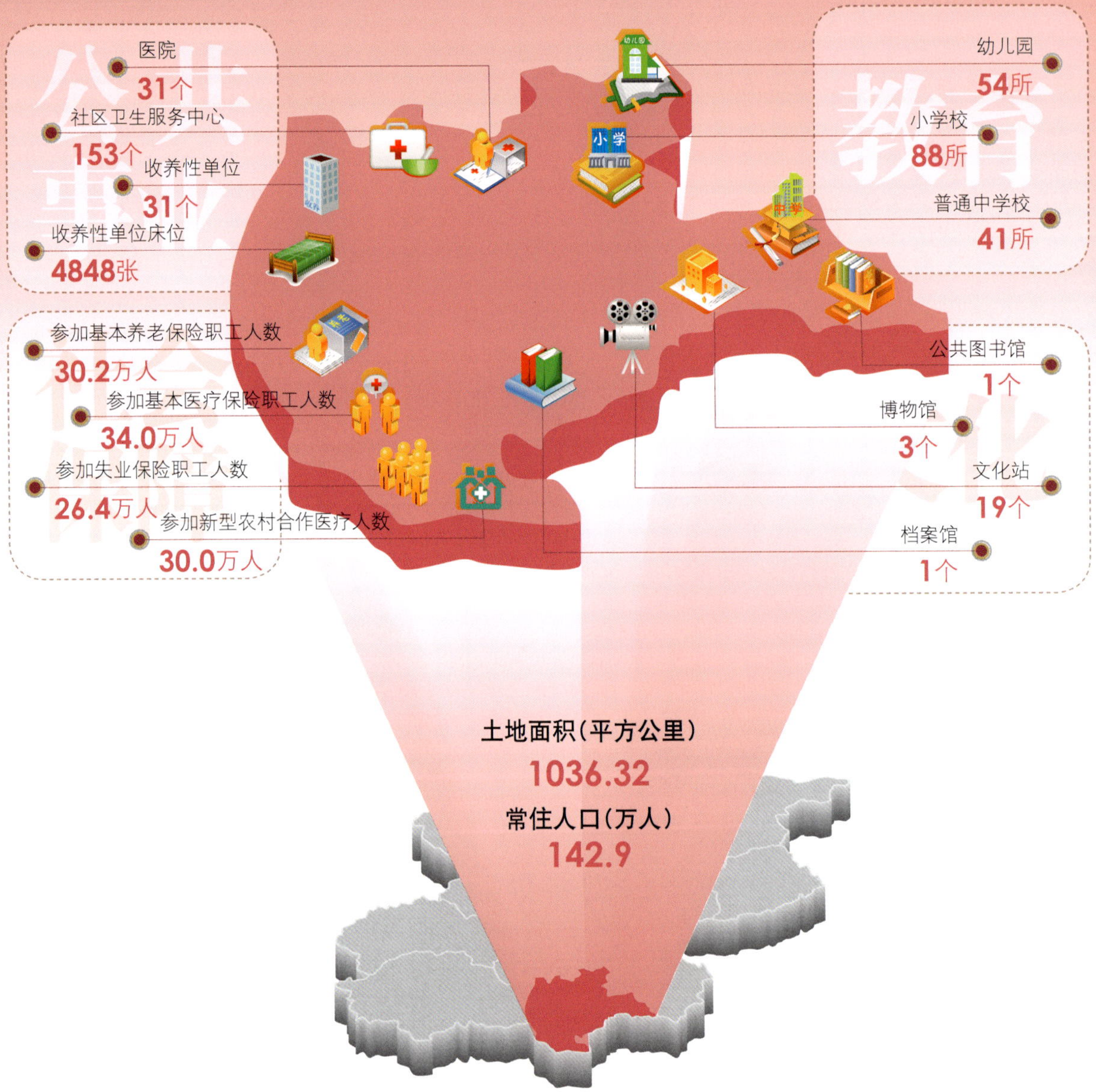

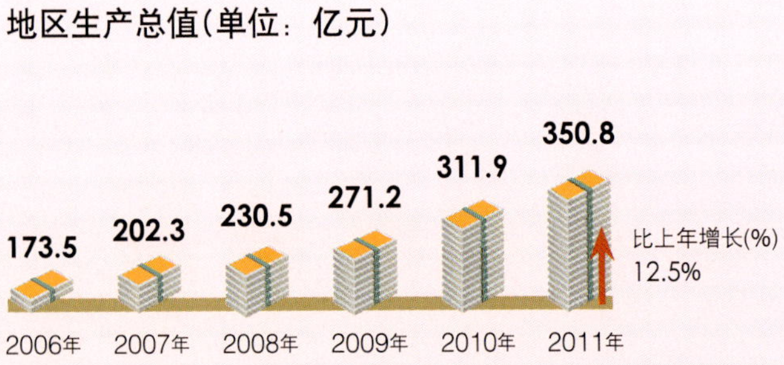

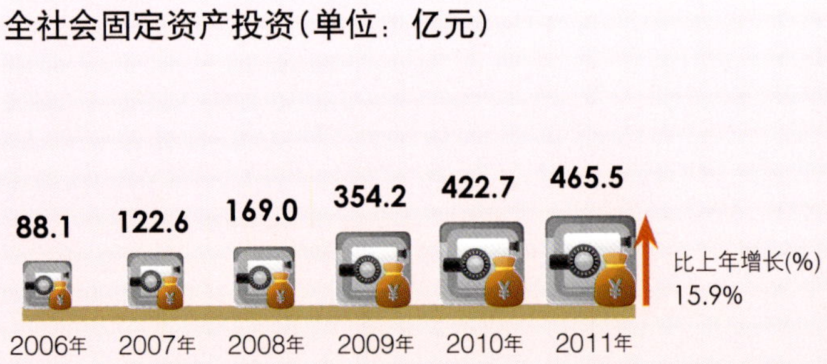

都市型农业情况

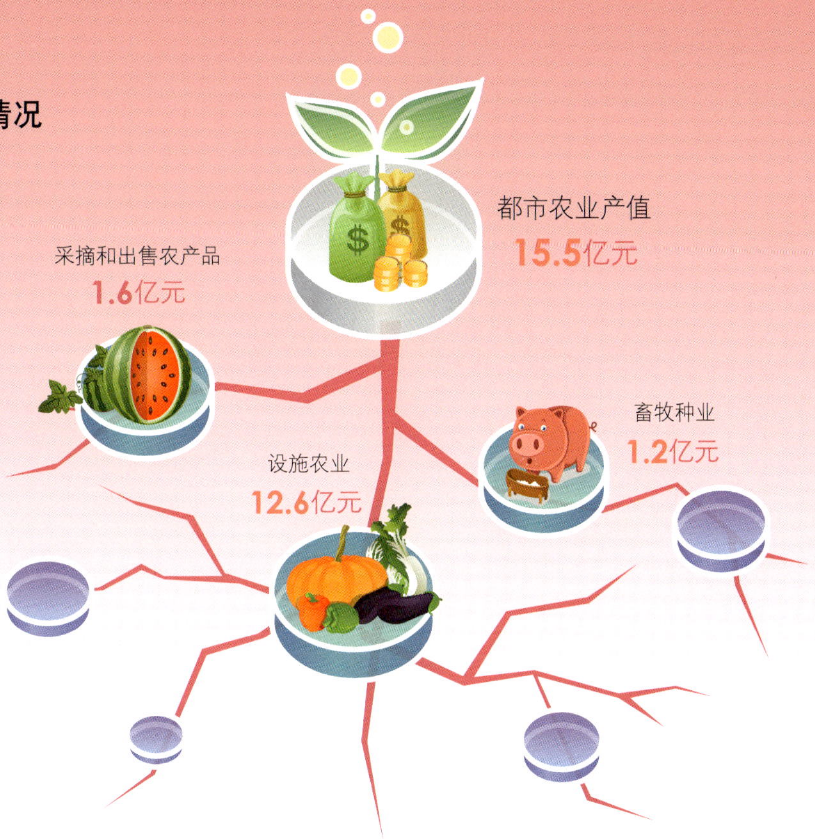

农林牧渔业总产值(单位：亿元)

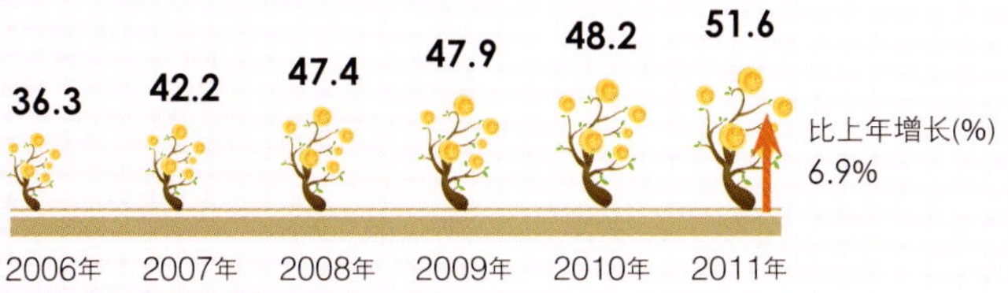

城乡居民收入(单位：元)

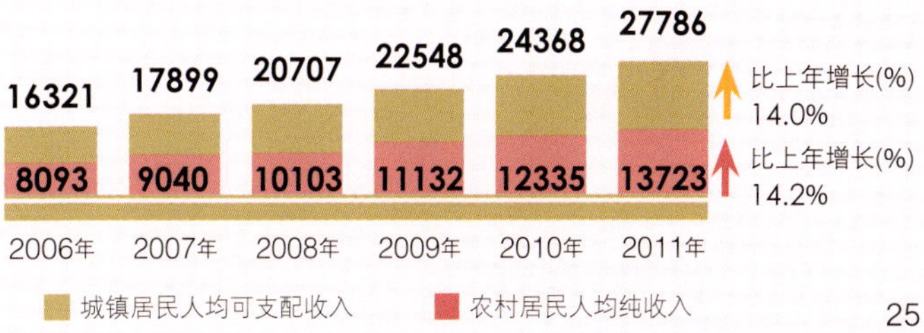

绿色生态门头沟

地区生产总值(单位：亿元)

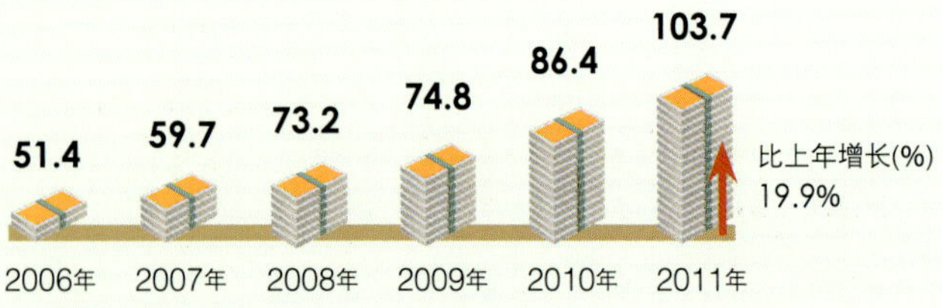

林木绿化率(单位：%)

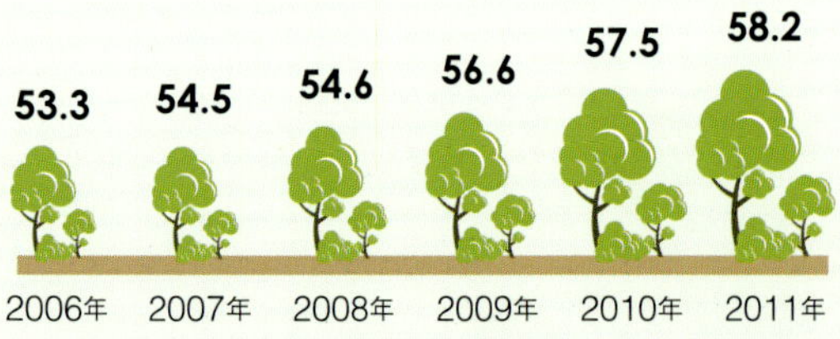

重点领域投资情况

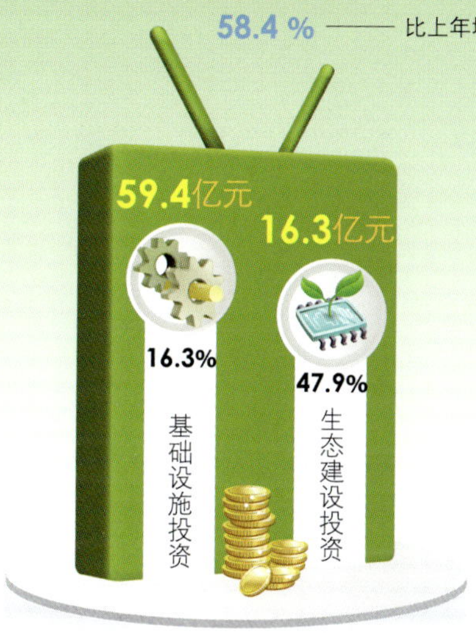

旅游综合收入情况

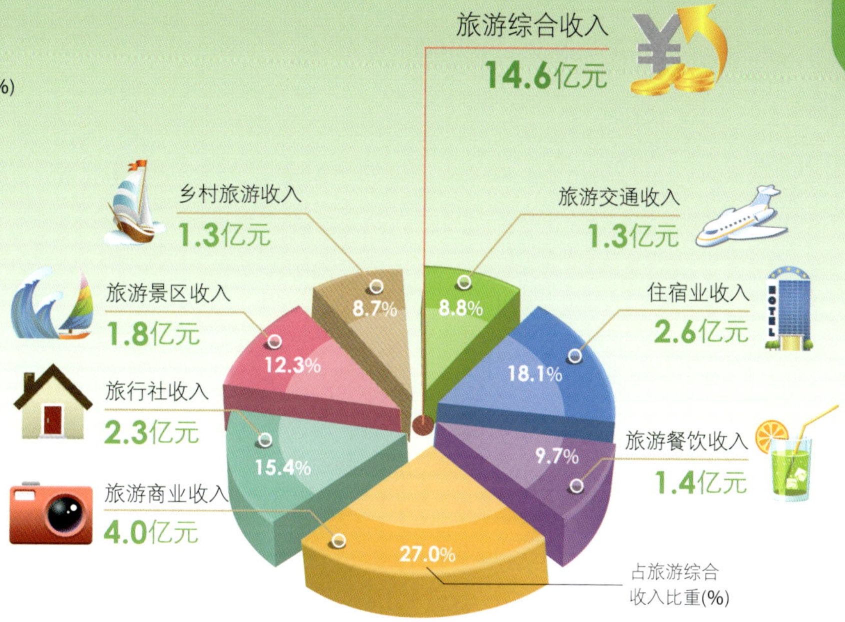

观光、民俗旅游收入（单位：万元）

城乡居民收入（单位：元）

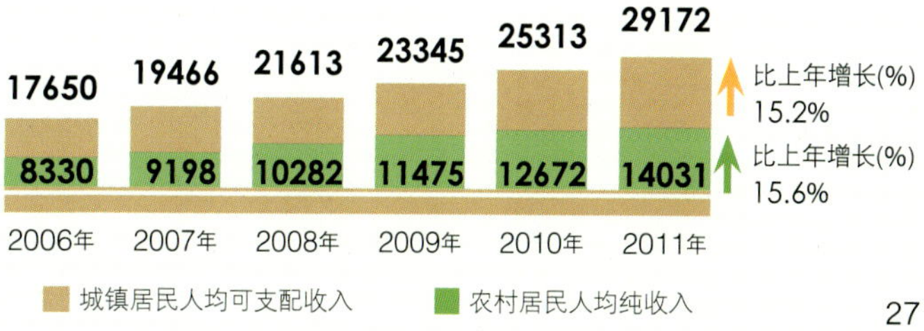

怀柔区

国际交往会都 科技创新基地
影视文化新城 宜居宜业典范

地区生产总值(单位：亿元)

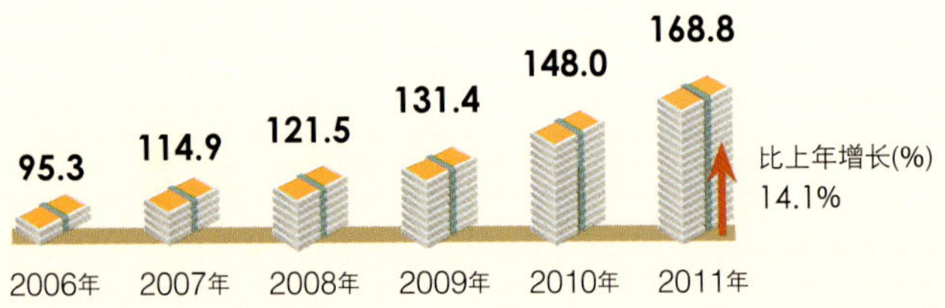

规模以上工业总产值(单位：亿元)

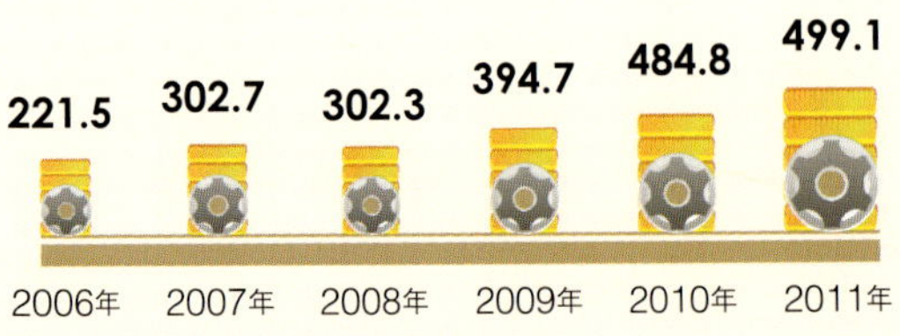

旅游综合收入情况

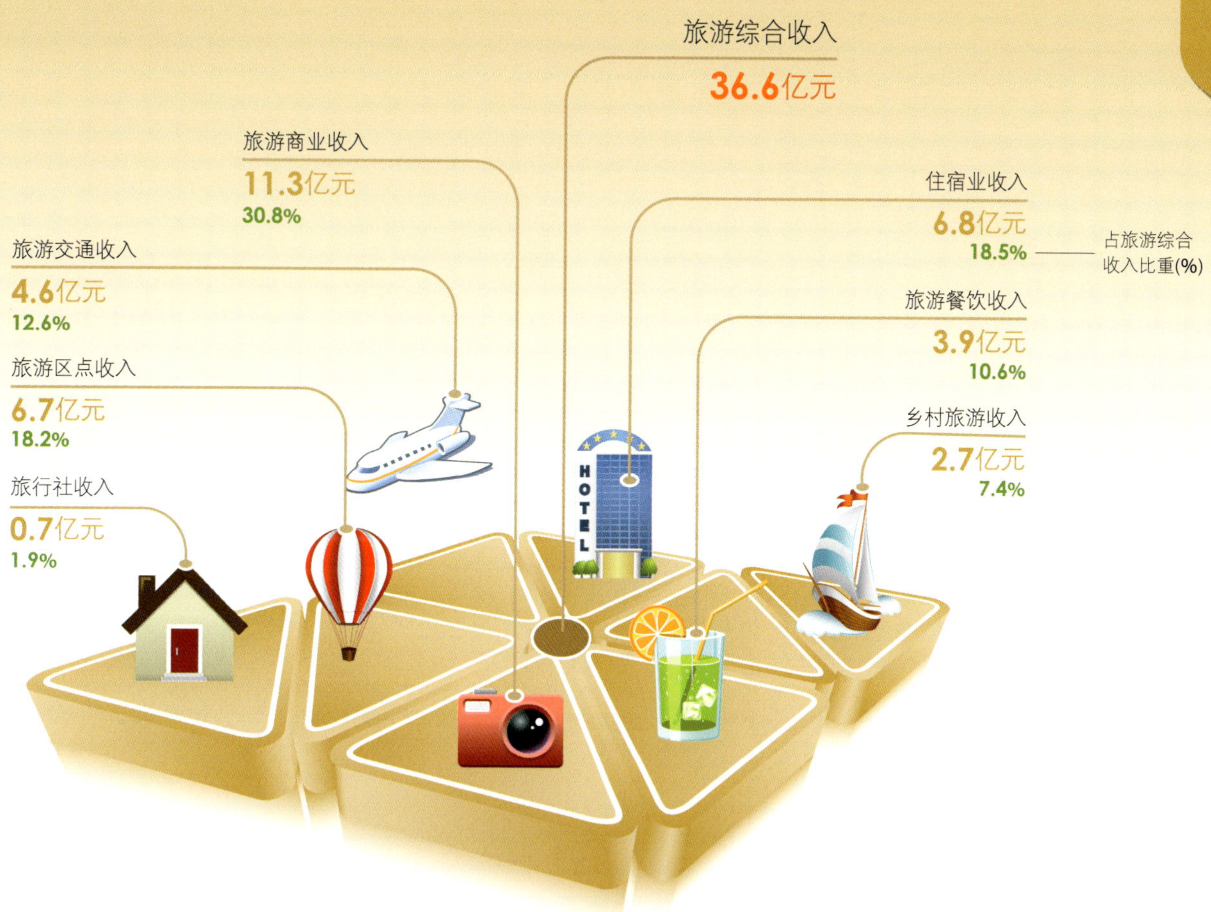

规模以上文化创意产业收入(单位：亿元)

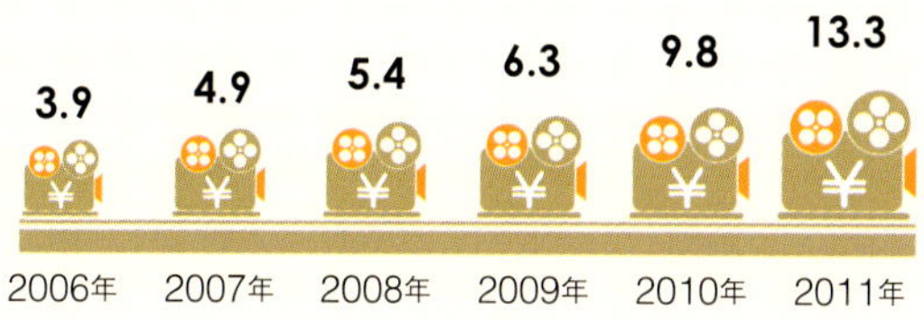

城乡居民收入(单位：元)

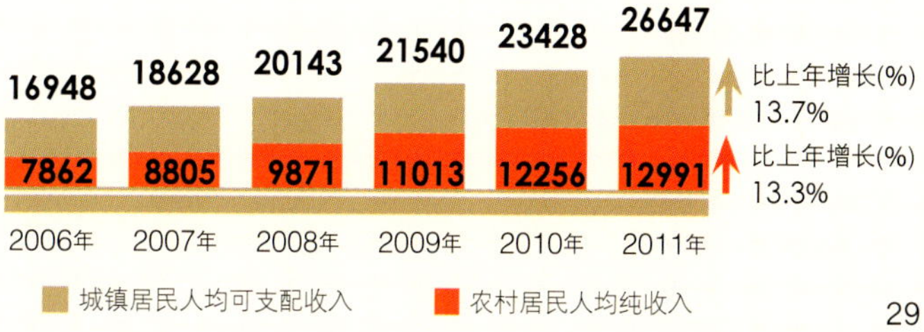

平谷区

生态绿谷 京津商谷 绿能新谷
中国乐谷 幸福平谷

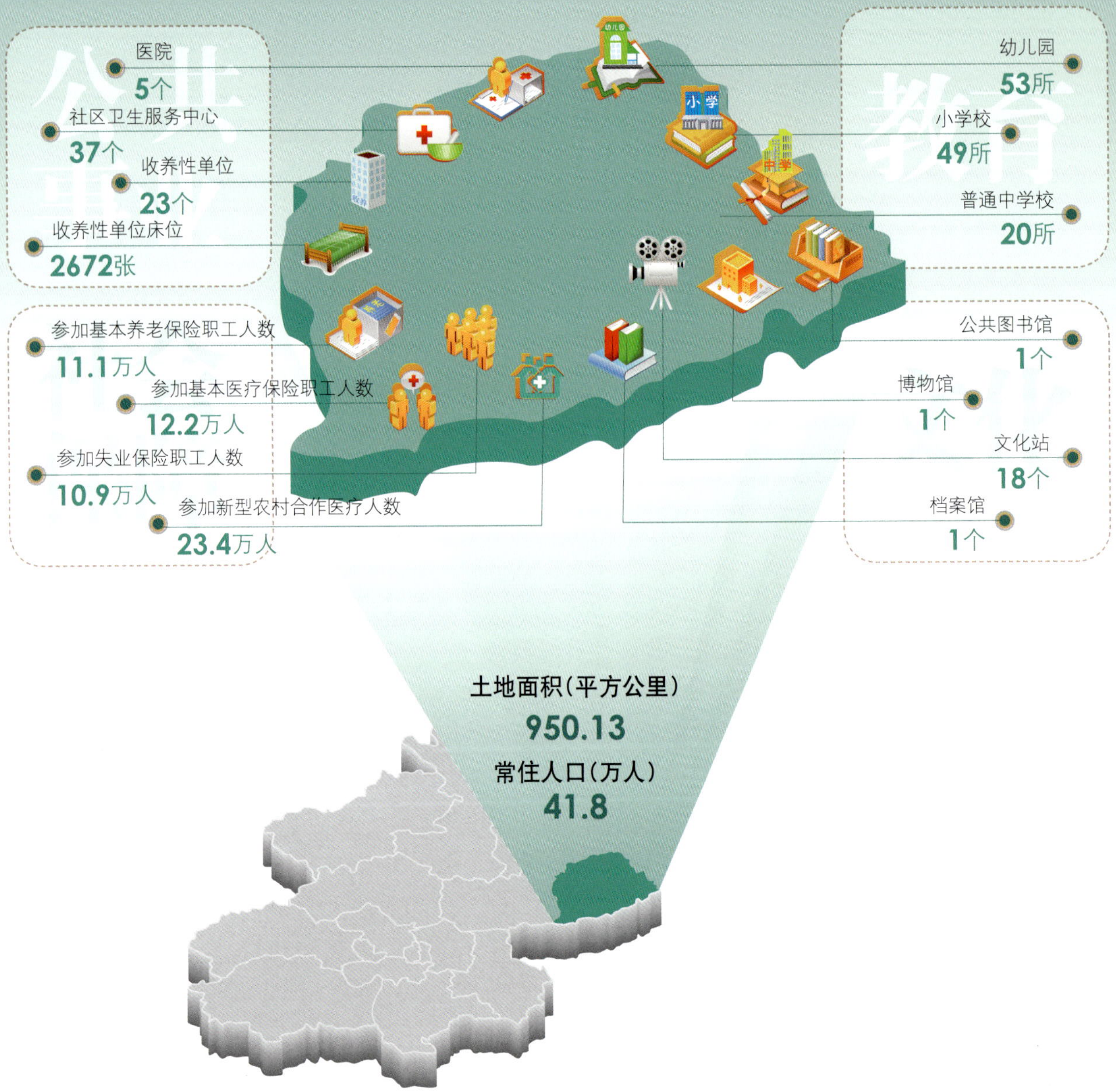

地区生产总值(单位：亿元)

设施农业总收入(单位：亿元)

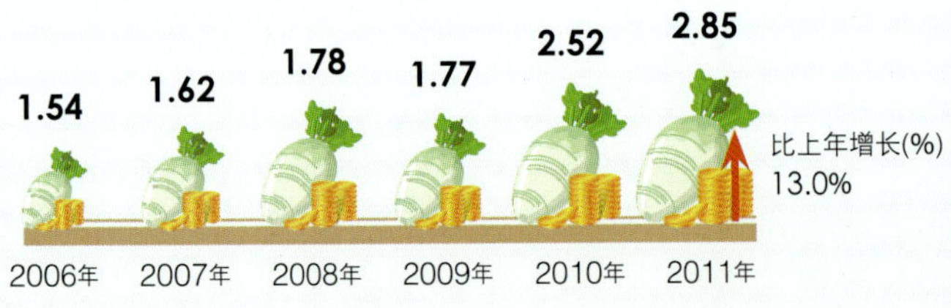

都市型农业发展情况

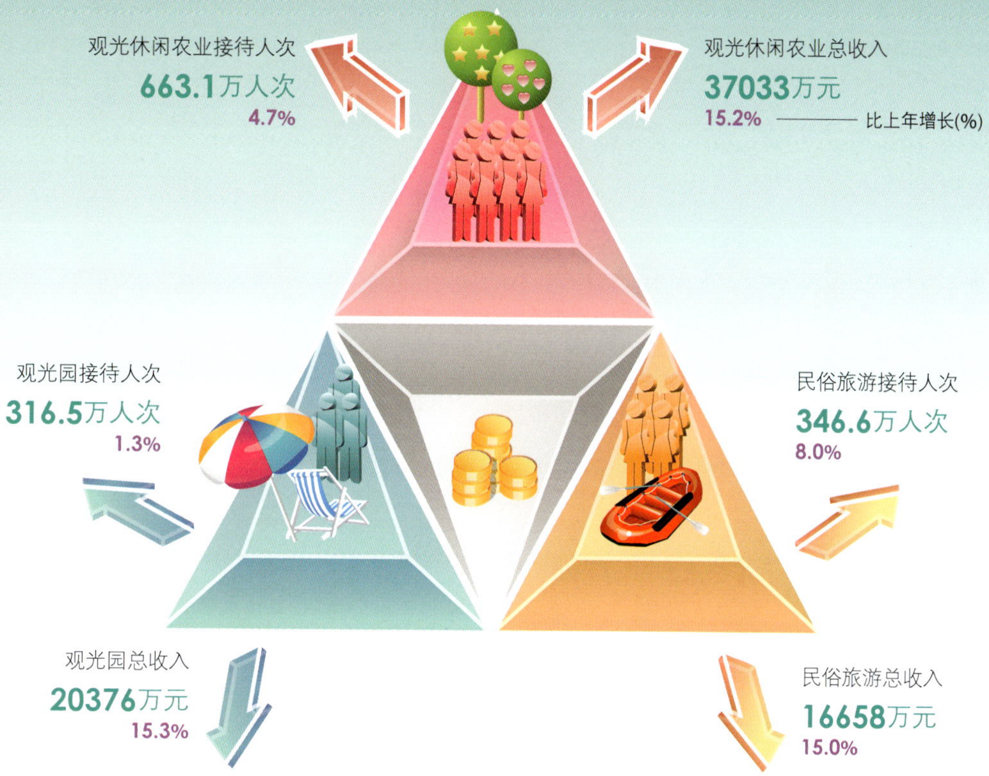

空气质量二级及好于二级天数(单位：天)

城乡居民收入(单位：元)

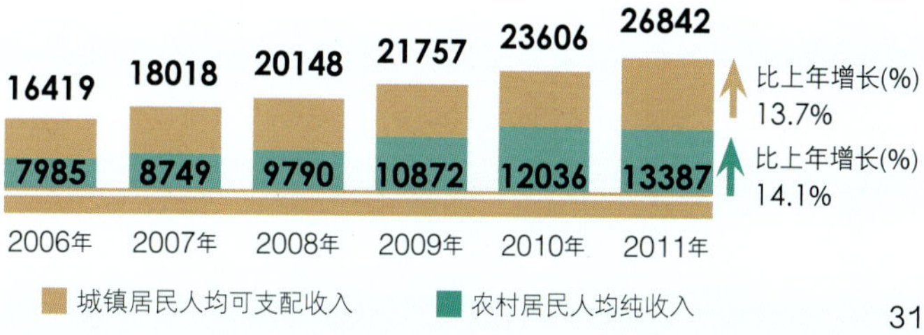

密云县

绿色国际休闲之都

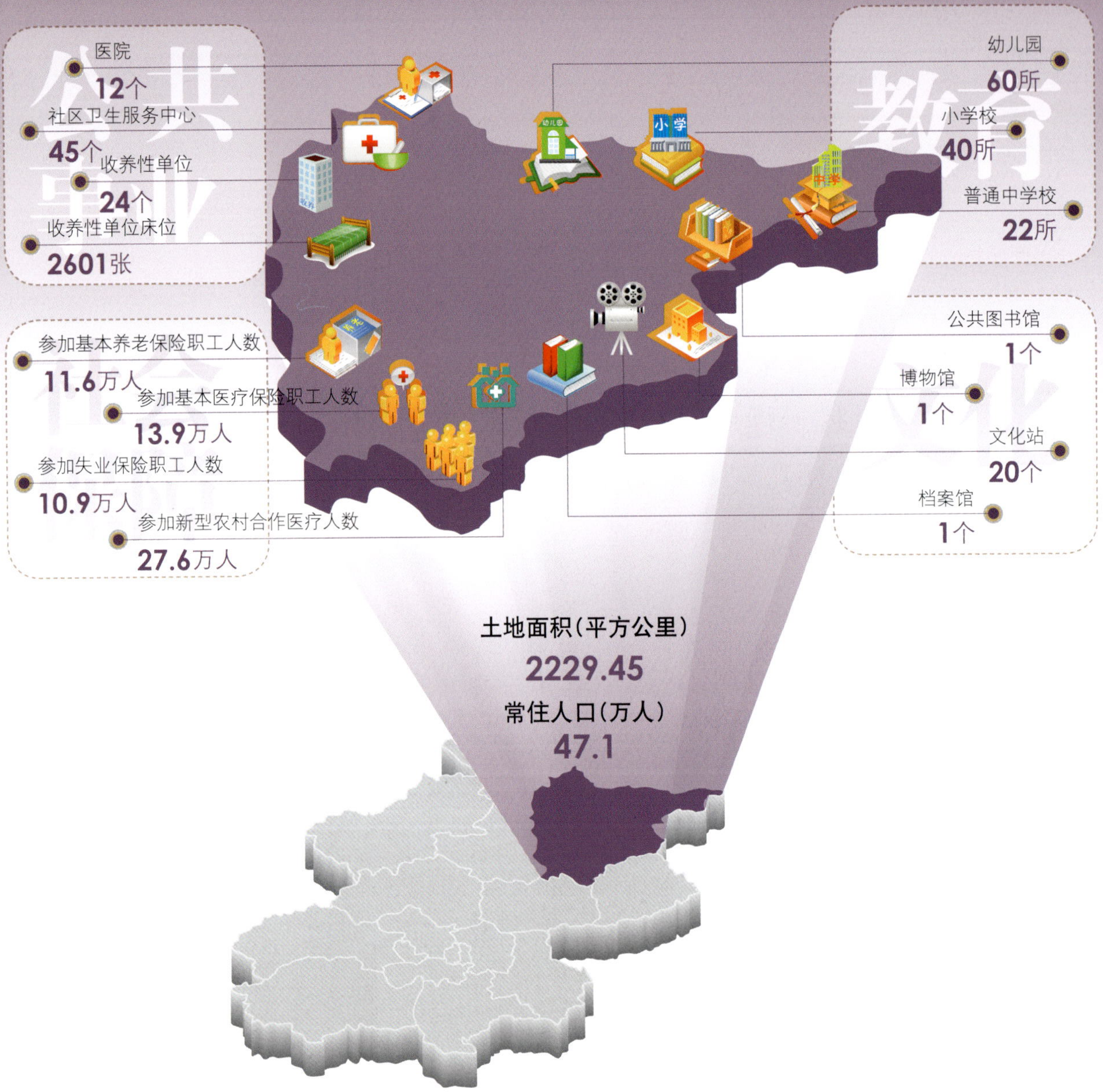

地区生产总值(单位：亿元)

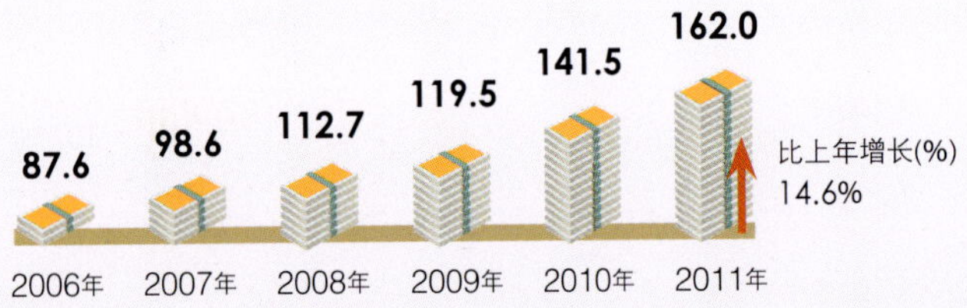

规模以上工业总产值(单位：亿元)

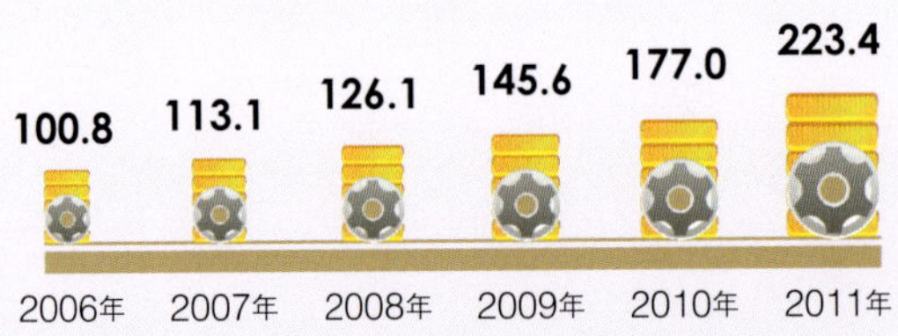

旅游综合收入情况

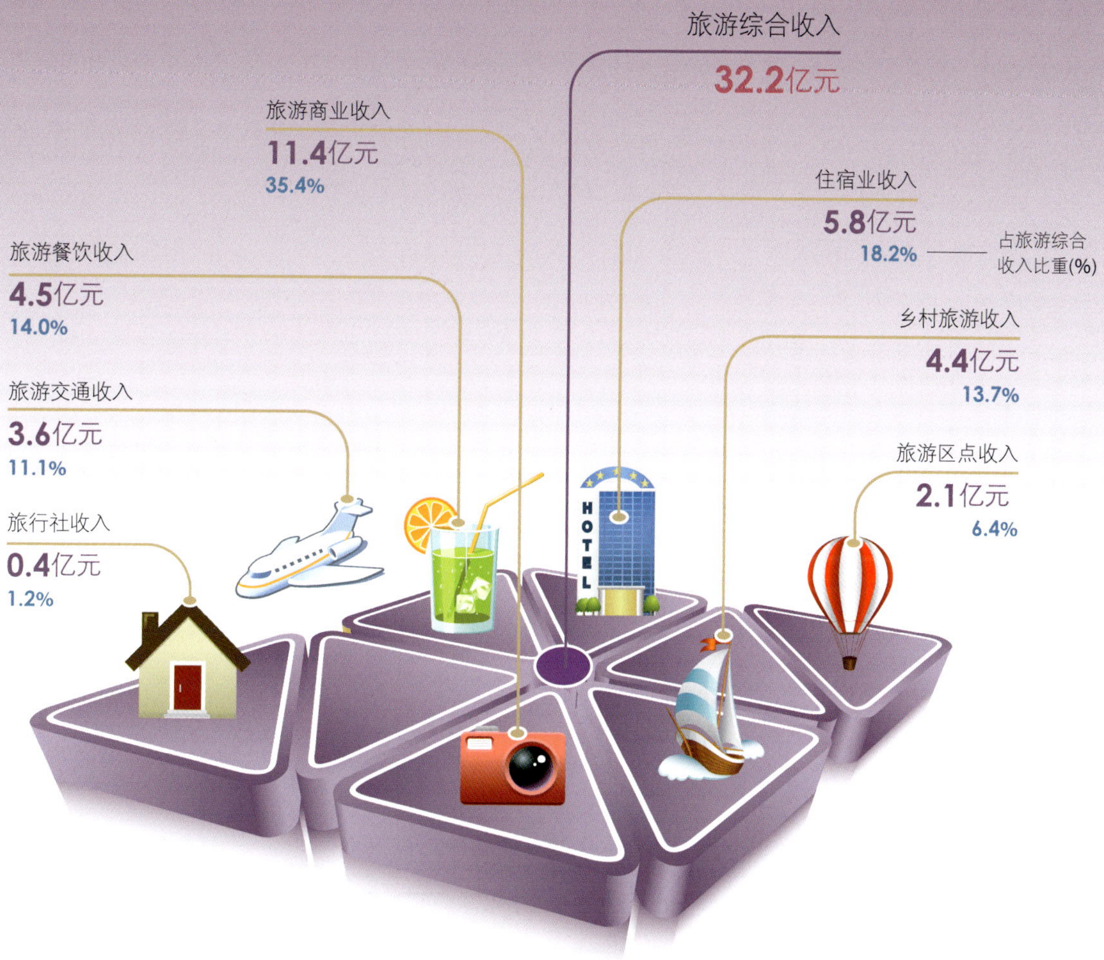

空气质量二级及好于二级天数(单位：天)

城乡居民收入(单位：元)

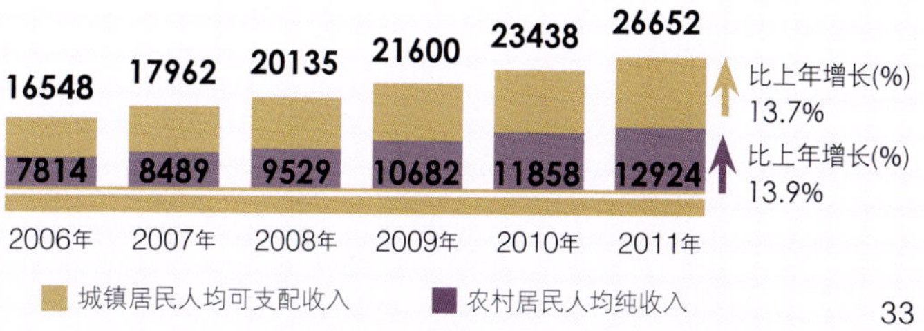

延庆县

生态旅游 休闲名区

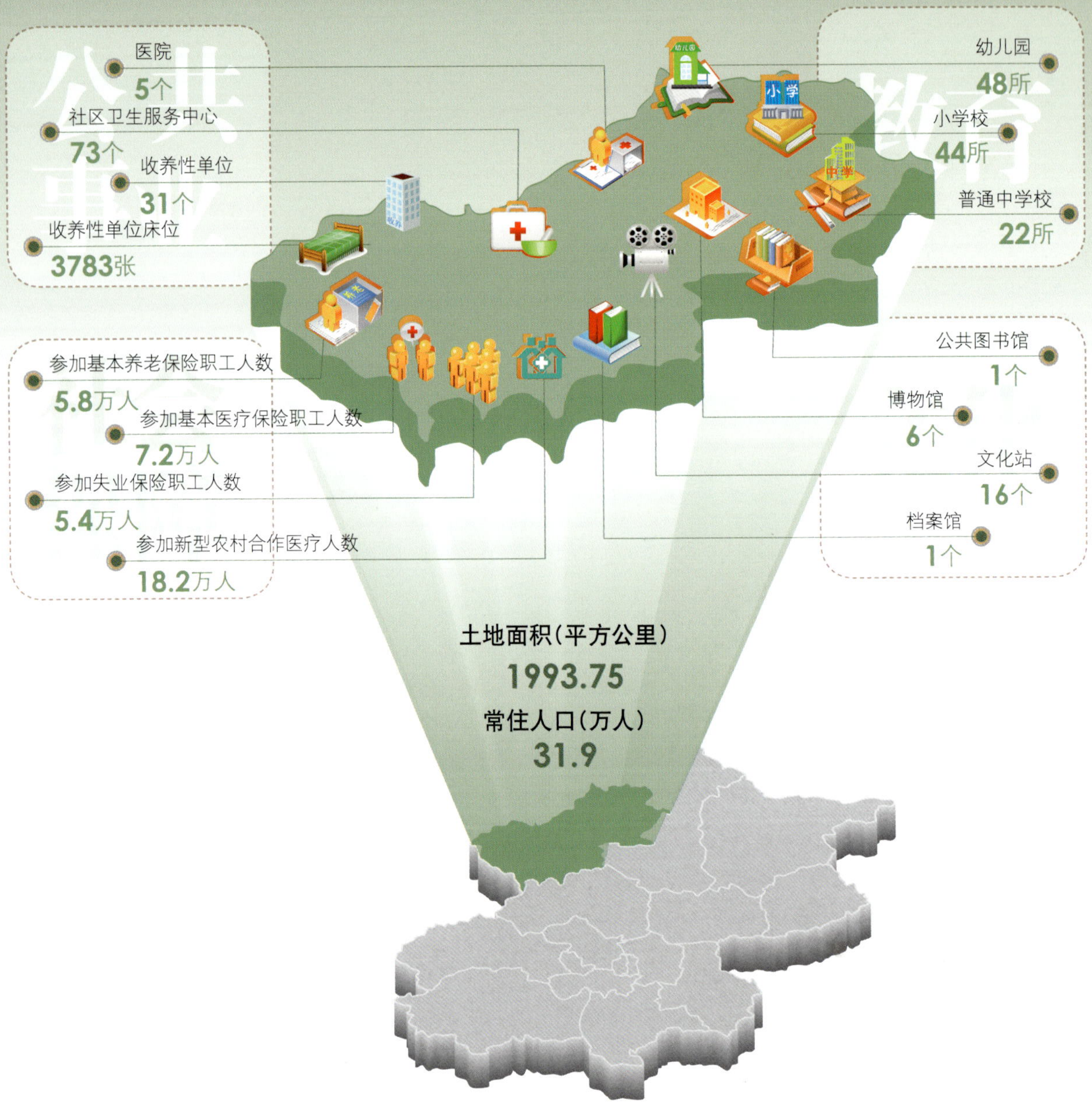

地区生产总值(单位：亿元)

接待海内外游客数(单位：万人次)

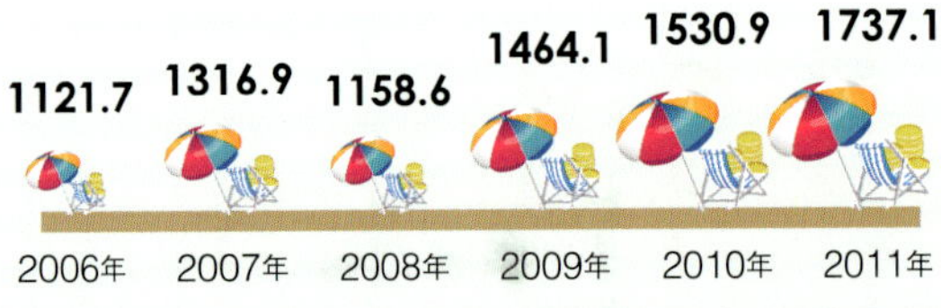

旅游业综合收入情况

空气质量二级及好于二级天数(单位：天)

城乡居民收入(单位：元)

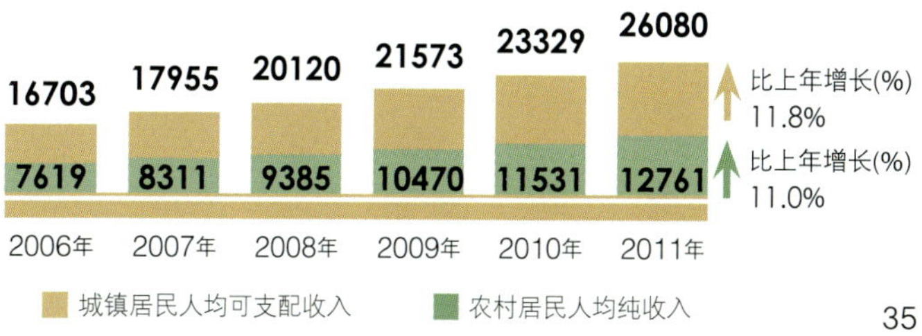

编委会

《北京区域统计年鉴2012》编辑委员会

编 辑 说 明

《北京区域统计年鉴2012》是一部全面、系统反映北京市各区县2011年经济社会发展状况的资料性年刊，同时收录了华北五省市、国内三大都市圈、港澳台地区及世界主要国家2011年经济社会发展状况数据资料。

1、全书共包括十三个部分，分别为北京概览、分区县历史数据、北京区县概览、四大功能区、山区平原概览、开发区、北京特色经济区、华北五省市经济社会发展比较、四大直辖市经济社会发展比较、三大都市圈发展比较、北京与全国对比、港澳台地区及世界主要国家统计资料、附录(指标解释)。

2、本书采用《国民经济行业分类和代码GB/T4754—2002》；自2011年开始，企业规模划分标准执行《国家统计局关于印发统计上大中小微企业划分办法的通知》（国统字[2011]75号）；分区县资料，除特殊说明外，全部为“在地”（即：法人经营地）口径，资料年度为2011年；受口径和资料来源不同等原因影响，书内所列分区县数据可能与区县统计局出版的统计年鉴中刊载的数据有所不同，请读者在使用时加以注意；分区县资料中若未单独列出北京经济技术开发区，则大兴区中包括。

3、本年鉴在篇章设置和内容上又进行了调整和补充：

结合需求增加了“分区县历史数据”篇，增强了数据使用的便捷性，保证了数据规范性和一致性。

在“北京区县概览”篇中增加了生猪饲养和产量情况、种业发展情况，在设施农业中增加了蔬菜、花卉苗木、瓜果、水果产量，进一步丰富了农业方面数据；增加了建筑业财务指标数据；补充文化领域方面数据，增加了规模以上文化创意产业情况、博物馆情况、档案事业情况，进一步丰富了公共文化机构情况。

在“开发区”篇中增加了北京市开发区情况框架图，更加直观地反映了开发区组成情况；增加了中关村国家自主创新示范区总表及中关村示范区亦庄科技园表。

4、书中的分区县数据，均由北京市统计局、国家统计局北京调查总队各有关业务处提供；部门数据均在表下注有资料来源；全国及外省市统计资料摘自《中国统计年鉴》、《中国区域经济统计年鉴》及相关省市统计年鉴。

5、本书中使用的符号说明：“…”表示数据不足本表最小单位；“空格”表示该项指标数据不详或没有数据；“#”表示其中项目；“‖”表示不在同一分组类中的其中项。

6、本书配有电子光盘，具有数据加工等功能。

目　　录

第一篇　北京概览

第二篇　分区县历史数据

第三篇　北京区县概览

第四篇　四大功能区

第五篇　山区平原概览

第六篇　开发区

2012 北京区域统计年鉴

第一篇

BEIJING AREA STATISTICAL YEARBOOK

北京概览

BEIJING GAILAN

1-1 “十二五”时期主要监测指标

项　　目		“十二五”时期监测发展目标	2011
地区生产总值比上年增长	(%)	年均增长8%	8.1
第三产业占地区生产总值比重	(%)	达到78%以上	76.1
最终消费率	(%)	达到60%	58.4
地方公共财政预算收入比上年增长	(%)	年均增长9%	27.7
城镇居民人均可支配收入实际增长	(%)	年均实际增长8%	7.2
农村居民人均纯收入实际增长	(%)	年均实际增长8%	7.6
城镇登记失业率	(%)	控制在3.5%以内	1.39
重点食品安全监测抽查合格率	(%)	达到98%	95.51
药品抽验合格率	(%)	达到98%及以上	99.32
全社会研究与试验发展经费支出			
占地区生产总值的比重	(%)	达到5.5%以上	5.76
万元地区生产总值能耗降低	(%)	累计降低17%	6.95
万元地区生产总值水耗降低	(%)	累计降低15%	5.49
城市空气质量二级和好于二级天数的比例	(%)	达到80%	78.4
全市林木绿化率	(%)	达到57%	54.0

1-2 主要年份国民经济和社会发展总量与速度指标

项　　目		总量指标				
		1990	1995	2000	2005	2008
人口与就业						
人　口						
年末全市常住人口	(万人)	1086.0	1251.1	1363.6	1538.0	1771.0
按性别分						
男性人口	(万人)	545.0	627.0	710.9	778.7	900.2
女性人口	(万人)	541.0	624.1	652.7	759.3	870.8
按城乡分						
城镇人口	(万人)	798.0	946.2	1057.4	1286.1	1503.6
乡村人口	(万人)	288.0	304.9	306.2	251.9	267.4
年末户籍人口	(万人)	1032.2	1070.3	1107.5	1180.7	1229.9
就　业						
从业人员年末人数	(万人)	627.1	665.3	619.3	878.0	980.9
#城镇单位在岗职工人数	(万人)	454.9	470.9	434.2	448.4	526.1
年末实有城镇登记失业人员	(万人)	1.67	2.19	3.32	10.57	10.33
宏观经济						
国民经济核算						
地区生产总值	(亿元)	500.8	1507.7	3161.7	6969.5	11115.0
第一产业	(亿元)	43.9	73.5	79.3	88.7	112.8
第二产业	(亿元)	262.4	645.8	1033.3	2026.5	2626.4
第三产业	(亿元)	194.5	788.4	2049.1	4854.3	8375.8
人均地区生产总值	(元/人)	4635	12690	24127	45993	64491
固定资产投资						
全社会固定资产投资	(亿元)	179.2	841.5	1297.4	2827.2	3848.5
#房地产开发投资	(亿元)	22.5	352.8	522.1	1525.0	1908.7
#国有单位	(亿元)	154.2	514.2	765.8	897.7	1388.6
全社会房屋施工面积	(万平方米)	2864.9	5524.3	6995.9	14096.2	14145.3
全社会房屋竣工面积	(万平方米)	1081.2	1530.2	2358.2	4679.2	3840.7
财　政						
地方财政收入	(亿元)	74.0	115.3	398.4	1007.4	2282.0
#地方公共财政预算收入	(亿元)			345.0	919.2	1837.3
地方财政支出	(亿元)	66.5	154.4	490.3	1137.3	2400.9
#地方公共财政预算支出	(亿元)			443.0	1058.3	1959.3
价格指数(上年=100)						
居民消费价格指数	(%)	105.4	117.3	103.5	101.5	105.1
商品零售价格指数	(%)	104.1	112.6	98.9	99.7	104.4
农产品生产价格指数	(%)	101.9	130.6	95.0	102.9	112.3
工业生产者出厂价格指数	(%)	107.9	107.3	102.5	101.3	103.3
工业生产者购进价格指数	(%)	114.8	106.7	100.0	111.4	115.8
固定资产投资价格指数	(%)		113.9	101.0	100.7	107.8
能源消费总量	(万吨标准煤)	2709.7	3533.3	4144.0	5521.9	6327.1
产　业						
农村经济						
耕地面积	(万公顷)	41.3	39.4	32.9	23.3	23.2
农林牧渔业总产值(现价)	(亿元)	70.2	164.4	188.6	239.3	303.9
主要农产品产量						
粮　食	(万吨)	264.6	259.8	144.2	94.9	125.5
蔬　菜	(万吨)	356.1	397.3	466.3	373.1	321.3
禽　蛋	(万吨)	25.8	28.5	16.0	16.0	15.2
牛　奶	(万吨)	21.7	20.6	30.3	64.2	66.4
肉　类	(万吨)	26.8	39.8	50.5	53.3	45.1

注：1. 地区生产总值绝对值按现价计算，发展速度按可比价格计算；2006—2010年人均地区生产总值根据2010年人口普查数据进行修正。
2. 2007年及以前城镇单位在岗职工人数包括乡及乡以上独立核算法人单位，不包括乡镇企业、私营单位和个体工商户；2008年及以后包括乡镇企业。
3. 2006—2009年常住人口数据根据2010年人口普查数据进行了调整。
4. 从2011年起，根据国家统计局相关规定，固定资产投资起点由50万元调整至500万元，2011年发展速度按可比口径计算。

1–2 续表1

2009	2010	2011	速度指标(%)						
			指 数(2011年为以下各年)						
			1990	1995	2000	2005	2008	2009	2010
1860.0	1961.9	2018.6	185.9	161.3	148.0	131.2	114.0	108.5	102.9
949.8	1013.0	1040.7	191.0	166.0	146.4	133.6	115.6	109.6	102.7
910.2	948.9	977.9	180.8	156.7	149.8	128.8	112.3	107.4	103.1
1581.1	1686.4	1740.7	218.1	184.0	164.6	135.3	115.8	110.1	103.2
278.9	275.5	277.9	96.5	91.1	90.8	110.3	103.9	99.6	100.9
1245.8	1257.8	1277.9	123.8	119.4	115.4	108.2	103.9	102.6	101.6
998.3	1031.6	1069.7	170.6	160.8	172.7	121.8	109.1	107.2	103.7
560.4	587.7	640.3							
8.16	7.73	8.13							
12153.0	14113.6	16251.9	935.7	534.9	328.3	185.5	131.4	119.2	108.1
118.3	124.4	136.3	123.9	118.8	110.8	108.0	103.9	99.3	100.9
2855.5	3388.4	3752.5	757.3	452.1	288.0	168.2	134.0	121.3	106.7
9179.2	10600.8	12363.1	1257.7	626.4	354.9	194.2	130.9	118.8	108.7
66940	73856	81658	507.1	319.0	216.1	141.2	113.8	108.8	103.8
4858.4	5493.5	5910.6							113.3
2337.7	2901.1	3036.3							110.1
2316.8	1907.3	1903.3							
14380.6	15572.1	18065.2							
4252.6	3908.4	4032.9							
2678.8	3810.9	4359.1	5889.9	3782.0	1094.2	432.7	191.0	162.7	114.4
2026.8	2353.9	3006.3			871.4	327.1	163.6	148.3	127.7
2820.9	4065.0	4574.9	6877.5	2963.0	933.0	402.3	190.5	162.2	112.5
2319.4	2717.3	3245.2			732.6	306.6	165.6	139.9	119.4
98.5	102.4	105.6							
97.8	100.4	103.2							
98.3	106.5	110.7							
94.4	102.2	102.3							
88.6	110.5	108.4							
97.1	102.5	105.7							
6570.3	6954.1	6995.4	258.2	198.0	168.8	126.7	110.6	106.5	100.6
315.0	328.0	363.1	517.2	220.9	192.5	151.7	119.5	115.3	110.7
124.8	115.7	121.8	46.0	46.9	84.5	128.3	97.1	97.6	105.3
317.1	303.0	296.9	83.4	74.7	63.7	79.6	92.4	93.6	98.0
15.4	15.1	15.1	58.5	53.0	94.4	94.4	99.3	98.1	100.0
67.4	64.1	64.0	294.9	310.7	211.2	99.7	96.4	95.0	99.8
47.2	46.3	44.4	165.6	111.6	87.9	83.3	98.4	94.1	95.9

1-2 续表2

项目		总量指标				
		1990	1995	2000	2005	2008
工 业						
工业增加值(现价,规模以上)	(亿元)		473.1	776.0	1627.0	2037.6
工业总产值(现价,规模以上)	(亿元)	625.9	1493.3	2842.0	6946.2	10413.1
轻工业	(亿元)	262.2	472.2	719.3	1164.9	1674.3
重工业	(亿元)	363.7	1021.1	2122.7	5781.3	8738.8
工业企业主要经济指标(规模以上)						
资产总计	(亿元)	498.3	2582.6	4612.7	12829.8	16802.4
负债总额	(亿元)		1528.8	2676.4	4706.7	8085.0
主营业务收入	(亿元)	610.5	1590.4	2821.4	7279.1	11275.8
利润总额	(亿元)	48.9	85.3	127.1	413.5	557.0
建 筑						
建筑业施工企业总产值	(亿元)	94.7	426.6	812.5	1894.0	3066.2
建筑业施工企业年末从业人员	(万人)	60.2	82.6	56.6	67.2	47.0
运 输						
货物周转量	(亿吨公里)	268.8	323.1	299.6	457.7	454.2
铁 路	(亿吨公里)	206.7	239.3	200.2	310.8	253.5
公 路	(亿吨公里)	57.5	76.2	82.6	85.5	84.1
民 航	(亿吨公里)	4.5	7.5	16.8	28.2	35.7
管 道	(亿吨公里)	0.15	0.07	0.04	33.3	80.9
旅客周转量	(亿人公里)	119.8	207.7	314.0	838.1	1042.0
邮 电						
邮电业务总量	(亿元)	11.9	56.1	214.7	413.0	800.8
固定电话用户	(万户)	33.3	150.5	451.2	943.5	884.9
主线普及率	(线/百人)	3.1	12.0	33.1	61.3	50.0
移动电话用户	(万户)	0.3	16.9	347.2	1459.8	1616.2
移动电话普及率	(户/百人)	0.03	1.4	25.5	94.9	91.3
商 业						
社会消费品零售额	(亿元)	345.1	950.4	1658.7	2911.7	4645.5
吃类商品	(亿元)	136.8	405.7	471.4	751.0	1073.3
穿类商品	(亿元)	45.6	138.9	198.8	282.4	411.7
用类商品	(亿元)	154.6	387.9	932.0	1643.7	2799.4
烧类商品	(亿元)	8.1	17.9	56.5	234.6	361.1
对外经济贸易和旅游						
北京地区进出口总额	(亿美元)	236.4	370.4	494.0	1255.1	2716.9
进口额	(亿美元)	192.3	267.9	374.3	946.4	2141.9
出口额	(亿美元)	44.1	102.5	119.7	308.7	575.0
实际利用外商直接投资额	(亿美元)	2.8	14.0	24.6	35.3	60.8
接待入境旅游者人数	(万人次)	100.0	207.0	282.1	362.9	379.0
旅游外汇收入	(亿美元)	6.6	21.8	27.7	36.2	44.6
金融保险						
金融机构(含外资)本外币存款余额	(亿元)			11526.0	28969.9	43980.7
金融机构(含外资)本外币贷款余额	(亿元)			6407.9	15335.5	23010.7
原保险保费收入	(亿元)			93.4	498.2	585.9

注：1. 工业增加值按生产法计算。
2. 邮电业务总量2000年及以前按1990年不变价格计算，2010年及以前按2000年不变价格计算，从2011年开始按2010年不变价格计算。

1-2 续表3

2009	2010	2011	速度指标(%) 指　数(2011年为以下各年) 1990	1995	2000	2005	2008	2009	2010
2282.2	2751.7	2899.1							
11039.1	13699.8	14513.6	2318.8	971.9	510.7	208.9	139.4	131.5	105.9
1766.7	2000.0	2227.2	849.4	471.7	309.6	191.2	133.0	126.1	111.4
9272.4	11699.8	12286.4	3378.2	1203.3	578.8	212.5	140.6	132.5	105.0
19540.7	22750.6	25321.7	5081.6	980.5	549.0	197.4	150.7	129.6	111.3
9874.6	11548.1	12648.6		827.4	472.6	268.7	156.4	128.1	109.5
12173.1	14807.1	15753.4	2580.4	990.5	558.4	216.4	139.7	129.4	106.4
742.9	1028.3	1129.5	2309.8	1324.1	888.7	273.2	202.8	152.0	109.8
4059.7	5196.0	6046.3	6384.7	1417.3	744.2	319.2	197.2	148.9	116.4
56.2	59.9	49.6	82.4	60.1	87.6	73.8	105.5	88.3	82.8
441.2	513.7	616.9	229.5	190.9	205.9	134.8	135.8	139.8	120.1
229.4	257.5	311.3	150.6	130.1	155.5	100.2	122.8	135.7	120.9
87.9	101.6	132.3	230.1	173.7	160.2	154.8	157.3	150.6	130.2
35.5	48.2	47.5	1055.6	633.3	282.7	168.4	133.1	133.8	98.5
88.4	106.4	125.8				377.8	155.5	142.3	118.3
1146.5	1399.5	1528.7	1276.0	736.0	486.8	182.4	146.7	133.3	109.2
917.5	1108.9	487.9							
893.1	885.6	883.9	2654.8	587.2	195.9	93.7	99.9	99.0	99.8
48.0	45.1	43.8							
1825.4	2129.8	2575.9	858633.3	15242.0	741.9	176.5	159.4	141.1	120.9
98.1	108.6	127.6							
5309.9	6229.3	6900.3	1999.5	726.0	416.0	237.0	148.5	130.0	110.8
1180.0	1331.0	1561.4	1141.4	384.9	331.2	207.9	145.5	132.3	117.3
473.8	548.4	665.2	1458.8	478.9	334.6	235.6	161.6	140.4	121.3
3278.2	3884.0	4080.1	2639.1	1051.8	437.8	248.2	145.7	124.5	105.0
377.9	465.9	593.6	7328.8	3316.4	1050.7	253.0	164.4	157.1	127.4
2147.9	3016.6	3895.8	1648.0	1051.8	788.6	310.4	143.4	181.4	129.1
1664.3	2462.2	3305.9	1719.1	1234.0	883.2	349.3	154.3	198.6	134.3
483.6	554.4	590.0	1337.8	575.6	492.9	191.1	102.6	122.0	106.4
61.2	63.6	70.5	2517.9	503.6	286.6	199.8	116.0	115.3	110.9
412.5	490.1	520.4	520.4	251.4	184.5	143.4	137.3	126.2	106.2
43.6	50.4	54.2	821.2	248.6	195.7	149.7	121.5	124.3	107.4
56960.1	66584.6	75001.9			650.7	258.9	170.5	131.7	112.6
31052.9	36479.6	39660.5			618.9	258.6	172.4	127.7	108.7
697.6	966.5	820.9			878.9	164.8	140.1	117.7	84.9

1-2 续表4

项目		总量指标				
		1990	1995	2000	2005	2008
教育、文化、科技、卫生						
教 育						
在校学生数	(万人)		238.0	229.9	226.4	320.9
专任教师数	(万人)		17.7	16.7	17.5	19.9
文 化						
公共图书馆总藏数	(万册、万件)	2205	2629	3020	3626	4100
专业艺术剧团国内演出场次	(场)	7527	6728	7610	8934	10663
科 技						
研究与试验发展经费内部支出	(亿元)			155.7	379.5	620.1
技术合同成交总额	(亿元)	20.3	41.2	140.3	434.4	1027.2
专利授权量	(件)	2268	4025	5905	10100	17747
卫 生						
卫生机构个数	(个)	4953	4955	6176	4818	6523
卫生机构病床数	(万张)	5.9	6.7	7.1	7.9	8.6
卫生技术人员数	(万人)	11.2	11.6	11.6	12.0	15.0
#执业医师	(万人)	5.1	5.4	5.2	5.1	5.9
注册护师(士)	(万人)	3.5	3.7	4.0	4.3	5.5
生活与环境						
婚 姻						
登记结婚对数	(万对)	9.30	8.47	8.02	9.66	14.75
离婚对数	(万对)	1.47	2.02	2.66	3.42	3.76
居 住						
城镇居民人均住房建筑面积	(平方米)				22.0	26.9
农村居民人均住房面积	(平方米)	20.62	24.74	28.91	36.94	39.40
生 活						
城镇居民人均可支配收入	(元)	1787	5868	10350	17653	24725
农村居民人均纯收入	(元)	1297	3209	4687	7860	10747
金融机构(含外资)储蓄存款余额	(亿元)				8315.8	12538.1
工 资						
城镇单位在岗职工工资总额	(亿元)	118.9	382.0	695.5	1520.1	2874.3
城镇单位在岗职工平均工资	(元)	2653	8144	15726	34191	54913
市政建设						
全社会用电量	(亿千瓦时)	150.5	222.6	384.4	570.5	689.7
自来水销售总量	(亿立方米)	5.3	6.8	7.5	7.2	8.1
居民燃气用户	(万户)	176.1	219.8	291.9	462.6	591.0
城市公共交通客运量	(亿人次)	33.5	37.2	40.7	51.8	59.3
环 境						
城市绿化覆盖率	(%)	28.0	32.7	36.5	42.0	43.5
污水处理率	(%)	7.3	19.4	39.4	62.4	78.9
空气质量二级及好于二级的天数	(天)			177	234	274

注：1. 北京地区用电量来源于北京市电力公司，2000年以前工业用电量不包含输配损失和发电企业自产自用电量。
2. 从2001年开始，有关职工的指标调整为在岗职工的指标；2007年及以前城镇单位在岗职工工资包括乡及乡以上独立核算法人单位，不包括乡镇企业、私营单位和个体工商户；2008年及以后包括乡镇企业。
3. 离婚对数包括在民政部门登记的对数和经法院调离和判离的对数。
4. 2010年起，卫生机构中的卫生院数据并入到社区卫生服务中心(站)等其他卫生机构。2011年起，卫生机构中包括村卫生室。
5. 城镇居民人均住房建筑面积改为城镇住户抽样调查数据。

1-2 续表5

2009	2010	2011	速度指标(%)						
			指　数(2011年为以下各年)						
			1990	1995	2000	2005	2008	2009	2010
321.4	330.0	342.6		143.9	149.0	151.3	106.8	106.6	103.8
20.4	20.7	20.0		112.9	119.8	114.3	100.5	98.0	96.6
4368	4613	5049	228.9	192.1	167.2	139.2	123.1	115.6	109.5
9684	10483	11069	147.1	164.5	145.5	123.9	103.8	114.3	105.6
668.6	821.8	936.6			601.5	246.8	151.0	140.1	114.0
1236.2	1579.5	1890.3	9325.6	4591.5	1347.4	435.1	184.0	152.9	119.7
22921	33511	40888	1802.8	1015.9	692.4	404.8	230.4	178.4	122.0
6603	6539	9699							
9.0	9.3	9.5	160.5	141.6	133.0	119.8	109.9	105.1	102.0
16.0	17.1	18.2	162.8	156.6	157.3	151.4	121.2	113.2	106.2
6.2	6.6	6.9	136.4	128.4	134.8	137.3	118.2	111.5	105.4
6.2	6.7	7.3	210.6	198.2	182.4	169.7	131.5	118.1	108.1
18.18	13.81	17.32	186.3	204.6	216.0	179.3	117.4	95.3	125.4
4.13	4.40	4.35	295.1	215.9	163.5	127.1	115.7	105.4	99.0
27.7	28.9	29.4				133.6	109.3	106.1	101.7
39.42	40.62	48.63	235.8	196.6	168.2	131.6	123.4	123.4	119.7
26738	29073	32903	1841.1	560.7	317.9	186.4	133.1	123.1	113.2
11986	13262	14736	1136.1	459.3	314.4	187.5	137.1	122.9	113.6
15329.2	17585.2	19690.6				236.8	157.0	128.5	112.0
3227.2	3789.1	4778.6	4019.0	1250.9	687.1	314.4	166.3	148.1	126.1
58140	65683	75834	2858.4	931.2	482.2	221.8	138.1	130.4	115.5
739.1	809.9	821.7	546.0	369.1	213.8	144.0	119.1	111.2	101.5
8.7	8.9	9.5	179.5	139.4	125.6	132.2	117.1	108.9	106.1
600.0	634.2	644.1	365.8	293.0	220.7	139.2	109.0	107.4	101.6
65.9	69.0	72.3	215.9	194.5	177.7	139.6	121.9	109.7	104.7
44.4	45.0	45.6							
80.3	81.0	81.7							
285	286	286							

1-3 主要年份国民经济和社会发展结构指标

单位：%

项 目	1990	1995	2000	2003	2004	2005	2008	2009	2010	2011
人口与就业										
常住人口										
按性别分										
男	50.2	50.1	52.1	52.3	52.2	50.6	50.8	51.1	51.6	51.6
女	49.8	49.9	47.9	47.7	47.8	49.4	49.2	48.9	48.4	48.4
按城乡分										
城 镇	73.5	75.6	77.5	79.1	79.5	83.6	84.9	85.0	86.0	86.2
农 村	26.5	24.4	22.5	20.9	20.5	16.4	15.1	15.0	14.0	13.8
就 业										
从业人员年末人数										
第一产业	14.5	10.6	11.8	8.9	7.2	7.1	6.4	6.2	6.0	5.5
第二产业	44.9	40.7	33.6	32.1	27.3	26.3	21.2	20.0	19.6	20.5
第三产业	40.6	48.7	54.6	59.0	65.5	66.6	72.4	73.8	74.4	74.0
宏观经济										
国民经济核算										
地区生产总值										
第一产业	8.8	4.9	2.5	1.7	1.4	1.3	1.0	1.0	0.9	0.8
第二产业	52.4	42.8	32.7	29.7	30.8	29.1	23.6	23.5	24.0	23.1
第三产业	38.8	52.3	64.8	68.6	67.8	69.6	75.4	75.5	75.1	76.1
投 资										
全社会固定资产投资										
城 镇	88.2	94.4	91.9	92.7	92.3	91.8	92.4	90.1	91.1	92.4
农 村	9.7	4.8	6.5	6.1	7.7	8.2	7.6	9.9	8.9	7.6
资金来源结构										
国家预算内资金	25.3	7.7	7.4	2.9	3.2	2.8	2.0	1.4	1.2	0.9
国内贷款	16.7	13.4	26.0	28.2	21.7	23.2	26.9	34.9	26.6	22.5
利用外资	11.2	20.5	3.6	2.0	3.2	1.6	1.5	0.5	0.5	0.4
债券、自筹和其他资金	46.8	58.4	63.0	66.9	71.9	72.4	69.6	63.3	71.6	76.2
财 政										
地方公共财政预算										
收入主要税种										
#增值税			13.3	12.7	9.3	10.6	8.6	8.9	8.9	7.9
营业税			43.2	44.5	44.8	41.7	35.5	37.1	36.3	35.6
企业所得税			16.8	15.8	16.3	17.9	27.1	21.2	21.8	22.7
个人所得税			16.3	9.7	9.9	9.2	9.3	8.8	9.1	9.1
能源消费总量										
第一产业	3.9	3.4	2.5	2.1	1.7	1.6	1.5	1.5	1.4	1.4
第二产业	63.5	65.9	58.5	53.3	51.8	49.0	40.3	38.7	39.2	35.6
第三产业	19.0	17.9	26.1	29.9	31.9	34.8	41.3	42.0	41.7	44.3
生活消费	13.6	12.8	12.9	14.6	14.6	14.7	16.9	17.8	17.7	18.7

1-3 续表1

单位：%

项目	1990	1995	2000	2003	2004	2005	2008	2009	2010	2011
产　业										
农　业										
农林牧渔业产值结构										
农　业	55.6	52.8	46.7	36.0	35.4	38.0	42.2	46.4	47.0	45.0
林　业	1.3	1.7	2.8	5.5	4.9	5.2	6.7	5.5	5.1	5.2
牧　业	39.8	41.8	46.4	50.9	52.9	50.5	46.2	43.2	42.6	44.8
渔　业	3.3	3.7	4.1	4.1	3.8	3.6	3.2	3.3	3.5	3.2
农林牧渔服务业				3.6	3.1	2.7	1.6	1.7	1.8	1.8
工　业										
规模以上工业主要行业										
增加值结构										
#医药制造业		1.6	3.6	4.5	2.9	3.0	5.7	6.0	5.6	6.4
黑色金属冶炼及压延加工业		20.1	8.9	8.4	13.9	14.0	5.4	3.2	1.1	0.1
交通运输设备制造业		9.4	3.7	10.7	9.5	8.7	10.4	13.6	16.6	19.4
通信设备、计算机及其他电子设备制造业		9.9	24.7	19.4	13.0	16.7	14.2	8.8	8.7	7.1
电力、热力的生产和供应业		7.0	6.4	6.7	11.4	11.8	17.6	14.3	14.9	15.5
建筑业										
建筑业总产值结构										
#国有企业	68.7	69.1	44.8	32.1	27.9	27.4	9.5	8.9	6.3	6.3
集体企业	31.3	26.4	21.7	9.0	5.2	4.7	2.3	2.2	2.0	2.0
港澳台商投资企业		1.4	1.4	0.9	0.9	1.2	2.1	1.5	1.8	1.7
外商投资企业		1.2	2.0	1.9	1.7	1.7	1.9	1.4	1.0	0.8
交通运输业										
货运量结构(按运输方式分)										
铁　路	11.4	9.2	8.5	7.3	6.2	6.1	7.9	7.4	6.6	5.1
公　路	87.5	90.4	91.2	91.7	92.3	92.4	85.4	85.2	85.1	86.7
民　航	0.04	0.05	0.11	0.15	0.23	0.24	0.42	0.44	0.55	0.49
管　道	1.0	0.3	0.2	0.8	1.3	1.2	6.3	7.0	7.7	7.7
客运量结构(按运输方式分)										
铁　路	50.4	45.1	24.2	14.3	10.9	9.5	5.9	6.1	6.3	6.7
公　路	46.7	47.7	70.7	81.7	83.3	85.3	91.1	90.7	89.7	89.1
民　航	2.9	7.2	5.1	4.0	5.7	5.2	2.9	3.2	4.0	4.2
国内贸易										
社会消费品零售额结构										
吃类商品	39.6	42.7	28.4	26.0	24.5	25.8	23.1	22.2	21.4	22.6
穿类商品	13.2	14.6	12.0	11.0	9.2	9.7	8.8	8.9	8.8	9.6
用类商品	44.8	40.8	56.2	59.0	58.6	56.5	60.3	61.8	62.4	59.1
烧类商品	2.4	1.9	3.4	4.0	7.7	8.1	7.8	7.1	7.5	8.6
对外贸易										
地区出口商品结构										
#一般贸易		70.6	65.9	62.0	57.9	54.5	52.1	41.9	45.0	50.6
加工贸易		21.3	29.6	32.7	35.3	39.6	36.0	44.2	42.1	35.0
地区进口商品结构										
#一般贸易		84.4	87.3	89.3	88.6	85.2	89.0	85.9	88.7	90.0
加工贸易		5.2	3.5	6.1	6.1	8.2	5.7	7.9	5.9	4.5
国际旅游										
接待海外旅游人数结构										
外国人	63.7	80.5	84.4	82.5	85.0	85.9	88.6	83.1	86.0	86.0
港澳台同胞	34.6	17.6	15.6	17.5	15.0	14.1	11.4	16.9	14.0	14.0

注：1. 2003年起，农业统计执行新的《国民经济行业分类标准》及按生产者价格计算，农林牧渔业总产值中含农林牧渔服务业产值。

2. 2010年起，农业按照新的《统计用产品分类目录》，将原归属林业产值的核桃、板栗等林产品调整至农产值，并对2009年数据作了调整。

1-3 续表2

单位：%

项目	1990	1995	2000	2003	2004	2005	2008	2009	2010	2011
教育、科技、卫生										
教　育										
在校学生结构										
#高等教育	8.3	9.0	14.0	24.8	28.1	46.2	47.7	48.9	49.5	50.0
中等教育	32.5	41.0	48.7	42.5	40.1	29.7	24.4	23.0	22.1	20.8
小学教育	59.0	49.6	36.8	23.8	22.5	16.9	20.6	20.1	19.8	19.9
专任教师结构										
#高等教育	24.6	22.7	22.2	23.1	25.6	32.7	35.2	35.6	35.9	31.5
中等教育	38.3	38.6	40.5	38.6	37.4	33.6	30.7	30.0	29.1	33.0
小学教育	36.7	37.9	36.8	29.9	28.3	25.3	24.5	24.2	23.9	22.9
科　技										
研究与试验发展(R&D)										
人员折合全时当量结构										
基础研究						12.9	12.8	14.2	15.2	14.6
应用研究						29.8	26.5	24.3	27.1	25.2
试验发展						57.3	60.6	61.5	57.7	60.2
研究与试验发展(R&D)										
经费内部支出结构										
基础研究						10.1	8.2	10.5	11.6	11.6
应用研究						27.8	21.9	22.9	26.4	24.3
试验发展						53.1	60.5	66.5	62.0	64.1
卫　生										
卫生技术人员结构										
#执业医师	45.6	46.7	44.6	42.7	42.0	42.2	39.2	38.9	38.5	38.3
注册护士	31.0	31.7	34.5	35.6	35.6	35.8	36.9	38.4	39.3	40.1
生活、环境										
生　活										
城镇居民消费结构										
食品(恩格尔系数)	54.2	48.5	36.3	31.7	32.2	31.8	33.8	33.2	32.1	31.4
衣　着	14.8	15.1	8.9	8.1	8.7	8.9	9.5	10.0	10.4	10.3
居　住	3.5	4.5	6.9	8.6	8.7	7.9	7.8	7.2	7.9	8.8
家庭设备用品及服务	10.4	8.8	12.9	6.3	6.8	6.4	6.7	6.8	6.9	7.1
医疗保健	1.4	2.9	6.9	8.9	9.7	9.8	9.5	7.8	6.7	6.9
交通和通信	1.5	4.7	7.1	15.2	12.8	14.7	13.9	15.5	17.2	16.0
教育文化娱乐服务	11.5	10.2	15.1	17.7	17.3	16.5	14.5	14.8	14.6	15.0
其他商品和服务	2.7	5.2	5.8	3.5	3.8	4.0	4.3	4.7	4.2	4.4
农村居民消费结构										
食品(恩格尔系数)	50.7	49.6	36.7	31.7	32.6	32.8	34.3	32.4	30.9	32.4
衣　着	9.5	10.9	7.6	7.1	7.4	7.8	7.8	7.7	7.7	7.8
居　住	19.2	9.7	15.7	19.8	17.1	16.2	16.9	19.4	21.8	21.2
家庭设备用品及服务	8.0	7.6	7.3	5.8	5.4	6.2	6.3	6.5	5.6	6.5
医疗保健	3.8	4.8	8.0	8.3	8.7	9.0	9.9	9.5	8.9	9.3
交通和通信	1.7	4.1	6.3	10.1	11.2	11.0	11.6	12.1	13.1	11.1
文教娱乐用品及服务支出	6.6	10.6	14.4	15.4	15.8	15.1	11.5	10.5	9.7	9.1
其他商品和服务	0.6	2.8	4.0	1.7	1.8	1.9	1.8	1.9	2.4	2.6
环　境										
空气质量达到二级及好于二级天数比例			48.4	61.4	62.6	64.1	74.9	78.1	78.4	78.4

1-4 国民经济和社会发展比例和效益指标

项　　目		2011	2010
人口与就业			
人　口			
常住人口出生率	(‰)	8.29	7.27
常住人口死亡率	(‰)	4.27	4.29
常住人口自然增长率	(‰)	4.02	2.98
就　业			
城镇登记失业率	(%)	1.39	1.37
就业弹性系数		0.46	0.32
宏观经济			
国民经济核算			
地区生产总值构成	(%)	100.0	100.0
第一产业	(%)	0.8	0.9
第二产业	(%)	23.1	24.0
第三产业	(%)	76.1	75.1
全社会劳动生产率	(元/人)	154684	139057
第一产业	(元/人)	22622	20129
第二产业	(元/人)	177886	168451
第三产业	(元/人)	158603	140968
固定资产投资			
全社会固定资产投资相当于			
地区生产总值比例	(%)	36.4	38.9
财　政			
地方财政收入相当于			
地区生产总值比例	(%)	26.8	27.0
地方财政支出相当于			
地区生产总值比例	(%)	28.2	28.8
能源消费			
能源消费弹性系数		0.07	0.57
电力消费弹性系数		0.34	0.92
万元地区生产总值能耗(现价)	(吨标准煤)	0.43	0.49
万元地区生产总值水耗(现价)	(立方米)	22.13	24.94
产　业			
规模以上工业企业效益			
综合效益指数	(%)	250.11	236.36
总资产贡献率	(%)	8.06	8.31
资产保值增值率	(%)	113.13	115.89

注：2010年常住人口出生率、死亡率和自然增长率数据进行了调整。

1-4 续表1

项　　目		2011	2010
资产负债率	(%)	49.95	50.76
流动资产周转率	(次)	1.71	1.81
成本费用利润率	(%)	7.60	7.38
全员劳动生产率	(元/人)	245951	221639
产品销售率	(%)	98.92	98.74
建筑业			
全员劳动生产率	(元/人)	327380	253939
产值竣工率	(%)	43.6	42.7
面积竣工率	(%)	17.7	20.2
邮电通信业			
移动电话普及率	(户/百人)	127.6	108.6
固定电话主线普及率	(线/百人)	43.8	45.1
国内贸易			
人均社会消费品零售额	(元)	34671	32598
教育、科技、文化、卫生			
教　育			
学龄儿童入学率	(%)	99.99	99.96
平均每一专任教师负担学生数			
高等学校	(人)	17.1	16.6
普通中学	(人)	9.8	10.2
小学学校	(人)	13.4	13.2
科　技			
研究与试验发展经费内部支出相当于地区生产总值比例	(%)	5.76	5.82
文　化			
每万人拥有公共图书馆	(个)	0.01	0.01
每万人拥有博物馆	(个)	0.08	0.08
卫　生			
婴儿死亡率	(‰)	2.84	3.29
孕产妇死亡率	(1/10万)	9.09	12.14
平均每千人口拥有执业医师数(户籍人口)	(人)	5.46	5.24
平均每千人口拥有医院床位数(户籍人口)	(张)	6.85	6.83
家庭、生活、环境、灾害			
家　庭			
少儿抚养比(常住人口)	(%)	11.11	10.40
老年抚养比(常住人口)	(%)	10.99	10.50
生　活			
城镇与农村居民收入比例(以农村居民收入为1)		2.23	2.19
城镇居民人均住房建筑面积	(平方米)	29.40	28.90
农村居民人均住房面积	(平方米)	48.63	40.62
环境、灾害			
人均公园绿地面积	(平方米)	15.30	15.00
平均每起火灾直接经济损失	(元)	12450	7983
平均每起交通事故直接经济损失	(元)	4949	5702

1-5 北京一日

项　目		2011	2010
每天创造的财富			
地区生产总值	（万元）	445257.5	386674.0
第一产业	（万元）	3734.2	3408.2
第二产业	（万元）	102808.2	92832.9
工　业	（万元）	83528.8	75726.0
建筑业	（万元）	19279.5	17106.8
第三产业	（万元）	338715.1	290432.9
#交通运输、仓储和邮政业	（万元）	22164.4	19506.8
地方财政收入	（万元）	119427.4	104408.4
地方财政支出	（万元）	125340.8	111369.0
发电量	（万千瓦时）	7200.9	7365.3
汽车生产量	（辆）	4123	4117
移动电话机生产量	（台）	711296	750355
每天收入与消费量			
城镇居民人均可支配收入	（元）	90.1	79.7
城镇居民人均消费性支出	（元）	60.2	54.6
农村居民人均纯收入	（元）	40.4	36.3
农村居民人均生活消费支出	（元）	30.4	27.7
城镇单位在岗职工平均工资	（元）	207.8	180.0
社会消费品零售额	（万元）	189049.3	170665.8
机动车销售量	（辆）	2184	3923
生活消费用电量	（万千瓦时）	3965.4	3817.4
居民家庭用自来水	（万立方米）	131.5	124.1
每天其他活动			
地区出口额	（万美元）	16163.8	15188.9
旅游外汇收入	（万美元）	1483.8	1381.9
国内旅游收入	（万元）	78474.0	66441.1
接待入境旅游人数	（人次）	14258	13427
接待国内旅游者人数	（人次）	572164	490411
市内公共交通客运量	（万人次）	1979.6	1889.8
报刊、图书印数量	（万份、万册、万张）	3101.4	2986.8
每天人口和婚姻变动			
出生人口（户籍）	（人）	342	279
死亡人口（户籍）	（人）	146	250
登记结婚对数	（对）	475	378
离婚对数	（对）	119	120

注：1. 城镇单位在岗职工范围指不包括私营单位和个体工商户的独立核算法人单位。
　　2. 离婚对数包括在民政部门登记的对数和经法院调离和判离的对数。

2012
北京区域统计年鉴

第二篇

BEIJING AREA
STATISTICAL YEARBOOK

分区县历史数据

FENQUXIAN LISHI SHUJU

2-1 户籍人口(2000-2011年)

单位：万人

区 县	2000	2001	2002	2003	2004	2005	2006	2007	2008	2009	2010	2011
全 市	**1107.5**	**1122.3**	**1136.3**	**1148.8**	**1162.9**	**1180.7**	**1197.6**	**1213.3**	**1229.9**	**1245.8**	**1257.8**	**1277.9**
首都功能核心区	**238.2**	**239.5**	**240.6**	**240.4**	**229.7**	**225.7**	**225.3**	**226.3**	**227.4**	**228.7**	**230.1**	**232.5**
东 城 区	103.9	104.3	104.5	103.9	99.1	97.0	95.7	95.4	95.4	95.6	95.6	96.1
原东城区	62.6	63.0	63.8	64.3	62.2	61.2	61.4	61.8	61.9	62.1	62.0	
原崇文区	41.3	41.3	40.7	39.6	36.9	35.8	34.3	33.6	33.5	33.5	33.6	
西 城 区	134.3	135.2	136.1	136.5	130.6	128.7	129.6	130.9	132.0	133.1	134.5	136.4
原西城区	78.1	78.6	79.2	79.7	77.1	75.7	76.4	77.4	78.3	79.3	80.4	
原宣武区	56.2	56.6	56.9	56.8	53.5	53.0	53.2	53.5	53.7	53.7	54.1	
城市功能拓展区	**429.3**	**439.2**	**448.6**	**458.4**	**477.5**	**495.3**	**508.2**	**519.4**	**531.0**	**542.2**	**550.7**	**563.3**
朝 阳 区	152.2	155.2	157.4	159.8	165.7	171.1	174.5	178.4	181.8	185.3	188.6	193.2
丰 台 区	82.3	83.6	84.8	86.4	93.2	97.4	99.6	101.7	103.6	105.2	106.3	108.1
石景山区	33.2	33.5	33.8	33.8	34.5	35.0	35.2	35.4	35.7	36.0	36.2	36.6
海 淀 区	161.6	166.9	172.6	178.4	184.1	191.8	198.9	203.9	209.9	215.8	219.6	225.5
城市发展新区	**283.3**	**286.0**	**288.5**	**290.7**	**295.2**	**299.0**	**302.4**	**305.6**	**308.7**	**311.7**	**314.6**	**319.2**
房 山 区	74.3	74.6	74.8	74.9	75.2	75.4	75.8	76.1	76.5	76.7	76.8	77.4
通 州 区	59.7	60.3	60.7	61.0	62.0	62.9	63.7	64.3	64.9	65.6	66.3	67.3
顺 义 区	53.7	54.0	54.4	54.8	55.4	55.9	56.2	56.7	57.4	57.8	58.2	58.8
昌 平 区	42.8	43.6	44.5	45.3	46.9	48.2	49.2	50.4	51.2	52.3	53.3	54.8
大 兴 区	52.8	53.5	54.1	54.7	55.7	56.6	57.5	58.1	58.7	59.3	59.9	61.0
生态涵养发展区	**156.8**	**157.7**	**158.6**	**159.3**	**160.4**	**160.7**	**161.7**	**162.0**	**162.7**	**163.2**	**162.4**	**162.9**
门头沟区	23.4	23.4	23.5	23.6	23.7	23.8	23.9	24.0	24.1	24.4	24.6	24.7
怀 柔 区	26.3	26.5	26.7	26.9	27.2	27.3	27.4	27.6	27.7	27.8	27.7	27.7
平 谷 区	38.7	39.0	39.1	39.2	39.4	39.5	39.7	39.6	39.7	39.8	39.5	39.6
密 云 县	41.5	41.8	42.2	42.4	42.6	42.5	42.9	42.9	43.1	43.1	42.8	42.9
延 庆 县	26.9	27.0	27.1	27.2	27.5	27.6	27.8	27.9	28.0	28.1	27.9	27.9

资料来源：北京市公安局。

2-2 暂住人口(2002-2011年)

单位：万人

区 县	2002	2003	2004	2005	2006	2007	2008	2009	2010	2011
全 市	**358.9**	**332.6**	**341.5**	**355.1**	**516.9**	**554.9**	**748.3**	**874.9**	**886.1**	**825.8**
首都功能核心区	**45.3**	**30.0**	**33.4**	**29.7**	**40.4**	**40.8**	**53.7**	**47.3**	**50.5**	**32.9**
东 城 区	20.7	12.7	16.7	13.6	19.6	18.5	20.8	21.0	22.0	18.1
原东城区	13.8	8.2	10.4	9.2	12.5	11.2	14.0	12.5		
原崇文区	6.9	4.5	6.3	4.4	7.1	7.3	6.8	8.5		
西 城 区	24.6	17.3	16.7	16.1	20.8	22.3	32.9	26.3	28.5	14.8
原西城区	12.9	10.1	8.3	7.3	10.3	10.4	18.2	11.9		
原宣武区	11.7	7.2	8.4	8.8	10.5	11.9	14.7	14.4		
城市功能拓展区	**210.3**	**195.8**	**202.5**	**209.4**	**318.9**	**342.2**	**420.2**	**506.9**	**522.9**	**508.5**
朝 阳 区	97.2	80.1	91.0	90.7	130.6	135.3	188.2	222.0	219.2	204.1
丰 台 区	35.9	32.1	32.7	38.4	80.4	85.8	87.8	108.9	111.7	115.0
石景山区	13.4	11.9	15.1	15.0	15.4	17.4	23.4	19.9	19.0	16.4
海 淀 区	63.8	71.7	63.7	65.3	92.5	103.7	120.8	156.1	173.0	173.0
城市发展新区	**89.7**	**93.2**	**89.8**	**98.0**	**133.2**	**152.8**	**243.5**	**289.6**	**275.9**	**252.9**
房 山 区	10.2	11.4	10.6	13.4	16.1	12.0	19.5	19.9	20.9	14.6
通 州 区	14.6	15.3	17.0	21.6	24.2	33.7	48.5	59.6	64.8	57.2
顺 义 区	15.7	17.7	16.4	14.8	21.9	23.8	34.0	27.0	25.4	24.1
昌 平 区	26.2	25.2	28.5	18.8	35.5	41.8	69.0	89.5	84.2	78.3
大 兴 区	23.0	23.6	17.3	29.4	35.5	41.5	72.6	93.6	80.6	78.7
生态涵养发展区	**13.6**	**13.6**	**15.8**	**18.0**	**24.5**	**19.1**	**30.9**	**31.1**	**36.8**	**31.4**
门头沟区	4.0	4.5	4.1	4.9	8.1	6.4	8.0	7.9	9.6	7.8
怀 柔 区	4.1	2.3	4.8	5.3	7.0	5.2	8.9	9.5	10.8	9.9
平 谷 区	2.2	2.0	2.5	2.4	2.6	2.3	3.7	4.4	6.3	6.4
密 云 县	1.7	3.0	3.0	3.6	4.5	3.0	7.3	6.0	6.9	4.3
延 庆 县	1.6	1.8	1.4	1.8	2.2	2.2	3.0	3.3	3.2	3.0

注：暂住人口是指本市行政区域内不具有本市常住户口，来自外省(市)的在京暂住三日以上，并向公安机关申报暂住登记以及领取暂住证的人员。

资料来源：北京市公安局。

2-3 常住人口(2005-2011年)

单位：万人

区 县	2005	2006	2007	2008	2009	2010	2011
全 市	**1538.0**	**1601.0**	**1676.0**	**1771.0**	**1860.0**	**1961.9**	**2018.6**
首都功能核心区	**205.2**	**206.9**	**209.4**	**212.1**	**215.7**	**216.2**	**215.0**
东 城 区	86.0	86.3	87.4	88.8	90.7	91.9	91.0
原东城区	54.9	55.8	56.7	57.8	59.0	57.3	
原崇文区	31.1	30.5	30.7	31.0	31.7	34.6	
西 城 区	119.2	120.6	122.0	123.3	125.0	124.3	124.0
原西城区	66.0	66.4	66.6	67.3	68.3	67.4	
原宣武区	53.2	54.2	55.4	56.0	56.7	56.9	
城市功能拓展区	**748.0**	**783.5**	**818.6**	**882.6**	**916.2**	**955.4**	**986.4**
朝 阳 区	280.2	291.8	303.0	327.1	336.4	354.5	365.8
丰 台 区	156.8	163.6	178.8	193.2	205.7	211.2	217.0
石景山区	52.4	53.9	56.0	59.1	60.5	61.6	63.4
海 淀 区	258.6	274.2	280.8	303.2	313.6	328.1	340.2
城市发展新区	**411.6**	**434.0**	**468.5**	**492.5**	**541.7**	**603.2**	**629.9**
房 山 区	87.0	88.7	90.6	91.6	92.2	94.5	96.7
通 州 区	86.7	93.6	100.0	108.6	112.8	118.4	125.0
顺 义 区	71.1	72.7	75.5	79.3	82.6	87.7	91.5
昌 平 区	78.2	86.9	107.0	113.4	138.2	166.1	173.8
大 兴 区	88.6	92.1	95.4	99.6	115.9	136.5	142.9
生态涵养发展区	**173.2**	**176.6**	**179.5**	**183.8**	**186.4**	**186.4**	**187.3**
门头沟区	27.7	27.9	28.2	28.7	28.8	29.0	29.4
怀 柔 区	32.2	33.4	34.4	36.4	37.8	37.3	37.1
平 谷 区	41.4	41.3	41.4	41.5	41.8	41.6	41.8
密 云 县	43.9	44.8	45.3	46.2	46.6	46.8	47.1
延 庆 县	28.0	29.2	30.2	31.0	31.4	31.7	31.9

注：1. 2005年数据根据2005年1%人口抽样调查数据推算；2006—2009年数据根据人口变动情况抽样调查数据推算，并根据2010年人口普查数据进行了调整；2011年数据根据2011年人口抽样调查数据推算。
2. 表内2010年全市常住人口为根据2010年人口普查结果推算的年末数，而分功能区和分区县的数据为2010年人口普查数据，普查标准时点为2010年11月1日零时(另：普查时点全市常住人口为1961.2万人)。

2-4 常住外来人口(2005-2011年)

单位：万人

区 县	2005	2006	2007	2008	2009	2010	2011
全 市	**357.3**	**403.4**	**462.7**	**541.1**	**614.2**	**704.7**	**742.2**
首都功能核心区	**36.4**	**38.3**	**40.0**	**41.9**	**48.0**	**54.7**	**53.4**
东 城 区	15.3	16.5	17.9	19.2	22.0	22.0	21.4
原东城区	10.2	10.9	11.6	12.6	14.8	13.7	
原崇文区	5.1	5.6	6.3	6.6	7.2	8.3	
西 城 区	21.1	21.8	22.1	22.7	26.0	32.7	32.0
原西城区	11.8	11.7	11.1	11.2	13.3	18.1	
原宣武区	9.3	10.1	11.0	11.5	12.7	14.6	
城市功能拓展区	**209.2**	**231.6**	**261.3**	**300.0**	**336.0**	**379.1**	**400.0**
朝 阳 区	84.0	92.2	107.2	122.6	134.1	151.5	160.9
丰 台 区	36.6	41.3	47.2	55.7	67.9	81.3	84.3
石景山区	14.9	16.2	18.1	20.9	21.5	20.7	21.3
海 淀 区	73.7	81.9	88.8	100.8	112.5	125.6	133.5
城市发展新区	**94.4**	**113.8**	**139.0**	**174.1**	**202.8**	**240.0**	**257.7**
房 山 区	11.9	13.2	14.9	15.6	16.0	19.5	21.4
通 州 区	19.7	25.6	31.3	39.4	43.4	43.5	47.7
顺 义 区	15.6	16.9	19.2	22.2	24.7	27.9	31.3
昌 平 区	21.9	29.5	39.9	51.4	65.6	84.7	89.6
大 兴 区	25.3	28.6	33.7	45.5	53.1	64.4	67.7
生态涵养发展区	**17.3**	**19.7**	**22.4**	**25.1**	**27.4**	**30.7**	**31.1**
门头沟区	4.1	4.2	4.4	4.8	4.6	4.7	4.8
怀 柔 区	5.3	6.4	7.3	9.2	10.6	10.3	10.2
平 谷 区	2.4	2.1	2.2	2.1	2.4	4.9	5.1
密 云 县	3.5	3.9	4.4	5.2	5.6	6.9	7.0
延 庆 县	2.0	3.1	4.1	3.8	4.2	3.9	4.0

注：1. 2005年数据根据2005年1%人口抽样调查数据推算；2006—2009年数据根据人口变动情况抽样调查数据推算，并根据2010年人口普查数据进行了调整；2011年数据根据2011年人口抽样调查数据推算。

2. 表内2010年全市常住外来人口为根据2010年人口普查结果推算的年末数，而分功能区和分区县的数据为2010年人口普查数据，普查标准时点为2010年11月1日零时(另：普查时点全市常住外来人口为704.5万人)。

2-5 地区生产总值(2005-2011年)

单位：亿元

区 县	2005	2006	2007	2008	2009	2010	2011
全 市	**6969.5**	**8117.8**	**9846.8**	**11115.0**	**12153.0**	**14113.6**	**16251.9**
首都功能核心区	**1703.8**	**1950.5**	**2360.4**	**2666.8**	**2937.9**	**3281.3**	**3700.5**
东 城 区	641.3	754.9	881.5	1000.0	1122.4	1223.6	1339.7
原东城区	530.8	628.7	738.3	844.9	945.4		
原崇文区	110.5	126.1	143.2	155.1	177.0		
西 城 区	1062.6	1195.6	1478.9	1666.8	1815.6	2057.7	2360.8
原西城区	841.7	955.8	1219.3	1373.8	1506.7		
原宣武区	220.8	239.8	259.6	293.0	308.8		
城市功能拓展区	**3249.0**	**3815.9**	**4618.5**	**5264.6**	**5703.3**	**6606.0**	**7615.3**
朝 阳 区	1301.7	1559.1	1904.9	2144.0	2380.4	2804.2	3272.2
丰 台 区	379.6	439.0	501.9	565.6	627.4	734.8	842.7
石景山区	206.3	223.2	260.4	256.9	248.7	295.5	320.7
海 淀 区	1361.5	1594.6	1951.2	2298.0	2446.9	2771.6	3179.8
城市发展新区	**1206.4**	**1445.6**	**1735.5**	**2070.1**	**2468.7**	**2994.5**	**3419.5**
房 山 区	209.3	189.9	200.7	200.3	293.5	371.5	416.0
通 州 区	143.2	166.0	194.7	225.8	278.9	344.8	400.2
顺 义 区	258.3	304.7	382.1	542.4	690.2	867.9	1015.0
昌 平 区	193.1	225.8	272.5	316.2	342.4	399.9	455.0
大 兴 区	153.5	173.5	202.3	230.5	271.2	311.9	350.8
北京经济技术开发区	249.0	385.9	483.1	554.8	592.5	698.6	782.5
生态涵养发展区	**305.2**	**345.9**	**399.9**	**450.2**	**494.2**	**561.5**	**647.0**
门头沟区	46.0	51.4	59.7	73.2	74.8	86.4	103.7
怀 柔 区	83.1	95.3	114.9	121.5	131.4	148.0	168.8
平 谷 区	57.1	66.6	76.6	87.3	107.0	117.9	136.6
密 云 县	78.7	87.6	98.6	112.7	119.5	141.5	162.0
延 庆 县	40.2	44.9	50.1	55.5	61.5	67.7	75.8

注：1. 表内数据按现价计算。
2. 本表根据第二次全国农业普查和第二次全国经济普查结果对2005—2008年数据进行了修订。
3. 地区生产总值区县合计不等于全市是由于区县中扣除了划归市一级核算部分。

2-6 地方财政收入(2000-2011年)

单位：亿元

区 县	2000	2001	2002	2003	2004	2005	2006	2007	2008	2009	2010	2011
全 市	**398.39**	**507.68**	**600.96**	**665.94**	**830.03**	**1007.35**	**1235.78**	**1882.04**	**2282.04**	**2678.77**	**3810.91**	**4359.10**
首都功能核心区	**56.59**	**68.93**	**78.89**	**92.22**	**107.06**	**120.44**	**147.81**	**202.90**	**286.61**	**293.33**	**318.84**	**405.01**
东 城 区	23.45	29.19	33.81	38.35	43.63	49.20	55.31	67.51	87.85	94.49	103.81	123.56
原东城区	17.93	23.41	27.29	31.38	34.52	37.95	41.75	51.81	69.73	73.89		
原崇文区	5.52	5.78	6.53	6.97	9.11	11.25	13.56	15.70	18.13	20.60		
西 城 区	33.14	39.74	45.08	53.88	63.43	71.24	92.50	135.39	198.76	198.84	215.03	281.45
原西城区	22.99	27.64	31.54	34.38	38.77	46.07	64.13	97.13	154.53	152.17		
原宣武区	10.15	12.10	13.54	19.50	24.67	25.17	28.37	38.26	44.23	46.67		
城市功能拓展区	**79.35**	**97.91**	**115.25**	**123.77**	**150.67**	**184.66**	**230.03**	**301.32**	**354.48**	**413.42**	**491.55**	**643.96**
朝 阳 区	37.55	45.92	52.84	56.56	68.49	85.30	106.59	141.55	168.32	190.66	234.26	316.83
丰 台 区	7.62	9.19	11.19	12.20	15.02	18.03	23.31	30.33	34.81	39.80	47.28	62.36
石景山区	6.02	7.68	9.08	7.47	8.98	10.27	10.54	13.76	15.13	18.16	19.07	23.00
海 淀 区	28.16	35.11	42.14	47.53	58.18	71.06	89.59	115.68	136.22	164.80	190.94	241.76
城市发展新区	**19.71**	**27.10**	**38.66**	**44.24**	**55.23**	**66.95**	**79.72**	**152.10**	**205.30**	**340.76**	**888.88**	**649.74**
房 山 区	5.01	6.17	8.22	8.95	11.72	13.35	12.09	23.22	21.03	52.72	168.58	117.46
通 州 区	3.52	4.75	6.94	8.44	10.27	11.63	14.75	24.30	34.04	66.09	174.67	122.36
顺 义 区	4.92	6.36	7.95	8.65	12.08	16.85	22.34	44.09	73.74	85.23	145.70	117.62
昌 平 区	3.05	4.59	7.30	8.85	11.15	14.03	17.19	32.73	42.60	51.96	140.28	96.61
大 兴 区	3.21	5.23	8.25	9.35	10.01	11.09	13.35	27.76	33.89	84.76	259.65	195.69
生态涵养发展区	**12.08**	**17.11**	**24.30**	**24.83**	**31.35**	**30.42**	**35.06**	**47.32**	**63.12**	**69.89**	**122.78**	**153.59**
门头沟区	2.88	3.64	4.74	3.70	5.52	7.08	7.47	7.60	15.90	14.10	25.31	43.81
怀 柔 区	2.74	4.18	5.48	5.40	6.47	7.46	9.24	13.97	20.34	20.27	23.39	32.40
平 谷 区	2.60	3.56	4.42	4.58	6.34	5.48	7.04	9.06	8.96	13.65	40.14	34.92
密 云 县	2.08	3.58	7.33	8.33	9.77	7.59	7.30	9.84	11.91	14.91	24.02	31.07
延 庆 县	1.77	2.16	2.33	2.81	3.26	2.81	4.01	6.85	6.01	6.96	9.92	11.39

注：分区县财政收入为区县级财政收入。

资料来源：北京市财政局。

2-7 地方财政支出(2000–2011年)

单位：亿元

区 县	2000	2001	2002	2003	2004	2005	2006	2007	2008	2009	2010	2011
全 市	**490.34**	**614.92**	**683.98**	**809.39**	**974.17**	**1137.28**	**1411.58**	**2067.65**	**2400.93**	**2820.86**	**4064.97**	**4574.94**
首都功能核心区	**53.20**	**66.57**	**76.67**	**89.50**	**103.28**	**123.73**	**145.01**	**225.74**	**255.79**	**297.70**	**376.96**	**409.23**
东 城 区	23.82	28.03	34.72	39.80	47.37	54.97	60.57	94.79	108.12	124.47	128.21	148.60
原东城区	15.72	17.46	22.38	25.13	29.81	34.70	36.43	62.91	62.19	70.66		
原崇文区	8.10	10.57	12.34	14.67	17.56	20.27	24.15	31.88	45.92	53.81		
西 城 区	29.38	38.54	41.95	49.70	55.91	68.76	84.44	130.94	147.67	173.23	248.75	260.63
原西城区	17.38	23.84	25.30	29.05	32.94	42.27	55.70	92.40	98.57	122.25		
原宣武区	12.00	14.69	16.65	20.65	22.98	26.49	28.74	38.55	49.10	50.98		
城市功能拓展区	**83.71**	**98.35**	**120.39**	**135.42**	**159.02**	**192.38**	**247.68**	**366.13**	**417.40**	**497.00**	**649.75**	**904.10**
朝 阳 区	26.44	33.35	37.13	41.40	47.08	60.44	83.84	130.63	150.78	168.66	228.03	438.33
丰 台 区	12.49	15.59	20.87	22.59	26.88	33.02	42.53	62.02	72.87	89.84	101.69	140.91
石景山区	7.62	9.34	10.86	12.91	13.89	17.05	18.45	24.07	27.37	36.66	50.91	57.28
海 淀 区	37.16	40.06	51.54	58.52	71.17	81.87	102.86	149.41	166.39	201.84	269.12	267.58
城市发展新区	**47.20**	**58.90**	**72.84**	**92.51**	**115.18**	**143.81**	**181.21**	**285.73**	**345.16**	**544.32**	**1008.62**	**935.07**
房 山 区	9.69	12.65	14.80	17.76	23.37	31.76	38.90	55.90	63.51	100.46	219.61	225.39
通 州 区	9.64	11.27	14.65	19.29	20.81	26.03	35.11	55.27	59.76	89.58	181.57	143.83
顺 义 区	11.19	13.28	16.36	20.60	26.00	31.95	42.35	68.59	94.86	123.94	161.55	194.83
昌 平 区	7.44	10.04	11.70	16.84	22.37	26.82	33.78	51.41	63.65	93.25	143.20	155.60
大 兴 区	9.24	11.66	15.33	18.03	22.62	27.26	31.08	54.57	63.38	137.08	302.69	215.42
生态涵养发展区	**45.09**	**52.48**	**63.24**	**73.79**	**89.97**	**105.08**	**125.20**	**165.25**	**193.84**	**265.88**	**356.71**	**401.07**
门头沟区	8.34	9.34	10.28	12.56	15.44	19.79	22.52	27.37	36.91	45.20	64.27	84.48
怀 柔 区	10.50	12.83	14.92	17.04	19.62	22.60	28.06	40.61	48.00	54.65	78.26	87.02
平 谷 区	9.72	10.61	12.69	14.54	17.61	21.00	25.00	30.82	34.27	53.43	80.32	86.21
密 云 县	9.46	10.99	15.28	17.94	22.67	24.41	27.94	37.42	41.31	64.67	78.81	83.22
延 庆 县	7.07	8.71	10.08	11.70	14.63	17.28	21.67	29.03	33.33	47.93	55.04	60.13

注：地方财政支出为决算数；分区县财政支出为区县级实际支出，含市级下拨部分。

资料来源：北京市财政局。

2-8 全社会固定资产投资额(2005-2011年)

单位：亿元

区 县	2005	2006	2007	2008	2009	2010	2011
全 市	**2827.2**	**3371.5**	**3966.6**	**3848.5**	**4858.4**	**5493.5**	**5910.6**
首都功能核心区	**522.4**	**633.0**	**655.9**	**591.0**	**522.2**	**362.4**	**362.5**
东 城 区	242.2	270.0	299.7	262.4	286.5	180.7	175.2
原东城区	157.5	155.0	214.9	198.7	205.8		
原崇文区	84.7	114.9	84.8	63.7	80.7		
西 城 区	280.2	363.0	356.2	328.6	235.7	181.7	187.3
原西城区	201.7	275.5	266.8	253.5	145.3		
原宣武区	78.4	87.5	89.4	75.1	90.4		
城市功能拓展区	**1466.6**	**1677.9**	**1999.7**	**1872.4**	**2120.0**	**2456.9**	**2486.2**
朝 阳 区	729.5	930.2	1180.4	1096.3	1104.9	1230.7	1177.0
丰 台 区	232.2	270.5	346.0	306.3	389.3	504.6	553.0
石景山区	76.5	71.6	76.5	84.4	136.3	154.5	130.9
海 淀 区	428.3	405.6	396.8	385.4	489.5	567.0	625.3
城市发展新区	**665.4**	**848.6**	**1038.9**	**1077.2**	**1805.8**	**1979.4**	**2504.6**
房 山 区	127.0	159.7	180.2	159.6	349.8	403.8	454.5
通 州 区	112.3	143.6	156.2	157.1	310.2	364.7	415.8
顺 义 区	133.8	174.3	296.4	255.0	343.9	413.7	436.0
昌 平 区	120.5	169.2	190.3	221.5	290.5	374.4	412.6
大 兴 区	87.1	88.1	122.6	169.0	354.2	422.7	465.5
北京经济技术开发区	84.8	113.7	93.2	115.0	157.2	236.6	320.2
生态涵养发展区	**172.8**	**212.1**	**272.1**	**308.1**	**410.4**	**458.3**	**557.2**
门头沟区	22.8	22.7	52.4	71.0	85.5	94.8	142.3
怀 柔 区	54.9	62.9	79.1	71.6	93.3	103.6	119.9
平 谷 区	33.5	41.6	42.8	52.0	70.6	82.4	100.6
密 云 县	44.8	59.6	65.8	80.7	112.7	121.7	132.1
延 庆 县	16.7	25.3	32.0	32.8	48.2	55.7	62.3

注：1. 本表按项目所在建设地地址划分。
2. 2000年分区县固定资产投资额中不包含零星购置和农村投资；2004年起，全市及分区县全社会固定资产投资中不含零星购置、城镇私营个体投资和私人建房投资。
3. 从2011年起，根据国家统计局相关规定，固定资产投资起点由50万元调整至500万元。计算2011年比2010年增长速度使用同口径，具体数据参见表3-20。

2-9　社会消费品零售额(2000–2011年)

单位：亿元

区　县	2000	2001	2002	2003	2004	2005	2006	2007	2008	2009	2010	2011
全　市	**1658.70**	**1831.40**	**2005.20**	**2296.90**	**2626.60**	**2911.66**	**3295.33**	**3835.26**	**4645.52**	**5309.89**	**6229.30**	**6900.32**
首都功能核心区	**391.73**	**410.44**	**432.30**	**477.12**	**524.83**	**583.47**	**642.11**	**756.98**	**924.59**	**1007.16**	**1197.87**	**1380.18**
东 城 区	176.53	190.36	202.39	233.69	264.91	293.88	325.35	394.55	473.29	532.48	645.01	691.28
原东城区	123.95	134.62	142.91	167.40	188.36	205.31	227.27	278.76	332.87	374.08		
原崇文区	52.58	55.74	59.48	66.28	76.55	88.58	98.08	115.79	140.42	158.40		
西 城 区	215.20	220.08	229.91	243.44	259.92	289.59	316.76	362.43	451.31	474.68	552.86	688.90
原西城区	144.43	147.32	153.38	166.38	182.10	207.09	225.47	257.06	317.63	329.39		
原宣武区	70.76	72.76	76.53	77.06	77.82	82.50	91.29	105.38	133.68	145.28		
城市功能拓展区	**1000.61**	**1123.39**	**1243.29**	**1433.55**	**1662.92**	**1821.96**	**2074.58**	**2372.84**	**2862.35**	**3315.68**	**3861.34**	**3935.59**
朝 阳 区	404.88	475.34	508.93	582.66	722.67	795.81	931.83	1074.98	1290.23	1478.33	1737.50	1651.91
丰 台 区	164.40	183.70	236.80	295.51	305.17	317.32	353.40	398.95	517.14	635.04	722.02	738.53
石景山区	41.99	53.60	66.87	99.54	120.23	132.38	140.56	140.98	152.32	175.92	217.58	162.05
海 淀 区	389.34	410.75	430.68	455.84	514.85	576.46	648.79	757.93	902.66	1026.38	1184.25	1383.09
城市发展新区	**195.02**	**217.74**	**240.90**	**283.71**	**321.42**	**377.29**	**439.31**	**551.96**	**680.43**	**786.88**	**940.03**	**1241.06**
房 山 区	34.46	37.11	41.30	48.86	56.31	63.31	69.82	76.29	90.82	99.05	119.79	156.73
通 州 区	44.84	47.11	52.72	61.54	69.74	82.33	95.41	122.35	147.16	161.85	187.69	207.95
顺 义 区	35.04	39.77	45.37	50.38	57.25	68.19	84.88	108.55	133.51	155.20	180.50	217.29
昌 平 区	27.34	33.09	35.08	41.78	48.39	56.17	66.64	86.06	114.95	144.95	168.35	249.98
大 兴 区	36.88	39.76	39.88	51.45	56.49	64.64	75.74	85.18	100.70	115.25	133.70	173.26
北京经济技术开发区	16.45	20.90	26.54	29.70	33.24	42.66	46.81	73.54	93.30	110.57	150.01	235.85
生态涵养发展区	**71.35**	**79.82**	**88.71**	**102.51**	**117.44**	**128.94**	**139.33**	**153.48**	**178.14**	**200.17**	**230.06**	**343.49**
门头沟区	7.75	8.36	9.04	10.29	11.48	12.84	14.78	16.14	19.49	21.66	25.36	37.99
怀 柔 区	18.90	20.35	22.68	26.53	30.06	32.89	32.62	35.18	42.78	48.65	56.16	79.19
平 谷 区	12.24	13.31	14.26	16.29	18.30	20.29	22.71	24.36	27.81	31.97	38.21	58.12
密 云 县	15.82	17.92	21.09	26.04	32.27	35.94	39.80	45.41	51.15	56.98	64.29	94.12
延 庆 县	16.64	19.89	21.64	23.35	25.33	26.97	29.42	32.38	36.91	40.91	46.04	74.07

注：2005—2007年社会消费品零售额数据根据第二次经济普查进行了修订，2008年数据为第二次经济普查数据。
2005—2010年数据是按法人在地原则核算，2011年数据是按产业在地原则核算。

2-10 农林牧渔业总产值(2000-2011年)

单位：亿元

区　县	2000	2001	2002	2003	2004	2005	2006	2007	2008	2009	2010	2011
全　市	**188.61**	**202.15**	**213.54**	**224.73**	**234.89**	**239.30**	**240.19**	**272.30**	**303.90**	**314.95**	**328.02**	**363.14**
城市功能拓展区	**15.28**	**13.59**	**12.62**	**12.63**	**11.98**	**9.99**	**10.72**	**10.78**	**11.40**	**11.57**	**11.13**	**10.94**
朝 阳 区	6.32	6.17	5.37	5.22	4.71	3.91	4.24	4.17	4.36	4.19	4.08	3.55
丰 台 区	3.84	3.64	3.44	2.96	2.76	2.71	2.69	2.74	2.91	3.05	3.03	2.63
海 淀 区	5.12	3.77	3.81	4.45	4.51	3.38	3.78	3.86	4.13	4.33	4.02	4.76
城市发展新区	**122.67**	**132.21**	**141.32**	**148.45**	**153.88**	**154.69**	**155.54**	**175.22**	**194.32**	**199.64**	**206.02**	**226.95**
房 山 区	21.49	22.72	23.94	25.65	27.95	31.41	32.87	37.09	39.74	41.26	42.64	45.02
通 州 区	21.50	22.94	25.87	27.18	27.89	28.94	30.60	33.20	37.96	38.46	39.79	45.37
顺 义 区	44.17	48.00	50.27	51.01	52.51	49.55	44.42	50.20	54.49	56.65	58.58	65.17
昌 平 区	11.99	12.40	12.53	12.88	11.80	10.08	11.34	12.49	14.69	15.38	16.80	19.83
大 兴 区	23.52	26.15	28.72	31.73	33.72	34.71	36.31	42.24	47.44	47.89	48.21	51.56
生态涵养发展区	**45.98**	**51.37**	**54.47**	**58.18**	**63.40**	**68.78**	**73.93**	**86.30**	**98.18**	**103.41**	**109.92**	**124.50**
门头沟区	1.26	1.38	1.73	1.70	1.77	2.06	2.19	2.52	3.13	3.63	3.93	5.06
怀 柔 区	7.83	8.55	8.84	9.53	10.73	12.07	13.56	15.45	16.38	16.58	17.08	18.26
平 谷 区	13.98	14.71	14.92	15.55	16.69	17.65	18.67	21.74	25.08	26.39	29.44	34.42
密 云 县	11.58	15.04	16.86	19.50	21.54	24.01	25.53	30.69	35.29	36.91	39.17	44.06
延 庆 县	11.34	11.70	12.11	11.91	12.67	12.99	13.98	15.90	18.29	19.90	20.30	22.69

注：1. 总产值按现价计算，农林牧渔业总产值中含农林牧渔服务业产值。
2. 农林牧渔业总产值使用的价格为农产品生产价格。
3. 2006年为与农业普查衔接的数据，2000－2005年为历史修订数据。
4. 全市总产值中2000－2002年包含石景山数据；2009年及以后年份包含远洋渔业数据。

2-11 规模以上工业总产值(2001-2011年)

单位：亿元

区 县	2001	2002	2003	2004	2005	2006	2007	2008	2009	2010	2011
全 市	**3270.1**	**3620.2**	**4410.8**	**5733.4**	**6946.2**	**8210.0**	**9648.4**	**10413.1**	**11039.1**	**13699.8**	**14513.6**
首都功能核心区	**286.7**	**260.8**	**232.7**	**461.5**	**424.3**	**471.7**	**510.2**	**598.6**	**646.0**	**753.3**	**883.4**
东 城 区	113.0	82.5	74.3	169.3	89.3	89.9	82.2	66.8	62.0	67.1	106.6
原东城区	92.7	61.7	50.2	134.3	48.9	53.0	45.6	38.0	38.2		
原崇文区	20.3	20.9	24.1	35.0	40.4	36.8	36.5	28.8	23.8		
西 城 区	173.7	178.3	158.4	292.2	334.9	381.8	428.1	531.8	584.0	686.3	776.8
原西城区	65.9	62.7	72.2	257.0	302.3	347.9	395.2	488.7	535.7		
原宣武区	107.8	115.6	86.2	35.2	32.6	33.9	32.9	43.1	48.3		
城市功能拓展区	**1577.1**	**1435.6**	**1693.6**	**2240.1**	**2429.4**	**2520.8**	**2774.8**	**2874.7**	**2920.8**	**3447.4**	**3419.7**
朝 阳 区	660.1	458.9	552.7	700.6	707.7	675.2	674.5	667.4	822.3	1040.5	1188.9
丰 台 区	140.3	146.1	164.1	245.2	268.9	290.9	329.0	387.4	370.1	433.5	407.8
石景山区	327.8	332.9	420.4	553.8	602.3	616.6	676.3	691.9	539.7	630.5	379.2
海 淀 区	448.8	497.6	556.4	740.4	850.4	938.1	1095.0	1127.9	1188.8	1343.0	1443.7
城市发展新区	**971.2**	**1239.5**	**1621.4**	**2532.8**	**3466.4**	**4259.6**	**5111.0**	**5537.2**	**5809.0**	**7065.2**	**7520.9**
房 山 区	257.8	292.2	335.6	500.2	611.1	568.5	637.1	821.3	756.1	949.6	1025.7
通 州 区	88.5	80.1	92.5	183.5	228.7	286.2	348.2	418.1	426.4	593.0	586.7
顺 义 区	191.6	194.8	376.2	656.5	864.3	1028.1	1089.4	1215.7	1525.4	1851.6	2066.8
昌 平 区	140.0	197.5	296.3	490.6	438.6	481.7	633.8	704.8	775.2	987.8	1077.9
大 兴 区	91.4	93.8	115.2	169.6	204.2	244.5	291.2	348.6	365.8	455.1	479.2
北京经济技术开发区	201.9	381.1	405.6	532.4	1119.5	1650.6	2111.2	2028.7	1960.2	2228.1	2284.7
生态涵养发展区	**219.5**	**237.6**	**262.7**	**293.6**	**366.4**	**492.0**	**614.3**	**663.2**	**795.0**	**976.6**	**1077.1**
门头沟区	28.0	28.2	30.0	39.7	48.4	48.6	56.0	68.9	65.0	78.7	89.7
怀 柔 区	86.8	100.7	100.2	102.8	120.0	221.5	302.7	302.3	394.7	484.8	499.1
平 谷 区	49.7	41.8	56.8	62.9	86.2	100.1	114.5	129.8	148.9	184.7	199.1
密 云 县	47.2	59.0	68.7	73.4	92.9	100.8	113.1	126.1	145.6	177.0	223.4
延 庆 县	7.8	7.8	7.0	14.8	19.0	20.9	27.9	36.1	40.8	51.4	65.8

注：1. 规模以上工业范围：2001—2006年为全部国有及年主营业务收入在500万元及以上非国有工业口径；2007—2010年调整为年主营业务收入500万元及以上的全部工业法人企业；2011年调整为年主营业务收入2000万元及以上的全部工业法人企业。
2. 根据有关规定，自2004年起，国家电网公司、华北电网有限公司的“工业总产值(当年价格)”由市统计局统一核算，故表中“工业总产值(当年价格)”指标分区县数据之和不等于全市合计。
3. 全市规模以上工业总产值2001—2003年数据根据第一次经济普查数据进行了调整，分功能区和分区县数据未进行调整。

2-12 建筑业总产值(2000-2011年)

单位：亿元

区 县	2000	2001	2002	2003	2004	2005	2006	2007	2008	2009	2010	2011
全 市	**812.5**	**1055.4**	**1211.3**	**1521.2**	**1659.8**	**1894.0**	**2167.9**	**2576.8**	**3066.2**	**4059.7**	**5196.0**	**6046.3**
首都功能核心区	**157.4**	**182.0**	**212.7**	**263.9**	**300.7**	**327.5**	**341.0**	**424.8**	**469.7**	**571.4**	**739.6**	**956.0**
东 城 区	49.9	65.8	85.7	97.9	128.0	137.3	145.1	202.2	232.5	281.2	350.3	431.7
原东城区	29.0	32.3	52.6	60.4	81.6	82.9	92.0	128.2	143.6	195.3		
原崇文区	20.9	33.5	33.1	37.5	46.4	54.4	53.1	74.0	88.9	85.9		
西 城 区	107.5	116.2	127.0	166.0	172.7	190.2	195.9	222.6	237.2	290.2	389.3	524.3
原西城区	75.5	83.6	93.9	104.7	105.0	116.5	117.7	127.5	147.4	174.8		
原宣武区	32.0	32.6	33.1	61.3	67.7	73.7	78.2	95.1	89.8	115.4		
城市功能拓展区	**402.5**	**453.8**	**524.0**	**614.3**	**803.2**	**929.0**	**1179.9**	**1414.9**	**1718.0**	**2104.4**	**2769.9**	**3126.1**
朝 阳 区	185.5	211.7	201.5	225.3	271.1	285.0	354.2	419.7	476.0	556.4	703.7	816.9
丰 台 区	62.8	84.2	108.2	103.7	145.4	174.3	256.0	327.7	366.8	469.5	622.1	777.7
石景山区	11.8	16.1	24.3	44.8	63.4	80.0	87.8	118.5	160.7	171.6	311.5	342.1
海 淀 区	142.4	141.8	190.0	240.5	323.3	389.7	481.9	549.0	714.5	906.9	1132.6	1189.4
城市发展新区	**109.6**	**175.4**	**225.5**	**299.6**	**406.2**	**446.0**	**495.1**	**568.8**	**704.3**	**1145.3**	**1403.6**	**1607.7**
房 山 区	32.0	50.8	52.8	82.6	132.9	145.7	154.0	145.5	168.2	221.7	260.0	291.8
通 州 区	30.0	32.8	40.6	56.8	76.0	78.1	100.2	121.4	157.5	225.5	324.2	421.8
顺 义 区	15.8	20.6	27.4	42.3	50.8	68.5	88.4	118.5	97.6	112.8	151.3	198.7
昌 平 区	10.0	34.0	57.6	47.2	63.1	68.5	77.0	91.3	122.2	159.3	197.2	234.5
大 兴 区	21.8	37.2	47.1	70.7	79.0	82.4	73.0	82.7	105.5	123.5	190.1	225.3
北京经济技术开发区					4.4	2.8	2.5	9.4	53.3	302.5	280.8	235.6
生态涵养发展区	**58.0**	**76.7**	**92.9**	**128.9**	**149.7**	**191.5**	**151.9**	**168.3**	**174.2**	**238.6**	**282.9**	**356.5**
门头沟区	7.5	9.5	10.6	14.5	29.0	41.3	25.0	22.1	23.8	33.1	50.8	58.8
怀 柔 区	13.7	12.5	14.5	29.5	35.5	54.1	47.2	54.0	54.9	64.6	75.0	84.7
平 谷 区	9.6	15.0	25.0	24.9	29.2	25.4	23.5	32.2	41.2	52.6	44.1	79.2
密 云 县	9.7	19.4	22.3	31.1	31.7	35.5	34.0	35.5	34.2	49.9	71.0	87.9
延 庆 县	17.5	20.3	20.5	28.9	24.3	35.2	22.2	24.5	20.1	38.4	42.0	45.9

注：1. 建筑业相关数据是按照建筑业企业经营地划分，统计范围为施工总承包、专业承包建筑业企业。
2. 表内2000—2003年全市数据根据第一次经济普查数据进行了调整，而分功能区和分区县数据未进行调整。

2-13 地区进出口总额(2000-2011年)

单位：万美元

区 县	2000	2001	2002	2003	2004	2005	2006	2007	2008	2009	2010	2011
全 市	**4940041**	**5149809**	**5250529**	**6850017**	**9457572**	**12550643**	**15803663**	**19299976**	**27169290**	**21479103**	**30166129**	**38958314**
首都功能核心区	**1861486**	**2024268**	**1935539**	**2489662**	**3402083**	**3993484**	**4605301**	**5735210**	**8509423**	**6037754**	**8266412**	**11996212**
东 城 区	581843	648938	577859	624578	952110	883813	932884	1205322	1595317	1293913	1397766	1598123
原东城区	559158	631059	562391	608302	928837	845975	886721	1145319	1518436	1220371		
原崇文区	22685	17879	15468	16276	23273	37838	46163	60003	76881	73542		
西 城 区	1279643	1375330	1357680	1865084	2449973	3109671	3672417	4529888	6914106	4743841	6868646	10398089
原西城区	1137515	1228991	1194177	1633934	2214141	2865216	3408614	4227450	6554309	4392970		
原宣武区	142128	146339	163503	231150	235832	244455	263803	302438	359797	350871		
城市功能拓展区	**2882070**	**2812359**	**2976102**	**3826688**	**5094159**	**7246984**	**9545088**	**11452985**	**16134859**	**13180004**	**18760537**	**23305245**
朝 阳 区	1949376	1713021	1717681	2223947	3280734	4964633	6934664	8201607	12469799	9498172	13552098	17172246
丰 台 区	40092	54015	64739	81676	147160	206799	364655	540084	560669	705512	947791	1171394
石景山区	28978	14721	9689	14376	25718	40662	59610	59000	82681	52096	63789	76178
海 淀 区	863624	1030602	1183993	1506689	1640547	2034890	2186159	2652295	3021710	2924224	4196859	4885427
城市发展新区	**167132**	**280341**	**301076**	**473010**	**861415**	**1169743**	**1482427**	**1919877**	**2323169**	**2048804**	**2863055**	**3350568**
房 山 区	11135	10831	9519	12147	16825	22847	22148	30198	42274	45145	64141	67882
通 州 区	17017	29148	30942	40370	61392	88888	121972	166668	192381	175035	236368	243641
顺 义 区	53768	49260	51508	117117	209269	263902	343574	426734	522285	494459	758057	977104
昌 平 区	14660	16949	20688	49029	62681	68028	89394	125410	152671	181305	190905	217121
大 兴 区	70552	174153	188419	254347	511248	726078	905339	1170868	1413558	1152860	1613585	1844819
生态涵养发展区	**28603**	**32352**	**37320**	**60121**	**99404**	**140099**	**169889**	**179873**	**193475**	**204827**	**253681**	**293707**
门头沟区	4693	3925	7756	9083	15977	24399	24685	27921	24136	25894	31745	31714
怀 柔 区	8885	9575	12301	17184	26745	38387	48854	57174	61704	60020	65318	68816
平 谷 区	6862	8418	6346	17048	25086	44048	48533	45889	51324	52400	72677	83676
密 云 县	7629	9904	10406	15697	26386	28034	38464	38177	43121	49084	68187	76826
延 庆 县	534	530	511	1109	5210	5231	9353	10712	13190	17429	15754	32673
其 他	750	489	492	536	511	333	958	12031	8364	7714	22443	12582

注：其他是指外商常驻机构、外国驻华使领馆、国际组织和外籍专家等进出口单位。
资料来源：中华人民共和国北京海关。

2-14 实际利用外商直接投资额(2000-2011年)

单位：万美元

区 县	2000	2001	2002	2003	2004	2005	2006	2007	2008	2009	2010	2011
全 市	**245799**	**177000**	**178964**	**214675**	**308354**	**352638**	**455191**	**506572**	**608172**	**612094**	**636358**	**705447**
首都功能核心区	**78393**	**18315**	**25031**	**25633**	**27360**	**41171**	**67051**	**69032**	**121959**	**139728**	**115126**	**109453**
东 城 区	75112	15816	19014	23427	20122	29433	52734	32655	46018	69529	53592	55256
原东城区	74437	12864	16373	21414	17809	22333	43198	25789	35011	58520		
原崇文区	675	2952	2641	2013	2313	7100	9536	6866	11007	11009		
西 城 区	3281	2499	6017	2206	7238	11738	14317	36377	75941	70199	61534	54197
原西城区	2017	1394	3213	1198	6364	11019	12259	34121	73404	67577		
原宣武区	1264	1105	2804	1008	874	719	2058	2256	2537	2622		
城市功能拓展区	**132066**	**84911**	**86601**	**91445**	**176059**	**194140**	**268679**	**327158**	**347090**	**368687**	**395982**	**421030**
朝 阳 区	125312	78792	76688	84281	134545	140029	193163	201275	215696	217761	240298	264703
丰 台 区	3052	2084	3045	2360	3498	5734	10029	13443	11625	10587	12758	7304
石景山区	506	652	4181	2850	1450	841	703	1366	2361	11994	6583	6767
海 淀 区	3196	3383	2687	1954	36566	47536	64784	111074	117408	128345	136343	142256
城市发展新区	**19571**	**50619**	**32164**	**56917**	**93476**	**104042**	**100950**	**92413**	**119550**	**86012**	**107725**	**140409**
房 山 区	1512	270	266	526	1196	1415	2571	2364	572	2718	7455	4903
通 州 区	4339	5253	5069	8533	10142	8419	7726	10330	13754	8088	9042	9017
顺 义 区	5659	24347	9151	20880	14202	25217	28086	29769	38213	39586	40014	40491
昌 平 区	1123	1101	2561	3917	4514	3909	6530	7837	7140	8801	8894	9092
大 兴 区	4572	5457	2847	3740	4319	4878	5085	5351	5837	10205	11554	13088
北京经济技术开发区	2366	14191	12270	19321	59103	60204	50952	36762	54034	16614	30766	63818
生态涵养发展区	**8353**	**4933**	**6458**	**13201**	**11459**	**13285**	**18511**	**17969**	**19573**	**17667**	**17525**	**34555**
门头沟区	209	350	159	277	453	430	223	82	1008	1281	200	4204
怀 柔 区	2808	2495	2039	6040	2046	5713	10788	12911	7136	7194	6575	5939
平 谷 区	696	607	1238	1866	3461	4202	3670	790	6628	4074	5363	6023
密 云 县	1194	1366	3002	4498	3831	2569	2689	3750	3527	4504	4552	4455
延 庆 县	3446	115	20	520	1668	371	1141	436	1274	614	835	13934

注：2000—2003年数据由北京市统计局贸易外经处收集，当时“北京市新技术产业开发区管委会”、“北京天竺出口加工区管理委员会”作为单列项，不包含在任何一个区县内，因此2000—2003年分区县之和小于全市数据。

资料来源：北京市商务委员会。

2-15　入境旅游者人数(2005-2011年)

单位：万人次

区　县	2005	2006	2007	2008	2009	2010	2011
全　市	**362.9**	**390.3**	**435.5**	**379.0**	**412.5**	**490.1**	**520.4**
首都功能核心区	**137.1**	**153.5**	**181.6**	**153.9**	**143.0**	**157.2**	**165.9**
东 城 区	95.1	107.1	126.2	104.2	95.2	111.8	126.9
原东城区	84.3	89.5	111.7	96.6	88.7		
原崇文区	10.8	17.6	14.5	7.6	6.5		
西 城 区	42.0	46.4	55.4	49.7	47.8	45.3	39.0
原西城区	18.4	19.6	28.8	29.6	27.9		
原宣武区	23.6	26.8	26.6	20.1	19.9		
城市功能拓展区	**201.4**	**210.7**	**222.7**	**195.3**	**235.0**	**279.8**	**304.8**
朝 阳 区	153.9	160.3	165.8	147.1	171.9	214.0	229.4
丰 台 区	2.7	7.1	5.4	7.4	13.6	8.1	9.8
石景山区	0.2	0.2	0.5	1.1	3.0	4.7	8.4
海 淀 区	44.6	43.1	50.9	39.7	46.6	53.1	57.3
城市发展新区	**23.7**	**25.0**	**28.7**	**27.2**	**33.2**	**51.4**	**47.9**
房 山 区	0.1		…	0.1	0.04	0.04	0.05
通 州 区	2.3	3.7	4.2	3.1	1.8	4.4	3.9
顺 义 区	8.7	8.8	10.6	14.3	17.3	20.0	22.8
昌 平 区	12.0	7.8	10.0	6.6	4.5	6.8	4.7
大 兴 区	0.6	4.7	3.9	3.1	9.5	20.2	16.4
生态涵养发展区	**0.6**	**1.2**	**2.4**	**2.6**	**1.4**	**1.7**	**1.8**
门头沟区			…	0.1	0.01	0.03	0.1
怀 柔 区	0.2	0.1	0.2	0.3	0.2	0.1	0.2
平 谷 区	0.2	0.2	0.2	0.2	0.2	0.3	0.2
密 云 县	0.2	0.7	0.9	1.0	0.5	0.5	0.4
延 庆 县	…	0.2	1.1	1.0	0.6	0.8	0.8

2-16 城镇居民人均可支配收入(2005-2011年)

单位：元

区　县	2005	2006	2007	2008	2009	2010	2011
全　市	**17653**	**19978**	**21989**	**24725**	**26738**	**29073**	**32903**
首都功能核心区	**18035**	**20335**	**23548**	**26512**	**28750**	**31231**	**35280**
东 城 区				26037	28274	30684	34626
原东城区	18280	20665	23522	26151	28458	30814	
原崇文区	17805	20146	23281	25826	27941	30459	
西 城 区				26861	29099	31633	35740
原西城区	18515	21570	25204	28059	30442	33061	
原宣武区	17024	18249	21743	25289	27320	29719	
城市功能拓展区	**17204**	**19469**	**22487**	**25517**	**28003**	**30509**	**34495**
朝 阳 区	17506	19422	22377	25535	27608	30134	34044
丰 台 区	15795	18024	20574	23006	24835	27081	30682
石景山区	16183	18045	20745	23805	25736	28051	31936
海 淀 区	18479	21357	25312	28418	30677	33351	37746
城市发展新区	**15643**	**17010**	**18858**	**20800**	**22526**	**24352**	**27651**
房 山 区	15175	16987	18713	20329	21955	23769	26956
通 州 区	15603	17070	18887	20708	22455	24427	27713
顺 义 区	16167	17654	19843	21470	23179	24825	28163
昌 平 区	15684	17002	18874	20834	22556	24428	27669
大 兴 区	15179	16321	17899	20707	22548	24368	27786
生态涵养发展区	**15502**	**16866**	**18400**	**20537**	**22113**	**23994**	**27355**
门头沟区	16006	17650	19466	21613	23345	25313	29172
怀 柔 区	15661	16948	18628	20143	21540	23428	26647
平 谷 区	15050	16419	18018	20148	21757	23606	26842
密 云 县	15106	16548	17962	20135	21600	23438	26652
延 庆 县	15596	16703	17955	20120	21573	23329	26080

2-17 城镇居民人均消费性支出(2005-2011年)

单位：元

区 县	2005	2006	2007	2008	2009	2010	2011
全 市	**13244**	**14825**	**15330**	**16460**	**17893**	**19934**	**21984**
首都功能核心区	**14068**	**15544**	**17406**	**18725**	**20577**	**22243**	**24244**
东 城 区				18934	20434	22196	23813
原东城区	14392	16163	18345	18821	20683	22436	
原崇文区	13337	15077	17707	19142	19983	21778	
西 城 区				19265	20682	22277	24547
原西城区	14458	16105	18472	20528	21970	23732	
原宣武区	13841	14583	15082	17608	18977	20327	
城市功能拓展区	**12618**	**14170**	**15587**	**17132**	**18659**	**21017**	**23393**
朝 阳 区	13257	14855	16710	18410	20330	22406	24799
丰 台 区	11988	13537	14305	16095	16962	18207	20548
石景山区	11636	12475	13526	15370	17081	18903	21343
海 淀 区	12942	14836	16787	16801	18218	21597	24000
城市发展新区	**10842**	**11488**	**12294**	**13121**	**14324**	**15915**	**17432**
房 山 区	11648	12310	12734	12664	13886	15870	16540
通 州 区	11077	11666	12431	12741	14041	16046	17779
顺 义 区	10208	10853	11751	12701	13466	14257	16431
昌 平 区	10849	12157	13001	14108	15690	17123	18489
大 兴 区	10107	10127	11113	12872	14097	15805	17678
生态涵养发展区	**10741**	**11473**	**12127**	**13051**	**14285**	**15711**	**16921**
门头沟区	11975	13539	14118	14881	15953	17617	18578
怀 柔 区	10549	11372	11888	12457	13992	15137	16258
平 谷 区	10478	11279	11471	12360	13513	14895	16790
密 云 县	10175	10410	11381	12766	14090	15628	15971
延 庆 县	10384	10506	11084	11296	11823	13467	14756

2-18　农村居民人均纯收入(2000-2011年)

单位：元

区　县	2000	2001	2002	2003	2004	2005	2006	2007	2008	2009	2010	2011
全　市	**4687**	**5274**	**5880**	**6496**	**7172**	**7860**	**8620**	**9559**	**10747**	**11986**	**13262**	**14736**
城市功能拓展区					**9538**	**10179**	**10977**	**12196**	**13812**	**15393**	**16973**	**18954**
朝阳区	6451	7343	8259	9492	10261	11085	11941	13284	15090	16633	18331	19839
丰台区	5756	6367	6954	7787	8481	8995	9570	10350	11584	13179	14544	16554
海淀区	6733	7282	7945	8520	9238	9987	11002	12548	14319	16011	17661	20015
城市发展新区					**6757**	**7421**	**8163**	**9085**	**10179**	**11354**	**12574**	**13852**
房山区	4602	5047	5492	5966	6438	7205	8013	8981	10073	11315	12492	13527
通州区	4903	5379	5835	6445	7092	7661	8349	9115	10213	11361	12613	14273
顺义区	5110	5416	5850	6315	6785	7459	8298	9266	10402	11648	12898	14314
昌平区	4853	5156	5751	6256	6752	7416	8091	9037	10121	11318	12548	13441
大兴区	4462	5006	5538	6099	6724	7405	8093	9040	10103	11132	12335	13723
生态涵养发展区					**6543**	**7233**	**7894**	**8678**	**9738**	**10864**	**12024**	**13182**
门头沟区	4002	4506	5095	6015	6862	7556	8330	9198	10282	11475	12672	14031
怀柔区	4129	4583	5303	5814	6534	7201	7862	8805	9871	11013	12256	12991
平谷区	4029	4436	5102	5826	6553	7336	7985	8749	9790	10872	12036	13387
密云县	3706	4552	5171	5886	6550	7203	7814	8489	9529	10682	11858	12924
延庆县	3843	4378	5043	5658	6345	6985	7619	8311	9385	10470	11531	12761

注：2011年农村居民人均纯收入数据按国家统计局方案进行了口径调整，2011年比上年增长速度为同口径增速，具体数据参见表3-53。

2-19 农村居民人均生活消费支出(2000-2011年)

单位：元

区　县	2000	2001	2002	2003	2004	2005	2006	2007	2008	2009	2010	2011
全　市	**3441**	**3871**	**4206**	**4655**	**4886**	**5515**	**6061**	**6828**	**7656**	**9141**	**10109**	**11078**
城市功能拓展区					**7204**	**7662**	**8414**	**9372**	**10702**	**12558**	**14150**	**15773**
朝 阳 区	5475	5892	6343	6814	7341	8017	8828	9872	11260	13297	15224	16888
丰 台 区	4933	5128	5873	6401	6402	6848	7670	8282	9385	10971	12089	13414
海 淀 区	6513	5940	6671	8371	7672	8069	8615	9868	11400	13305	14891	16498
城市发展新区					**4560**	**5278**	**5848**	**6468**	**7156**	**8594**	**9703**	**10249**
房 山 区	2755	3296	3627	4090	4630	5204	5813	6155	6889	8234	8915	9814
通 州 区	3209	3371	3593	3881	4216	4566	5472	5965	6766	8296	9840	10253
顺 义 区	3679	3928	4421	4690	5061	5450	5832	6266	6906	8056	8639	9926
昌 平 区	3841	4737	5306	5639	5366	6735	7217	7870	8667	9724	11379	11160
大 兴 区	2847	3823	3668	3864	3822	4426	4846	6086	6541	8671	9806	10230
生态涵养发展区					**4175**	**4610**	**4991**	**5840**	**6561**	**7886**	**8251**	**9119**
门头沟区	3508	4092	4468	4720	5124	5532	6120	6888	7444	8312	8632	9598
怀 柔 区	2588	2905	3172	3922	4138	4502	4795	5872	6960	8939	9106	9483
平 谷 区	2561	2686	3026	3394	3736	4231	4604	5927	6329	7626	8348	9555
密 云 县	2602	3123	3262	3842	4181	4716	5169	5926	7008	8831	8860	8970
延 庆 县	2463	3000	3158	3628	4088	4383	4669	5003	5536	6239	6754	8135

2-20 小学在校学生数(2000-2011年)

单位：万人

区　县	2000	2001	2002	2003	2004	2005	2006	2007	2008	2009	2010	2011
全　市	**74.31**	**66.44**	**59.42**	**54.65**	**51.60**	**49.45**	**47.33**	**66.66**	**65.95**	**64.71**	**65.33**	**68.05**
首都功能核心区	**11.79**	**10.47**	**9.43**	**8.89**	**8.50**	**8.12**	**7.81**	**9.58**	**9.53**	**9.47**	**9.56**	**9.97**
东 城 区	5.61	5.00	4.55	4.30	4.16	3.99	3.88	4.63	4.63	4.57	4.57	4.65
原东城区	3.47	3.14	2.92	2.80	2.74	2.68	2.65	3.12	3.15	3.13		
原崇文区	2.14	1.85	1.63	1.50	1.42	1.31	1.22	1.51	1.48	1.44		
西 城 区	6.18	5.47	4.88	4.59	4.33	4.13	3.93	4.94	4.89	4.91	4.99	5.32
原西城区	3.68	3.33	3.01	2.89	2.76	2.63	2.56	3.15	3.14	3.15		
原宣武区	2.50	2.15	1.87	1.70	1.57	1.50	1.37	1.79	1.75	1.75		
城市功能拓展区	**23.32**	**21.57**	**20.07**	**19.03**	**18.18**	**17.64**	**17.20**	**28.36**	**28.69**	**28.58**	**28.99**	**30.63**
朝 阳 区	7.15	6.44	5.79	5.20	4.90	4.78	4.58	8.28	8.22	8.17	8.41	9.10
丰 台 区	4.96	4.55	4.18	3.97	3.67	3.28	2.93	6.34	6.42	6.44	6.43	6.64
石景山区	1.77	1.64	1.50	1.44	1.39	1.33	1.28	1.94	2.06	2.09	2.07	2.10
海 淀 区	9.43	8.93	8.60	8.42	8.22	8.25	8.40	11.80	11.99	11.89	12.08	12.78
城市发展新区	**25.35**	**21.78**	**18.58**	**16.37**	**15.21**	**14.50**	**13.74**	**19.54**	**19.19**	**18.78**	**19.22**	**20.01**
房 山 区	6.67	5.65	4.85	4.34	3.99	3.80	3.56	4.09	3.96	3.74	3.71	3.81
通 州 区	5.40	4.73	3.99	3.38	3.07	2.87	2.69	4.51	4.46	4.58	4.79	5.08
顺 义 区	5.48	4.51	3.58	2.95	2.68	2.50	2.38	3.37	3.21	3.05	3.21	3.40
昌 平 区	2.66	2.44	2.30	2.27	2.23	2.22	2.15	3.40	3.44	3.37	3.50	3.65
大 兴 区	5.14	4.44	3.86	3.44	3.24	3.11	2.96	4.16	4.12	4.04	4.01	4.07
生态涵养发展区	**13.85**	**12.62**	**11.34**	**10.36**	**9.72**	**9.19**	**8.58**	**9.19**	**8.54**	**7.88**	**7.55**	**7.44**
门头沟区	1.45	1.33	1.25	1.21	1.13	1.07	1.02	1.41	1.33	1.24	1.19	1.15
怀 柔 区	2.23	2.17	2.05	1.92	1.75	1.65	1.51	1.71	1.62	1.52	1.48	1.51
平 谷 区	4.07	3.57	3.18	2.76	2.58	2.39	2.19	2.03	1.85	1.67	1.59	1.56
密 云 县	3.55	3.27	2.95	2.70	2.56	2.46	2.31	2.40	2.22	2.04	1.97	1.96
延 庆 县	2.56	2.28	1.91	1.78	1.69	1.61	1.55	1.63	1.52	1.40	1.32	1.26

注：从2007年开始，普通中学、小学、工读学校、特殊教育、学前教育在校学生数包括外省市户口借读学生。
资料来源：北京市教育委员会。

2-21 普通中学在校学生数(2000-2011年)

单位：万人

区 县	2000	2001	2002	2003	2004	2005	2006	2007	2008	2009	2010	2011
全 市	**69.14**	**72.01**	**73.07**	**70.44**	**66.13**	**59.99**	**54.77**	**57.68**	**54.43**	**52.24**	**50.83**	**49.73**
首都功能核心区	**15.31**	**15.31**	**15.35**	**14.57**	**13.84**	**12.89**	**11.96**	**11.76**	**10.80**	**10.30**	**9.92**	**9.72**
东 城 区	7.27	7.09	7.19	6.74	6.35	5.97	5.59	5.50	4.99	4.75	4.56	4.39
原东城区	4.65	4.61	4.70	4.48	4.29	4.02	3.77	3.63	3.31	3.15		
原崇文区	2.63	2.47	2.49	2.26	2.06	1.95	1.82	1.87	1.68	1.60		
西 城 区	8.03	8.22	8.16	7.83	7.48	6.92	6.37	6.26	5.81	5.54	5.36	5.33
原西城区	4.98	5.17	5.16	5.00	4.81	4.49	4.18	4.15	3.91	3.79		
原宣武区	3.05	3.06	3.00	2.83	2.67	2.43	2.19	2.11	1.90	1.76		
城市功能拓展区	**20.90**	**21.72**	**21.59**	**20.85**	**20.07**	**19.06**	**18.02**	**20.62**	**19.91**	**19.64**	**19.50**	**19.63**
朝 阳 区	6.39	6.55	6.47	6.06	5.66	5.29	4.86	5.66	5.26	5.05	5.00	5.19
丰 台 区	3.92	4.02	3.90	3.63	3.36	3.11	2.77	3.36	3.26	3.18	3.09	2.95
石景山区	1.71	1.74	1.66	1.56	1.48	1.42	1.35	1.52	1.48	1.47	1.46	1.44
海 淀 区	8.88	9.41	9.57	9.59	9.56	9.24	9.03	10.08	9.91	9.93	9.95	10.06
城市发展新区	**21.23**	**22.92**	**23.83**	**23.01**	**20.92**	**18.04**	**15.91**	**16.60**	**15.56**	**14.71**	**14.29**	**13.72**
房 山 区	5.53	6.14	6.35	5.97	5.27	4.52	3.94	3.75	3.44	3.26	3.14	2.96
通 州 区	3.90	4.31	4.77	4.90	4.61	4.06	3.58	3.74	3.50	3.20	3.06	2.94
顺 义 区	5.02	5.45	5.71	5.51	4.90	4.05	3.46	3.57	3.34	3.13	3.04	2.94
昌 平 区	2.66	2.68	2.62	2.40	2.18	1.98	1.87	2.30	2.24	2.18	2.19	2.20
大 兴 区	4.13	4.34	4.37	4.24	3.95	3.42	3.06	3.24	3.05	2.93	2.87	2.67
生态涵养发展区	**11.69**	**12.07**	**12.30**	**12.01**	**11.31**	**9.99**	**8.89**	**8.70**	**8.16**	**7.59**	**7.12**	**6.66**
门头沟区	1.43	1.38	1.29	1.14	1.09	1.01	0.94	0.99	0.94	0.88	0.82	0.76
怀 柔 区	1.88	1.87	1.90	1.83	1.77	1.63	1.53	1.59	1.52	1.47	1.38	1.30
平 谷 区	3.67	3.86	3.89	3.82	3.58	3.14	2.63	2.34	2.09	1.85	1.70	1.53
密 云 县	2.67	2.82	2.92	2.93	2.76	2.40	2.16	2.22	2.20	2.07	1.95	1.84
延 庆 县	2.04	2.14	2.29	2.29	2.12	1.81	1.63	1.56	1.41	1.33	1.27	1.23

注：普通中学范围为普通高中和普通初中学生数。
资料来源：北京市教育委员会。

2–22 幼儿园在园幼儿数(2002–2011年)

单位：人

区 县	2002	2003	2004	2005	2006	2007	2008	2009	2010	2011
全 市	**213794**	**199390**	**205532**	**202301**	**197546**	**214423**	**226681**	**247778**	**276994**	**311417**
首都功能核心区	**29523**	**26311**	**23911**	**24547**	**20124**	**23410**	**22751**	**24812**	**27051**	**28003**
东 城 区	14022	12539	12637	11908	9344	10364	9948	11124	11877	12355
原东城区	8131	7382	7265	6641	5439	5680	5626	6403		
原崇文区	5891	5157	5372	5267	3905	4684	4322	4721		
西 城 区	15501	13772	11274	12639	10780	13046	12803	13688	15174	15648
原西城区	10525	9270	6935	8382	6831	7765	7456	8175		
原宣武区	4976	4502	4339	4257	3949	5281	5347	5513		
城市功能拓展区	**105776**	**99680**	**102850**	**99967**	**102095**	**105094**	**111165**	**120954**	**136649**	**154756**
朝 阳 区	32613	32185	34017	33662	32252	35329	37709	41365	48324	53915
丰 台 区	26051	20381	21198	19481	19702	24699	25341	27388	31410	37040
石景山区	9163	8603	7064	6703	6144	6504	8194	9040	9879	11232
海 淀 区	37949	38511	40571	40121	43997	38562	39921	43161	47036	52569
城市发展新区	**46935**	**44491**	**49722**	**49554**	**48041**	**58513**	**64674**	**71619**	**80139**	**90881**
房 山 区	12826	12114	13567	14136	13460	15459	17013	18407	22466	24794
通 州 区	8525	7937	9551	8951	8629	10900	11701	13259	13514	14692
顺 义 区	8629	7634	8312	8112	7497	6924	9181	10043	12545	14247
昌 平 区	9238	8813	9792	10076	9346	13851	14140	15929	16069	17285
大 兴 区	7717	7993	8500	8279	9109	11379	12639	13981	15545	19863
生态涵养发展区	**31560**	**28908**	**29049**	**28233**	**27286**	**27406**	**28091**	**30393**	**33155**	**37777**
门头沟区	4274	4119	4205	4285	4259	4492	4754	5097	5229	5066
怀 柔 区	5034	4880	4630	4874	4461	4591	4914	5749	6190	9272
平 谷 区	8618	7028	6964	6451	6129	5411	4966	5229	6448	7149
密 云 县	7784	7540	7285	6564	6783	7711	8223	8881	9473	10065
延 庆 县	5850	5341	5965	6059	5654	5201	5234	5437	5815	6225

资料来源：北京市教育委员会。

2-23 卫生机构数(2002-2011年)

单位：个

区　县	2002	2003	2004	2005	2006	2007	2008	2009	2010	2011
全　市	**4998**	**5075**	**4835**	**4818**	**4878**	**6189**	**6523**	**6603**	**6539**	**9699**
首都功能核心区	**1223**	**1244**	**1123**	**1102**	**1017**	**1087**	**1053**	**1065**	**1073**	**1163**
东 城 区	559	565	496	458	461	470	460	468	484	547
原东城区	383	372	365	327	338	335	318	324		
原崇文区	176	193	131	131	123	135	142	144		
西 城 区	664	679	627	644	556	617	593	597	589	616
原西城区	445	443	444	432	375	392	368	369		
原宣武区	219	236	183	212	181	225	225	228		
城市功能拓展区	**2144**	**2195**	**2184**	**2065**	**2153**	**2564**	**2718**	**2804**	**2773**	**2863**
朝 阳 区	851	866	883	798	842	1052	1247	1234	1185	1201
丰 台 区	455	409	366	248	278	434	452	467	482	502
石景山区	200	210	204	203	187	177	158	176	192	196
海 淀 区	638	710	731	816	846	901	861	927	914	964
城市发展新区	**1093**	**1103**	**1015**	**1109**	**1154**	**1875**	**2040**	**2046**	**2001**	**3661**
房 山 区	307	308	201	227	220	434	494	516	472	1006
通 州 区	150	154	164	205	235	210	239	243	257	593
顺 义 区	121	124	144	165	170	209	229	233	275	502
昌 平 区	312	305	287	284	299	574	569	570	517	849
大 兴 区	203	212	219	228	230	448	509	484	480	711
生态涵养发展区	**538**	**533**	**513**	**542**	**554**	**663**	**712**	**688**	**692**	**2012**
门头沟区	151	150	122	117	118	119	122	126	110	255
怀 柔 区	151	150	123	146	142	192	192	159	175	453
平 谷 区	86	70	82	68	71	68	104	109	113	309
密 云 县	59	72	87	106	119	185	195	208	208	672
延 庆 县	91	91	99	105	104	99	99	86	86	323

注：2011年开始，卫生机构中包含村卫生室。
资料来源：北京市卫生局。

2-24 卫生机构床位数(2005-2011年)

单位：张

区 县	2005	2006	2007	2008	2009	2010	2011
全 市	**79067**	**81440**	**83736**	**86196**	**90100**	**92871**	**94735**
首都功能核心区	**23074**	**22927**	**22887**	**22864**	**22956**	**23925**	**23853**
东 城 区	10904	10766	10322	9999	9735	10106	10022
原东城区	8838	8709	8347	8027	7866		
原崇文区	2066	2057	1975	1972	1869		
西 城 区	12170	12161	12565	12865	13221	13819	13831
原西城区	7838	7870	8300	8608	8872		
原宣武区	4332	4291	4265	4257	4349		
城市功能拓展区	**30743**	**31807**	**32027**	**33021**	**36366**	**36946**	**37563**
朝 阳 区	12064	13037	12978	13821	14948	15709	16107
丰 台 区	6158	6194	6555	6518	7830	7876	7999
石景山区	2897	2869	2951	3196	3239	3529	3515
海 淀 区	9624	9707	9543	9486	10349	9832	9942
城市发展新区	**18102**	**19181**	**21408**	**22421**	**22686**	**23725**	**24672**
房 山 区	4569	4478	5097	5365	5587	6077	6152
通 州 区	2351	2449	2503	2538	2527	2608	2593
顺 义 区	2259	2313	3196	3120	3144	3149	3252
昌 平 区	5885	6569	6859	7209	7147	7457	7982
大 兴 区	3038	3372	3753	4189	4281	4434	4693
生态涵养发展区	**7148**	**7525**	**7414**	**7890**	**8092**	**8275**	**8647**
门头沟区	2381	2446	2376	2513	2534	2651	2653
怀 柔 区	1284	1447	1339	1441	1401	1377	1534
平 谷 区	1229	1339	1681	1863	1907	1900	1972
密 云 县	1182	1211	1022	1055	1207	1270	1440
延 庆 县	1072	1082	996	1018	1043	1077	1048

资料来源：北京市卫生局。

2012 北京区域统计年鉴

第三篇

BEIJING AREA STATISTICAL YEARBOOK

北京区县概览

BEIJING QUXIAN GAILAN

3-1 土地利用状况(2008年)

单位：平方公里

区　县	土地面积	农用地	#耕地	建设用地	未利用地
全　市	**16410.54**	**10959.81**	**2316.88**	**3377.15**	**2073.58**
首都功能核心区					
东 城 区	25.34			25.34	
西 城 区	31.62			31.62	
崇 文 区	16.52			16.52	
宣 武 区	18.91			18.91	
城市功能拓展区					
朝 阳 区	455.08	137.25	47.26	308.93	8.89
丰 台 区	305.80	78.75	31.61	203.26	23.80
石景山区	84.32	31.79	2.14	49.44	3.10
海 淀 区	430.73	194.89	26.90	229.24	6.60
城市发展新区					
房 山 区	1989.54	1159.06	282.78	350.55	479.94
通 州 区	906.28	561.87	350.35	309.02	35.39
顺 义 区	1019.89	603.97	310.31	328.24	87.69
昌 平 区	1343.54	921.67	117.76	365.20	56.68
大 兴 区	1036.32	667.75	381.17	311.94	56.63
生态涵养发展区					
门头沟区	1450.70	1091.28	18.17	95.35	264.07
怀 柔 区	2122.62	1568.02	97.51	133.37	421.23
平 谷 区	950.13	713.84	123.67	126.98	109.31
密 云 县	2229.45	1540.66	229.33	329.52	359.27
延 庆 县	1993.75	1689.03	297.92	143.73	160.99

注：由于全国第二次土地调查结果尚未正式发布，本表中土地利用状况数据截止到2008年。
资料来源：北京市国土资源局。

3-2 行政区划(2011年)

单位：个

区　县	街道办事处	建制镇	建制乡	社区居委会	村民委员会
全　市	**140**	**144**	**38**	**2773**	**3941**
首都功能核心区	**32**			**460**	
东 城 区	17			205	
西 城 区	15			255	
城市功能拓展区	**70**	**9**	**22**	**1399**	**304**
朝 阳 区	23		19	375	154
丰 台 区	16	2	3	291	66
石景山区	9			140	
海 淀 区	22	7		593	84
城市发展新区	**25**	**72**	**7**	**634**	**2192**
房 山 区	8	14	6	122	461
通 州 区	4	10	1	105	475
顺 义 区	6	19		83	426
昌 平 区	2	15		181	303
大 兴 区	5	14		143	527
生态涵养发展区	**13**	**63**	**9**	**280**	**1445**
门头沟区	4	9		103	178
怀 柔 区	2	12	2	32	284
平 谷 区	2	14	2	29	273
密 云 县	2	17	1	83	334
延 庆 县	3	11	4	33	376

资料来源：北京市民政局。

3-3 法人单位数(2011年)

单位：个

区　县	法人单位数合计			#企业法人
		单产业法人	多产业法人	
全　市	**394276**	**376319**	**17957**	**363521**
首都功能核心区	**59777**	**55765**	**4012**	**52901**
东 城 区	26532	24879	1653	23438
西 城 区	33245	30886	2359	29463
城市功能拓展区	**227479**	**218057**	**9422**	**217804**
朝 阳 区	84120	80085	4035	80758
丰 台 区	38110	37017	1093	36354
石景山区	14007	13448	559	13161
海 淀 区	91242	87507	3735	87531
城市发展新区	**80804**	**77715**	**3089**	**72350**
房 山 区	11905	11361	544	10031
通 州 区	17301	16818	483	16110
顺 义 区	12411	11908	503	10770
昌 平 区	15932	15247	685	14141
大 兴 区	20541	19832	709	18633
北京经济技术开发区	2714	2549	165	2665
生态涵养发展区	**26216**	**24782**	**1434**	**20466**
门头沟区	5795	5399	396	4662
怀 柔 区	5963	5679	284	4701
平 谷 区	5323	5117	206	4118
密 云 县	6383	6039	344	5148
延 庆 县	2752	2548	204	1837

3-4 户籍人口数

单位：万人

区 县	户籍人口数			
	2011	男	女	2010
全 市	**1277.9**	**642.4**	**635.6**	**1257.8**
首都功能核心区	**232.5**	**115.7**	**116.9**	**230.1**
东 城 区	96.1	47.6	48.6	95.6
西 城 区	136.4	68.1	68.3	134.5
城市功能拓展区	**563.3**	**284.9**	**278.4**	**550.7**
朝 阳 区	193.2	97.1	96.1	188.6
丰 台 区	108.1	54.9	53.2	106.3
石景山区	36.6	18.9	17.7	36.2
海 淀 区	225.5	114.0	111.4	219.6
城市发展新区	**319.2**	**159.6**	**159.7**	**314.6**
房 山 区	77.4	38.8	38.5	76.8
通 州 区	67.3	33.4	33.9	66.3
顺 义 区	58.8	29.1	29.6	58.2
昌 平 区	54.8	27.7	27.1	53.3
大 兴 区	61.0	30.5	30.5	59.9
生态涵养发展区	**162.9**	**82.2**	**80.7**	**162.4**
门头沟区	24.7	12.7	12.0	24.6
怀 柔 区	27.7	13.9	13.8	27.7
平 谷 区	39.6	20.0	19.7	39.5
密 云 县	42.9	21.5	21.4	42.8
延 庆 县	27.9	14.1	13.8	27.9

资料来源：北京市公安局。

3-5 户籍人口户数

单位：万户

区　县	户籍人口户数	
	2011	2010
全　市	**503.1**	**496.1**
首都功能核心区	**81.3**	**81.0**
东 城 区	34.4	34.3
西 城 区	46.9	46.7
城市功能拓展区	**202.1**	**198.3**
朝 阳 区	75.1	73.4
丰 台 区	44.8	44.1
石景山区	13.8	13.6
海 淀 区	68.3	67.1
城市发展新区	**143.8**	**141.4**
房 山 区	35.7	35.2
通 州 区	32.8	32.3
顺 义 区	26.3	26.1
昌 平 区	24.1	23.3
大 兴 区	24.9	24.5
生态涵养发展区	**75.9**	**75.3**
门头沟区	11.8	11.7
怀 柔 区	13.3	13.3
平 谷 区	16.8	16.7
密 云 县	20.4	20.2
延 庆 县	13.6	13.4

资料来源：北京市公安局。

3-6 暂住人口数

单位：万人

区　县	暂住人口数	
	2011	2010
全　市	**825.8**	**886.1**
首都功能核心区	**32.9**	**50.5**
东 城 区	18.1	22.0
西 城 区	14.8	28.5
城市功能拓展区	**508.5**	**522.9**
朝 阳 区	204.1	219.2
丰 台 区	115.0	111.7
石景山区	16.4	19.0
海 淀 区	173.0	173.0
城市发展新区	**252.9**	**275.9**
房 山 区	14.6	20.9
通 州 区	57.2	64.8
顺 义 区	24.1	25.4
昌 平 区	78.3	84.2
大 兴 区	78.7	80.6
生态涵养发展区	**31.4**	**36.8**
门头沟区	7.8	9.6
怀 柔 区	9.9	10.8
平 谷 区	6.4	6.3
密 云 县	4.3	6.9
延 庆 县	3.0	3.2

资料来源：北京市公安局。

3-7 户籍人口机械变动情况

单位：人

区 县	市外迁入人数		迁往市外人数		机械增加人数	
	2011	2010	2011	2010	2011	2010
全 市	**211447**	**185101**	**82134**	**76010**	**129313**	**109091**
首都功能核心区	**21469**	**20480**	**4799**	**4362**	**16670**	**16118**
东 城 区	6471	5807	830	985	5641	4822
西 城 区	14998	14673	3969	3377	11029	11296
城市功能拓展区	**155811**	**131498**	**67498**	**62427**	**88313**	**69071**
朝 阳 区	34886	32772	13346	12778	21540	19994
丰 台 区	9997	9499	2046	1948	7951	7551
石景山区	3681	3304	993	1057	2688	2247
海 淀 区	107247	85923	51113	46644	56134	39279
城市发展新区	**28649**	**26877**	**8977**	**8300**	**19672**	**18577**
房 山 区	3201	4196	348	419	2853	3777
通 州 区	3261	3509	635	753	2626	2756
顺 义 区	2821	3240	707	421	2114	2819
昌 平 区	13879	10710	5904	5455	7975	5255
大 兴 区	5487	5222	1383	1252	4104	3970
生态涵养发展区	**5518**	**6246**	**860**	**921**	**4658**	**5325**
门头沟区	870	1018	69	159	801	859
怀 柔 区	1046	1277	171	150	875	1127
平 谷 区	1083	1066	225	236	858	830
密 云 县	1404	1644	231	220	1173	1424
延 庆 县	1115	1241	164	156	951	1085

资料来源：北京市公安局。

3-8 户籍人口自然变动情况

单位：人

区 县	出生人数		死亡人数		自然增加人数	
	2011	2010	2011	2010	2011	2010
全 市	**124837**	**101662**	**53309**	**91187**	**71528**	**10475**
首都功能核心区	**20690**	**16814**	**8396**	**12225**	**12294**	**4589**
东 城 区	8359	6809	3406	5380	4953	1429
西 城 区	12331	10005	4990	6845	7341	3160
城市功能拓展区	**54403**	**44741**	**17696**	**27476**	**36707**	**17265**
朝 阳 区	20490	16458	6646	9812	13844	6646
丰 台 区	10122	7997	4397	6729	5725	1268
石景山区	3268	2785	1397	2413	1871	372
海 淀 区	20523	17501	5256	8522	15267	8979
城市发展新区	**35438**	**28348**	**17147**	**31094**	**18291**	**-2746**
房 山 区	7468	6142	4261	7883	3207	-1741
通 州 区	7310	6022	3983	5815	3327	207
顺 义 区	6292	4777	3482	5986	2810	-1209
昌 平 区	6804	4954	2615	5506	4189	-552
大 兴 区	7564	6453	2806	5904	4758	549
生态涵养发展区	**14306**	**11759**	**10070**	**20392**	**4236**	**-8633**
门头沟区	2050	1593	1473	2625	577	-1032
怀 柔 区	2753	2145	1739	3569	1014	-1424
平 谷 区	3528	2945	2281	4553	1247	-1608
密 云 县	3672	3193	2617	6015	1055	-2822
延 庆 县	2303	1883	1960	3630	343	-1747

资料来源：北京市公安局。

3-9 常住人口及常住外来人口

单位：万人

区　县	常住人口		#常住外来人口	
	2011	2010	2011	2010
全　市	**2018.6**	**1961.9**	**742.2**	**704.7**
首都功能核心区	**215.0**	**216.2**	**53.4**	**54.7**
东 城 区	91.0	91.9	21.4	22.0
西 城 区	124.0	124.3	32.0	32.7
城市功能拓展区	**986.4**	**955.4**	**400.0**	**379.1**
朝 阳 区	365.8	354.5	160.9	151.5
丰 台 区	217.0	211.2	84.3	81.3
石景山区	63.4	61.6	21.3	20.7
海 淀 区	340.2	328.1	133.5	125.6
城市发展新区	**629.9**	**603.2**	**257.7**	**240.0**
房 山 区	96.7	94.5	21.4	19.5
通 州 区	125.0	118.4	47.7	43.5
顺 义 区	91.5	87.7	31.3	27.9
昌 平 区	173.8	166.1	89.6	84.7
大 兴 区	142.9	136.5	67.7	64.4
生态涵养发展区	**187.3**	**186.4**	**31.1**	**30.7**
门头沟区	29.4	29.0	4.8	4.7
怀 柔 区	37.1	37.3	10.2	10.3
平 谷 区	41.8	41.6	5.1	4.9
密 云 县	47.1	46.8	7.0	6.9
延 庆 县	31.9	31.7	4.0	3.9

注：1. 表内2010年全市常住人口及常住外来人口数据为根据2010年人口普查结果推算的年末数，分功能区和分区县的数据为2010年人口普查数据，普查标准时点为2010年11月1日零时。
2. 2011年数据根据2011年人口抽样调查数据推算，为年末数。

3-10 常住人口(按城乡分)

单位：万人

区 县	常住人口		城镇人口		乡村人口	
	2011	2010	2011	2010	2011	2010
全 市	**2018.6**	**1961.9**	**1740.7**	**1686.4**	**277.9**	**275.5**
首都功能核心区	**215.0**	**216.2**	**215.0**	**216.2**		
东 城 区	91.0	91.9	91.0	91.9		
西 城 区	124.0	124.3	124.0	124.3		
城市功能拓展区	**986.4**	**955.4**	**977.0**	**945.6**	**9.4**	**9.9**
朝 阳 区	365.8	354.5	364.6	353.2	1.2	1.3
丰 台 区	217.0	211.2	215.7	209.9	1.3	1.4
石景山区	63.4	61.6	63.4	61.6		
海 淀 区	340.2	328.1	333.3	320.9	6.9	7.2
城市发展新区	**629.9**	**603.2**	**434.0**	**410.7**	**195.9**	**192.4**
房 山 区	96.7	94.5	65.8	63.5	30.9	31.0
通 州 区	125.0	118.4	78.4	72.4	46.6	46.0
顺 义 区	91.5	87.7	49.9	47.1	41.6	40.5
昌 平 区	173.8	166.1	138.9	131.1	34.9	35.0
大 兴 区	142.9	136.5	101.0	96.6	41.9	39.9
生态涵养发展区	**187.3**	**186.4**	**114.7**	**113.3**	**72.6**	**73.1**
门头沟区	29.4	29.0	25.1	24.9	4.3	4.2
怀 柔 区	37.1	37.3	25.3	25.3	11.8	12.0
平 谷 区	41.8	41.6	22.6	22.0	19.2	19.6
密 云 县	47.1	46.8	26.0	25.7	21.1	21.0
延 庆 县	31.9	31.7	15.7	15.4	16.2	16.3

注：1. 表内2010年全市常住人口及分城乡人口数据为根据2010年人口普查结果推算的年末数，分功能区和分区县的数据为2010年人口普查数据，普查标准时点为2010年11月1日零时。
2. 2011年数据根据2011年人口抽样调查数据推算，为年末数。

3-11 常住人口(按性别分)

单位：万人

区县	常住人口		男		女	
	2011	2010	2011	2010	2011	2010
全市	**2018.6**	**1961.9**	**1040.7**	**1013.0**	**977.9**	**948.9**
首都功能核心区	**215.0**	**216.2**	**106.1**	**107.6**	**108.9**	**108.6**
东城区	91.0	91.9	44.4	45.4	46.6	46.5
西城区	124.0	124.3	61.7	62.2	62.3	62.1
城市功能拓展区	**986.4**	**955.4**	**507.0**	**491.4**	**479.4**	**464.0**
朝阳区	365.8	354.5	188.3	182.5	177.5	172.0
丰台区	217.0	211.2	110.4	107.8	106.6	103.4
石景山区	63.4	61.6	32.5	31.6	30.9	30.0
海淀区	340.2	328.1	175.8	169.5	164.4	158.6
城市发展新区	**629.9**	**603.2**	**331.6**	**318.0**	**298.3**	**285.2**
房山区	96.7	94.5	49.5	48.6	47.2	45.9
通州区	125.0	118.4	64.7	61.1	60.3	57.4
顺义区	91.5	87.7	48.3	45.5	43.2	42.1
昌平区	173.8	166.1	92.1	88.9	81.7	77.1
大兴区	142.9	136.5	77.0	73.9	65.9	62.7
生态涵养发展区	**187.3**	**186.4**	**96.0**	**95.6**	**91.3**	**90.8**
门头沟区	29.4	29.0	14.9	14.8	14.5	14.3
怀柔区	37.1	37.3	19.6	19.7	17.5	17.6
平谷区	41.8	41.6	21.3	21.3	20.5	20.3
密云县	47.1	46.8	23.9	23.6	23.2	23.1
延庆县	31.9	31.7	16.3	16.2	15.6	15.5

注：1. 表内2010年全市常住人口及分性别人口数据为根据2010年人口普查结果推算的年末数，分功能区和分区县的数据为2010年人口普查数据，普查标准时点为2010年11月1日零时。
2. 2011年数据根据2011年人口抽样调查数据推算，为年末数。

3-12 常住人口(按年龄分)

单位：万人

区　县	常住人口		0-14岁		15-64岁		65岁及以上	
	2011	2010	2011	2010	2011	2010	2011	2010
全　市	**2018.6**	**1961.9**	**183.7**	**168.7**	**1653.2**	**1622.2**	**181.7**	**171.0**
首都功能核心区	**215.0**	**216.2**	**18.5**	**16.4**	**167.2**	**172.8**	**29.3**	**27.1**
东城区	91.0	91.9	7.8	6.9	71.3	73.7	11.9	11.3
西城区	124.0	124.3	10.7	9.5	95.9	99.1	17.4	15.8
城市功能拓展区	**986.4**	**955.4**	**83.7**	**76.1**	**815.8**	**796.6**	**86.9**	**82.7**
朝阳区	365.8	354.5	30.0	26.8	304.2	297.1	31.6	30.6
丰台区	217.0	211.2	20.6	18.5	176.6	174.0	19.8	18.7
石景山区	63.4	61.6	5.7	5.5	51.5	50.1	6.2	6.0
海淀区	340.2	328.1	27.4	25.3	283.5	275.3	29.3	27.5
城市发展新区	**629.9**	**603.2**	**60.8**	**55.8**	**523.3**	**505.0**	**45.8**	**42.3**
房山区	96.7	94.5	10.1	10.2	77.9	76.0	8.7	8.3
通州区	125.0	118.4	11.3	10.7	103.7	98.6	10.0	9.1
顺义区	91.5	87.7	8.1	8.3	76.4	72.4	7.0	6.9
昌平区	173.8	166.1	16.1	13.8	146.8	142.6	10.9	9.7
大兴区	142.9	136.5	15.2	12.8	118.5	115.4	9.2	8.2
生态涵养发展区	**187.3**	**186.4**	**20.7**	**20.4**	**146.9**	**147.2**	**19.7**	**18.8**
门头沟区	29.4	29.0	3.2	3.0	22.9	22.9	3.3	3.2
怀柔区	37.1	37.3	4.3	4.3	28.9	29.8	3.9	3.3
平谷区	41.8	41.6	4.2	4.4	33.1	32.8	4.5	4.4
密云县	47.1	46.8	5.2	5.4	36.9	36.6	5.0	4.8
延庆县	31.9	31.7	3.8	3.4	25.1	25.2	3.0	3.2

注：1. 表内2010年全市常住人口及分年龄人口数据为根据2010年人口普查结果推算的年末数，分功能区和分区县的数据为2010年人口普查数据，普查标准时点为2010年11月1日零时。
2. 2011年数据根据2011年人口抽样调查数据推算，为年末数。

3-13 常住人口密度(2011年)

区 县	常住人口 (万人)	土地面积 (平方公里)	常住人口密度 (人/平方公里)
全 市	**2018.6**	**16410.54**	**1230**
首都功能核心区	**215.0**	**92.39**	**23271**
东 城 区	91.0	41.86	21739
西 城 区	124.0	50.53	24540
城市功能拓展区	**986.4**	**1275.93**	**7731**
朝 阳 区	365.8	455.08	8038
丰 台 区	217.0	305.80	7096
石景山区	63.4	84.32	7519
海 淀 区	340.2	430.73	7898
城市发展新区	**629.9**	**6295.57**	**1001**
房 山 区	96.7	1989.54	486
通 州 区	125.0	906.28	1379
顺 义 区	91.5	1019.89	897
昌 平 区	173.8	1343.54	1294
大 兴 区	142.9	1036.32	1379
生态涵养发展区	**187.3**	**8746.65**	**214**
门头沟区	29.4	1450.70	203
怀 柔 区	37.1	2122.62	175
平 谷 区	41.8	950.13	440
密 云 县	47.1	2229.45	211
延 庆 县	31.9	1993.75	160

注：1. 2011年常住人口数据根据2011年人口抽样调查数据推算。
2. 土地面积使用的是2008年数据，资料来自于北京市国土资源局。

3-14 城镇单位从业人员年末人数、工资总额

区 县	从业人员年末人数(人)			从业人员工资总额(万元)		
	2011	2010	增长速度(%)	2011	2010	增长速度(%)
全 市	**6859018**	**6466348**	**6.1**	**50996624**	**41360642**	**23.3**
首都功能核心区	**1476005**	**1399646**	**5.5**	**14041357**	**11607582**	**21.0**
东 城 区	583026	534213	9.1	4942880	4127600	19.8
西 城 区	892979	865433	3.2	9098477	7479982	21.6
城市功能拓展区	**3489926**	**3307530**	**5.5**	**26551215**	**21650834**	**22.6**
朝 阳 区	1188782	1153983	3.0	10193444	8434454	20.9
丰 台 区	671736	648955	3.5	3410897	2720811	25.4
石景山区	184998	167431	10.5	1070107	857248	24.8
海 淀 区	1444410	1337161	8.0	11876767	9638321	23.2
城市发展新区	**1477156**	**1355396**	**9.0**	**8525276**	**6592145**	**29.3**
房 山 区	168433	169009	-0.3	848278	691744	22.6
通 州 区	228072	221214	3.1	1017497	900317	13.0
顺 义 区	421637	356633	18.2	2662254	1929132	38.0
昌 平 区	253404	243962	3.9	1361236	1053636	29.2
大 兴 区	405610	364578	11.3	2636011	2017316	30.7
生态涵养发展区	**415931**	**403776**	**3.0**	**1878776**	**1510081**	**24.4**
门头沟区	61476	63178	-2.7	329444	276925	19.0
怀 柔 区	84977	81440	4.3	463209	367973	25.9
平 谷 区	100201	95760	4.6	397308	321412	23.6
密 云 县	107910	104140	3.6	439464	340390	29.1
延 庆 县	61367	59258	3.6	249351	203381	22.6

注：城镇单位是指不包括私营单位和个体工商户的独立核算法人单位。

3–15 城镇单位在岗职工年末人数、工资总额、平均工资

区 县	在岗职工年末人数(人)			在岗职工工资总额(万元)			在岗职工平均工资(元)		
	2011	2010	增长速度(%)	2011	2010	增长速度(%)	2011	2010	增长速度(%)
全 市	**6403484**	**5876526**	**9.0**	**47786423**	**37890732**	**26.1**	**75834**	**65683**	**15.5**
首都功能核心区	**1327102**	**1240797**	**7.0**	**13206835**	**10787401**	**22.4**	**101241**	**88947**	**13.8**
东城区	527119	475366	10.9	4580145	3779873	21.2	88337	80701	9.5
西城区	799983	765431	4.5	8626690	7007528	23.1	109753	94136	16.6
城市功能拓展区	**3255441**	**2949661**	**10.4**	**24633783**	**19411174**	**26.9**	**77133**	**67006**	**15.1**
朝阳区	1110069	985354	12.7	9131042	7053327	29.5	83736	72989	14.7
丰台区	617958	589027	4.9	3164291	2509347	26.1	50930	42927	18.6
石景山区	174379	156105	11.7	1033609	821045	25.9	59906	53324	12.3
海淀区	1353035	1219175	11.0	11304841	9027455	25.2	86339	75732	14.0
城市发展新区	**1425481**	**1302628**	**9.4**	**8122438**	**6231583**	**30.3**	**57553**	**48572**	**18.5**
房山区	165052	164266	0.5	836707	678532	23.3	50307	41508	21.2
通州区	217281	210401	3.3	971586	856937	13.4	45491	40707	11.8
顺义区	410393	346229	18.5	2528673	1821055	38.9	62643	53408	17.3
昌平区	239612	229228	4.5	1303485	1007160	29.4	55061	44518	23.7
大兴区	393143	352504	11.5	2481987	1867899	32.9	63479	54653	16.1
生态涵养发展区	**395460**	**383440**	**3.1**	**1823367**	**1460574**	**24.8**	**46517**	**38834**	**19.8**
门头沟区	59183	60762	-2.6	323096	271422	19.0	53832	44503	21.0
怀柔区	82630	78571	5.2	447816	351106	27.5	54149	45837	18.1
平谷区	96686	93026	3.9	381290	309752	23.1	39568	33798	17.1
密云县	97446	93237	4.5	427240	328716	30.0	45733	36991	23.6
延庆县	59515	57844	2.9	243925	199578	22.2	41012	34409	19.2

注：城镇单位是指不包括私营单位和个体工商户的独立核算法人单位。

3-16 城镇登记失业人员

单位：人

区 县	城镇登记失业人员	
	2011	2010
全 市	**81336**	**77255**
首都功能核心区	13174	13644
东 城 区	5149	5106
西 城 区	8025	8538
城市功能拓展区	**35873**	**33867**
朝 阳 区	8570	9467
丰 台 区	10837	9252
石景山区	4961	5319
海 淀 区	11505	9829
城市发展新区	**20587**	**18817**
房 山 区	7097	6374
通 州 区	3868	3738
顺 义 区	2132	2214
昌 平 区	3880	3362
大 兴 区	3593	3114
北京经济技术开发区	17	15
生态涵养发展区	**11702**	**10927**
门头沟区	3746	4260
怀 柔 区	2438	1814
平 谷 区	1354	1296
密 云 县	2410	2403
延 庆 县	1754	1154

资料来源：北京市人力资源和社会保障局。

3-17 地区生产总值(2011年)

单位：万元

区 县	地区生产总值		第一产业	
	2011	增长速度(%)	2011	增长速度(%)
全 市	**162519300**	**8.1**	**1362700**	**0.9**
首都功能核心区	**37004860**	**12.8**		
东 城 区	13397237	9.5		
西 城 区	23607623	14.7		
城市功能拓展区	**76153036**	**15.3**	**36371**	**-2.0**
朝 阳 区	32721505	16.7	11630	-14.8
丰 台 区	8426811	14.7	8911	-10.4
石景山区	3206588	8.5		
海 淀 区	31798132	14.7	15830	17.3
城市发展新区	**34195359**	**14.2**	**814443**	**9.2**
房 山 区	4159685	12.0	151635	5.0
通 州 区	4002281	16.1	166313	12.8
顺 义 区	10149957	17.0	243847	9.7
昌 平 区	4550194	13.8	66075	17.7
大 兴 区	3508338	12.5	186573	6.1
北京经济技术开发区	7824904	12.0		
生态涵养发展区	**6469693**	**15.2**	**509247**	**11.2**
门头沟区	1036553	19.9	18287	29.9
怀 柔 区	1688076	14.1	71238	5.5
平 谷 区	1366356	15.8	145284	14.9
密 云 县	1620393	14.6	179445	9.2
延 庆 县	758315	12.1	94993	11.0

注：1. 行业按国家2002年国民经济行业分类标准核算(下同)。
2. 表内全市增长速度为可比价速度，区县为现价速度(表3-17续表同此)。
3. 地区生产总值区县合计不等于全市是由于区县中扣除了划归市一级核算部分。

3-17 续表1

单位：万元

区县	第二产业		工业		建筑业	
	2011	增长速度(%)	2011	增长速度(%)	2011	增长速度(%)
全 市	**37524800**	**6.7**	**30487900**	**7.5**	**7036900**	**2.9**
首都功能核心区	**2986712**	**7.6**	**2133274**	**11.8**	**853438**	**-1.7**
东 城 区	579349	3.8	284070	12.4	295279	-3.3
西 城 区	2407363	8.5	1849204	11.7	558159	-0.9
城市功能拓展区	**11046356**	**7.8**	**7330743**	**5.4**	**3715613**	**12.7**
朝 阳 区	3626612	13.0	2753142	15.4	873470	6.2
丰 台 区	2072879	16.4	1086257	9.7	986622	24.8
石景山区	1218151	-4.1	769852	-17.1	448299	31.2
海 淀 区	4128714	3.5	2721492	2.8	1407222	4.9
城市发展新区	**17510941**	**15.7**	**15653784**	**15.3**	**1857157**	**19.2**
房 山 区	2594900	9.1	2283652	10.3	311248	1.3
通 州 区	2001794	19.5	1505409	16.0	496385	31.5
顺 义 区	4410942	18.1	4080544	16.5	330398	41.5
昌 平 区	2175942	10.9	1937625	11.0	238317	9.7
大 兴 区	1371664	17.0	1107253	16.6	264411	18.6
北京经济技术开发区	4955699	17.5	4739301	18.0	216398	8.2
生态涵养发展区	**3153297**	**16.0**	**2596405**	**18.1**	**556892**	**7.1**
门头沟区	534549	20.2	478574	23.5	55975	-1.9
怀 柔 区	1033413	15.3	921137	18.5	112276	-5.9
平 谷 区	631848	15.2	462239	10.9	169609	28.8
密 云 县	746727	16.9	593186	21.4	153541	2.2
延 庆 县	206760	8.9	141269	10.0	65491	6.6

3-17 续表2

单位：万元

区　县	第三产业		交通运输、仓储和邮政业	
	2011	增长速度(%)	2011	增长速度(%)
全　市	**123631800**	**8.7**	**8089500**	**6.2**
首都功能核心区	**34018148**	**13.3**	**747198**	**25.4**
东 城 区	12817888	9.8	266884	7.6
西 城 区	21200260	15.5	480314	38.1
城市功能拓展区	**65070309**	**16.7**	**2225861**	**17.3**
朝 阳 区	29083263	17.2	1619423	20.1
丰 台 区	6345021	14.2	349803	6.7
石景山区	1988437	18.1	57217	9.2
海 淀 区	27653588	16.6	199418	18.4
城市发展新区	**15869975**	**12.9**	**3643020**	**12.2**
房 山 区	1413150	18.4	105683	21.5
通 州 区	1834174	12.9	66171	29.7
顺 义 区	5495168	16.4	3003705	12.4
昌 平 区	2308177	16.6	38653	-3.9
大 兴 区	1950101	10.1	128826	-0.7
北京经济技术开发区	2869205	3.6	299982	11.8
生态涵养发展区	**2807149**	**15.1**	**170894**	**18.0**
门头沟区	483717	19.3	17390	36.2
怀 柔 区	583425	13.1	24788	118.8
平 谷 区	589224	16.8	39994	-0.1
密 云 县	694221	13.5	13842	6.4
延 庆 县	456562	13.8	74880	10.6

3-17 续表3

单位：万元

区　县	信息传输、计算机服务和软件业		批发与零售业	
	2011	增长速度(%)	2011	增长速度(%)
全　市	**14934300**	**22.9**	**21396500**	**8.9**
首都功能核心区	**2597560**	**17.5**	**4377616**	**11.3**
东 城 区	1647919	12.8	1879919	24.7
西 城 区	949641	26.4	2497697	2.9
城市功能拓展区	**10627640**	**26.9**	**12371044**	**14.0**
朝 阳 区	1684830	13.4	8156046	17.8
丰 台 区	411165	24.3	996363	5.6
石景山区	476941	45.6	232271	10.1
海 淀 区	8054704	29.3	2986364	7.8
城市发展新区	**473405**	**17.2**	**3084854**	**3.6**
房 山 区	20679	131.9	166543	8.2
通 州 区	9037	19.5	406487	-6.0
顺 义 区	21346	8.6	454615	60.0
昌 平 区	145269	21.6	187780	-2.3
大 兴 区	14719	-30.2	252165	9.4
北京经济技术开发区	262355	15.5	1617264	-4.0
生态涵养发展区	**8994**	**75.5**	**264368**	**8.7**
门头沟区	715	12.6	59815	16.7
怀 柔 区	3652	328.1	38496	-22.1
平 谷 区	2520	52.9	59764	25.9
密 云 县	2002	6.2	74860	16.8
延 庆 县	105	2.9	31433	1.8

3-17 续表4

单位：万元

区 县	住宿和餐饮业		金融业	
	2011	增长速度(%)	2011	增长速度(%)
全 市	**3484200**	**2.3**	**22154100**	**7.6**
首都功能核心区	**912999**	**7.7**	**11842047**	**11.8**
东 城 区	515159	7.5	2450485	5.0
西 城 区	397840	8.1	9391562	13.7
城市功能拓展区	**1972956**	**11.1**	**7157762**	**12.7**
朝 阳 区	976409	10.6	3250671	16.3
丰 台 区	233341	11.4	734017	8.4
石景山区	54476	17.3	173793	-0.9
海 淀 区	708730	11.1	2999281	10.9
城市发展新区	**469499**	**8.7**	**1263994**	**7.3**
房 山 区	44530	16.8	141259	15.5
通 州 区	59460	6.3	238653	29.2
顺 义 区	106168	1.2	393588	-6.2
昌 平 区	151628	12.0	212571	10.6
大 兴 区	32439	-5.6	164714	9.4
北京经济技术开发区	75274	19.1	113209	4.7
生态涵养发展区	**133816**	**13.7**	**263746**	**21.8**
门头沟区	14551	6.4	52652	47.1
怀 柔 区	38835	15.6	59028	15.7
平 谷 区	23661	13.7	58477	13.1
密 云 县	38569	11.0	62117	19.5
延 庆 县	18200	22.7	31472	20.4

3–17 续表5

单位：万元

区　县	房地产业		租赁和商务服务业	
	2011	增长速度(%)	2011	增长速度(%)
全　市	**10749300**	**-6.8**	**11621200**	**18.3**
首都功能核心区	**1860086**	**-3.5**	**3605686**	**16.0**
东城区	798029	-15.3	1604209	5.3
西城区	1062057	7.8	2001477	26.4
城市功能拓展区	**5937708**	**6.5**	**6993933**	**22.4**
朝阳区	3376773	6.2	4849714	24.4
丰台区	691682	34.5	701250	18.1
石景山区	173186	-19.3	115732	27.1
海淀区	1696067	1.7	1327237	17.4
城市发展新区	**2259520**	**15.3**	**808015**	**27.1**
房山区	302238	18.2	62746	17.1
通州区	433237	7.5	56413	16.5
顺义区	457629	25.2	391921	34.2
昌平区	483501	24.0	133734	69.7
大兴区	543847	3.2	77175	32.5
北京经济技术开发区	39068	106.8	86026	-17.8
生态涵养发展区	**499990**	**-0.1**	**103556**	**37.6**
门头沟区	82481	10.8	21659	15.0
怀柔区	96317	-1.8	22357	33.0
平谷区	108494	8.4	18266	16.7
密云县	148716	-9.5	33046	105.2
延庆县	63982	0.9	8228	4.2

3-17 续表6

单位：万元

区　县	科学研究、技术服务和地质勘察业		水利、环境和公共设施管理业	
	2011	增长速度(%)	2011	增长速度(%)
全　市	**11355300**	**10.4**	**863100**	**5.5**
首都功能核心区	**2491443**	**21.1**	**146902**	**37.6**
东 城 区	1353973	14.3	55085	0.3
西 城 区	1137470	30.4	91817	77.3
城市功能拓展区	**7708799**	**20.4**	**522633**	**13.5**
朝 阳 区	2120186	28.9	186951	31.8
丰 台 区	1111992	13.5	99578	-5.8
石景山区	175204	36.2	23747	15.1
海 淀 区	4301417	17.8	212357	10.4
城市发展新区	**1083215**	**27.8**	**132107**	**16.7**
房 山 区	99391	16.9	23704	37.2
通 州 区	79299	95.7	18206	7.1
顺 义 区	183143	17.3	21843	40.0
昌 平 区	264788	19.6	42060	44.6
大 兴 区	125034	26.3	15089	13.9
北京经济技术开发区	331560	34.9	11205	-46.5
生态涵养发展区	**71908**	**0.3**	**81488**	**12.1**
门头沟区	25336	53.9	6560	2.4
怀 柔 区	14500	-48.6	22140	34.6
平 谷 区	9243	19.0	4568	26.5
密 云 县	14095	44.1	25999	6.6
延 庆 县	8734	-8.0	22221	1.8

3-17 续表7

单位：万元

区 县	居民服务和其他服务业		教育	
	2011	增长速度(%)	2011	增长速度(%)
全 市	**1121300**	**12.3**	**6059100**	**3.6**
首都功能核心区	**176748**	**18.4**	**806072**	**19.9**
东 城 区	70063	22.9	297155	19.7
西 城 区	106685	15.6	508917	20.1
城市功能拓展区	**632318**	**14.8**	**3781725**	**15.6**
朝 阳 区	268772	14.8	897158	17.2
丰 台 区	124531	7.5	263660	13.9
石景山区	40679	25.2	146802	30.3
海 淀 区	198336	17.9	2474105	14.5
城市发展新区	**250559**	**7.2**	**1050960**	**16.7**
房 山 区	25338	13.9	163302	13.0
通 州 区	37536	1.8	157072	21.8
顺 义 区	54447	-4.4	180998	16.8
昌 平 区	81038	13.1	295687	12.7
大 兴 区	32979	10.1	247620	21.0
北京经济技术开发区	19221	19.0	6281	28.2
生态涵养发展区	**71624**	**20.7**	**385385**	**21.2**
门头沟区	21954	21.3	51147	10.0
怀 柔 区	10809	11.1	87876	33.6
平 谷 区	15407	29.4	90460	15.7
密 云 县	14464	26.5	91639	21.7
延 庆 县	8990	9.9	64263	23.3

3–17 续表8

单位：万元

区 县	卫生、社会保障和社会福利业		文化、体育和娱乐业		公共管理和社会组织	
	2011	增长速度(%)	2011	增长速度(%)	2011	增长速度(%)
全 市	**3115100**	**7.9**	**3394200**	**6.1**	**5294600**	**2.1**
首都功能核心区	**1062319**	**20.6**	**1194881**	**19.4**	**2196591**	**12.6**
东 城 区	451975	14.4	528644	20.2	898389	11.8
西 城 区	610344	25.7	666237	18.8	1298202	13.2
城市功能拓展区	**1389468**	**15.8**	**2023275**	**11.5**	**1725187**	**12.2**
朝 阳 区	565105	9.9	447428	6.3	683797	16.7
丰 台 区	164990	20.7	158914	26.4	303735	15.1
石景山区	91609	18.7	95404	17.3	131376	16.7
海 淀 区	567764	20.4	1321529	11.3	606279	5.4
城市发展新区	**408939**	**25.0**	**86596**	**-0.2**	**855292**	**19.6**
房 山 区	90678	31.4	10629	55.0	156430	21.7
通 州 区	83540	16.5	10309	21.1	178754	29.4
顺 义 区	66638	26.9	14622	18.4	144505	24.8
昌 平 区	94517	19.6	29659	-21.0	147292	12.7
大 兴 区	69615	32.4	20373	0.9	225506	13.0
北京经济技术开发区	3951	69.9	1004	-22.2	2805	18.8
生态涵养发展区	**199396**	**44.9**	**59501**	**35.8**	**492483**	**13.9**
门头沟区	36361	30.5	8250	3.8	84846	13.3
怀 柔 区	42343	46.5	18949	17.3	103335	15.6
平 谷 区	52976	65.1	13301	99.7	92093	5.9
密 云 县	41743	42.5	5498	8.5	127631	16.1
延 庆 县	25973	33.1	13503	69.1	84578	18.9

3-18 地方财政收入

单位：万元

区 县	地方财政收入			#地方公共财政预算收入		
	2011	2010	增长速度(%)	2011	2010	增长速度(%)
全 市	**43590993**	**38109056**	**14.4**	**30062751**	**23539301**	**27.7**
首都功能核心区	**4050143**	**3188385**	**27.0**	**4021283**	**3164154**	**27.1**
东 城 区	1235630	1038111	19.0	1222920	1027895	19.0
西 城 区	2814513	2150274	30.9	2798363	2136259	31.0
城市功能拓展区	**6439558**	**4915528**	**31.0**	**6344587**	**4841047**	**31.1**
朝 阳 区	3168330	2342627	35.2	3127877	2313388	35.2
丰 台 区	623642	472831	31.9	608098	456362	33.2
石景山区	230015	190679	20.6	226571	188541	20.2
海 淀 区	2417571	1909391	26.6	2382041	1882756	26.5
城市发展新区	**6497407**	**8888807**	**-26.9**	**2417103**	**1839755**	**31.4**
房 山 区	1174595	1685783	-30.3	347960	281573	23.6
通 州 区	1223642	1746727	-29.9	404402	316524	27.8
顺 义 区	1176216	1457031	-19.3	809096	584356	38.5
昌 平 区	966080	1402811	-31.1	453728	355920	27.5
大 兴 区	1956874	2596455	-24.6	401917	301382	33.4
生态涵养发展区	**1535912**	**1227757**	**25.1**	**835827**	**652502**	**28.1**
门头沟区	438090	253058	73.1	168665	106754	58.0
怀 柔 区	324028	233921	38.5	210598	182440	15.4
平 谷 区	349227	401382	-13.0	180917	136489	32.6
密 云 县	310709	240237	29.3	195077	155819	25.2
延 庆 县	113858	99159	14.8	80570	71000	13.5

注：分区县财政收入为区县级财政收入。
资料来源：北京市财政局。

3-18 续表1

单位：万元

区 县	税收收入			#增值税		
	2011	2010	增长速度(%)	2011	2010	增长速度(%)
全 市	**28546261**	**22515896**	**26.8**	**2377647**	**2100089**	**13.2**
首都功能核心区	**3899507**	**3061965**	**27.4**	**205989**	**173311**	**18.9**
东 城 区	1189491	986633	20.6	68938	59084	16.7
西 城 区	2710016	2075332	30.6	137051	114227	20.0
城市功能拓展区	**6061893**	**4656966**	**30.2**	**559289**	**470343**	**18.9**
朝 阳 区	3016334	2246937	34.2	263783	225995	16.7
丰 台 区	558867	423468	32.0	54089	43918	23.2
石景山区	213144	172122	23.8	21471	24172	-11.2
海 淀 区	2273548	1814439	25.3	219946	176258	24.8
城市发展新区	**2144548**	**1650099**	**30.0**	**257595**	**228450**	**12.8**
房 山 区	292031	257517	13.4	42031	42545	-1.2
通 州 区	361943	292169	23.9	49246	40751	20.8
顺 义 区	736676	533181	38.2	84404	75398	11.9
昌 平 区	397243	312700	27.0	51518	43853	17.5
大 兴 区	356655	254532	40.1	30396	25903	17.3
生态涵养发展区	**686911**	**530131**	**29.6**	**77423**	**68999**	**12.2**
门头沟区	151592	97728	55.1	19357	16002	21.0
怀 柔 区	179022	155412	15.2	25395	24468	3.8
平 谷 区	148292	124735	18.9	11903	10299	15.6
密 云 县	149863	113346	32.2	16412	14209	15.5
延 庆 县	58142	38910	49.4	4356	4021	8.3

3-18 续表2

单位：万元

区 县	#营业税			#企业所得税		
	2011	2010	增长速度(%)	2011	2010	增长速度(%)
全 市	**10715081**	**8554046**	**25.3**	**6837116**	**5130941**	**33.3**
首都功能核心区	**1653430**	**1292769**	**27.9**	**1090371**	**872981**	**24.9**
东 城 区	528578	434317	21.7	242725	215655	12.6
西 城 区	1124852	858452	31.0	847646	657326	29.0
城市功能拓展区	**2502144**	**2023048**	**23.7**	**1351782**	**1000193**	**35.2**
朝 阳 区	1126090	929477	21.2	797645	540494	47.6
丰 台 区	253009	188437	34.3	89347	71769	24.5
石景山区	94654	71162	33.0	36925	22912	61.2
海 淀 区	1028391	833972	23.3	427865	365018	17.2
城市发展新区	**828147**	**661318**	**25.2**	**379323**	**260731**	**45.5**
房 山 区	107405	82684	29.9	27884	21910	27.3
通 州 区	142340	123016	15.7	49414	45358	8.9
顺 义 区	247796	206659	19.9	195873	108501	80.5
昌 平 区	160704	124470	29.1	66634	54329	22.6
大 兴 区	169902	124489	36.5	39518	30633	29.0
生态涵养发展区	**250958**	**196485**	**27.7**	**129973**	**105328**	**23.4**
门头沟区	56067	31973	75.4	24521	17758	38.1
怀 柔 区	62251	52215	19.2	34431	32335	6.5
平 谷 区	55961	50500	10.8	32822	29952	9.6
密 云 县	49568	44384	11.7	28351	20075	41.2
延 庆 县	27111	17413	55.7	9848	5208	89.1

3-19 地方财政支出

单位：万元

区县	地方财政支出			#地方公共财政预算支出		
	2011	2010	增长速度(%)	2011	2010	增长速度(%)
全市	**45749405**	**40649711**	**12.5**	**32452264**	**27173174**	**19.4**
首都功能核心区	**4092348**	**3769608**	**8.6**	**3670290**	**3463985**	**6.0**
东城区	1486010	1282147	15.9	1358744	1155905	17.5
西城区	2606338	2487461	4.8	2311546	2308080	0.2
城市功能拓展区	**9040983**	**6497506**	**39.1**	**6122800**	**5115003**	**19.7**
朝阳区	4383284	2280287	92.2	2150832	1680041	28.0
丰台区	1409091	1016918	38.6	1072146	845563	26.8
石景山区	572761	509063	12.5	458673	428490	7.0
海淀区	2675847	2691238	-0.6	2441149	2160909	13.0
城市发展新区	**9350749**	**10086226**	**-7.3**	**4968810**	**3954853**	**25.6**
房山区	2253900	2196135	2.6	1169105	802277	45.7
通州区	1438340	1815724	-20.8	812919	742239	9.5
顺义区	1948265	1615452	20.6	1245107	952162	30.8
昌平区	1556037	1431995	8.7	831953	735858	13.1
大兴区	2154207	3026920	-28.8	909726	722317	25.9
生态涵养发展区	**4010746**	**3567115**	**12.4**	**3047880**	**2665278**	**14.4**
门头沟区	844804	642694	31.4	549600	457475	20.1
怀柔区	870238	782620	11.2	703683	630768	11.6
平谷区	862143	803205	7.3	581403	523266	11.1
密云县	832235	788148	5.6	703119	617312	13.9
延庆县	601326	550448	9.2	510075	436457	16.9

注：分区县财政支出为区县级实际支出，含市级下拨部分。
资料来源：北京市财政局。

3-19 续表1

单位：万元

区　县	#一般公共服务			#社会保障和就业		
	2011	2010	增长速度(%)	2011	2010	增长速度(%)
全　市	**2613757**	**2395705**	**9.1**	**3548827**	**2758992**	**28.6**
首都功能核心区	**329348**	**338488**	**-2.7**	**592611**	**446744**	**32.7**
东 城 区	124108	116190	6.8	281094	188233	49.3
西 城 区	205240	222298	-7.7	311517	258511	20.5
城市功能拓展区	**503976**	**434845**	**15.9**	**1063290**	**839168**	**26.7**
朝 阳 区	157329	140593	11.9	394178	284536	38.5
丰 台 区	119462	106680	12.0	195516	152872	27.9
石景山区	44801	43085	4.0	95249	74173	28.4
海 淀 区	182384	144487	26.2	378347	327587	15.5
城市发展新区	**495604**	**419866**	**18.0**	**689725**	**515832**	**33.7**
房 山 区	141793	101884	39.2	163058	118109	38.1
通 州 区	78027	75316	3.6	124584	96513	29.1
顺 义 区	106704	88013	21.2	155110	121722	27.4
昌 平 区	78848	82739	-4.7	138622	100835	37.5
大 兴 区	90232	71914	25.5	108351	78653	37.8
生态涵养发展区	**323363**	**272078**	**18.8**	**371634**	**298422**	**24.5**
门头沟区	46670	40252	15.9	73485	57801	27.1
怀 柔 区	79034	66540	18.8	66721	59391	12.3
平 谷 区	62032	52937	17.2	77747	67361	15.4
密 云 县	88624	72011	23.1	77125	66126	16.6
延 庆 县	47003	40338	16.5	76556	47743	60.4

3-19 续表2

单位：万元

区 县	#教育			#医疗卫生		
	2011	2010	增长速度(%)	2011	2010	增长速度(%)
全 市	**5200778**	**4502155**	**15.5**	**2254853**	**1868247**	**20.7**
首都功能核心区	**674998**	**664900**	**1.5**	**205126**	**253401**	**-19.1**
东 城 区	288216	249532	15.5	85758	110495	-22.4
西 城 区	386782	415368	-6.9	119368	142906	-16.5
城市功能拓展区	**1169405**	**1000568**	**16.9**	**439294**	**343399**	**27.9**
朝 阳 区	470531	378967	24.2	187784	138850	35.2
丰 台 区	181848	167912	8.3	82374	66514	23.8
石景山区	71216	63598	12.0	27558	23516	17.2
海 淀 区	445810	390091	14.3	141578	114519	23.6
城市发展新区	**720589**	**641810**	**12.3**	**384617**	**331924**	**15.9**
房 山 区	152181	155284	-2.0	97538	74754	30.5
通 州 区	119635	111118	7.7	71022	59342	19.7
顺 义 区	160396	144932	10.7	85905	73367	17.1
昌 平 区	125449	96023	30.6	59634	61620	-3.2
大 兴 区	162928	134453	21.2	70518	62841	12.2
生态涵养发展区	**408795**	**390890**	**4.6**	**286207**	**210121**	**36.2**
门头沟区	72656	57824	25.7	23392	29946	-21.9
怀 柔 区	85427	71798	19.0	80155	46612	72.0
平 谷 区	87531	102826	-14.9	44182	42746	3.4
密 云 县	88224	84532	4.4	94369	45645	106.7
延 庆 县	74957	73910	1.4	44109	45172	-2.4

3-19 续表3

单位：万元

区 县	#节能环保			#交通运输		
	2011	2010	增长速度(%)	2011	2010	增长速度(%)
全 市	**945135**	**608541**	**55.3**	**1991209**	**1549851**	**28.5**
首都功能核心区	**47505**	**67855**	**-30.0**	**25000**		
东 城 区	21629	34839	-37.9	25000		
西 城 区	25876	33016	-21.6			
城市功能拓展区	**109421**	**94523**	**15.8**	**2600**		
朝 阳 区	45691	32641	40.0			
丰 台 区	16716	20079	-16.7	2600		
石景山区	6535	2918	124.0			
海 淀 区	40479	38885	4.1			
城市发展新区	**61463**	**81106**	**-24.2**	**128840**	**69506**	**85.4**
房 山 区	19648	34980	-43.8	34920	24308	43.7
通 州 区	11711	8657	35.3	10912	7348	48.5
顺 义 区	14077	13951	0.9	20685	14133	46.4
昌 平 区	7962	20041	-60.3	49924	15656	218.9
大 兴 区	8065	3477	132.0	12399	8061	53.8
生态涵养发展区	**116810**	**115723**	**0.9**	**75101**	**31016**	**142.1**
门头沟区	40114	34912	14.9	2874	2698	6.5
怀 柔 区	17479	18093	-3.4	40714	4990	715.9
平 谷 区	15184	21406	-29.1	12246	7993	53.2
密 云 县	29760	25885	15.0	9559	8407	13.7
延 庆 县	14273	15427	-7.5	9708	6928	40.1

注：城六区交通运输财政支出统一包含在市本级支出中。

3-19 续表4

单位：万元

区 县	#农林水事务			#城乡社区事务		
	2011	2010	增长速度(%)	2011	2010	增长速度(%)
全 市	**1873372**	**1586398**	**18.1**	**3392685**	**2943014**	**15.3**
首都功能核心区	**298**	**3190**	**-90.7**	**809530**	**715006**	**13.2**
东 城 区	136	1280	-89.4	249998	186475	34.1
西 城 区	162	1910	-91.5	559532	528531	5.9
城市功能拓展区	**318141**	**260788**	**22.0**	**975430**	**907578**	**7.5**
朝 阳 区	164548	122453	34.4	263614	203643	29.4
丰 台 区	45558	49884	-8.7	207345	142348	45.7
石景山区	18652	11578	61.1	64040	72691	-11.9
海 淀 区	89383	76873	16.3	440431	488896	-9.9
城市发展新区	**629596**	**506096**	**24.4**	**706996**	**524749**	**34.7**
房 山 区	133493	88178	51.4	180453	50640	256.3
通 州 区	90341	83358	8.4	86817	121686	-28.7
顺 义 区	143776	121653	18.2	131743	88191	49.4
昌 平 区	121240	93759	29.3	116104	131990	-12.0
大 兴 区	140746	119148	18.1	191879	132242	45.1
生态涵养发展区	**484365**	**433912**	**11.6**	**324462**	**357656**	**-9.3**
门头沟区	71511	63837	12.0	89015	96702	-7.9
怀 柔 区	96622	89082	8.5	73543	117763	-37.5
平 谷 区	82220	61550	33.6	36917	26175	41.0
密 云 县	140389	134182	4.6	59049	63330	-6.8
延 庆 县	93623	85261	9.8	65938	53686	22.8

3-20　全社会固定资产投资额

单位：亿元

区　县	全社会固定资产投资		
	2011	2010	增长速度(%)
全　市	**5910.6**	**5493.5**	**13.3***
首都功能核心区	**362.5**	**362.4**	**5.1**
东 城 区	175.2	180.7	1.9
西 城 区	187.3	181.7	8.3
城市功能拓展区	**2486.2**	**2456.9**	**6.5**
朝 阳 区	1177.0	1230.7	0.6
丰 台 区	553.0	504.6	15.3
石景山区	130.9	154.5	-10.8
海 淀 区	625.3	567.0	16.0
城市发展新区	**2504.6**	**2216.0**	**19.0**
房 山 区	454.5	403.8	18.7
通 州 区	415.8	364.7	20.0
顺 义 区	436.0	413.7	11.1
昌 平 区	412.6	374.4	16.0
大 兴 区	465.5	422.7	15.9
北京经济技术开发区	320.2	236.6	42.2
生态涵养发展区	**557.2**	**458.3**	**28.5**
门头沟区	142.3	94.8	58.4
怀 柔 区	119.9	103.6	22.4
平 谷 区	100.6	82.4	28.9
密 云 县	132.1	121.7	14.8
延 庆 县	62.3	55.7	18.2

注：1. 本资料按项目所在建设地址划分(表3-20续表同此)。
2. 城镇固定资产投资中包括房地产开发投资。
3. “*”号表示，从2011年起，根据国家统计局相关规定，固定资产投资起点由50万元调整至500万元，增速按可比口径计算，区县增速也按此口径进行了调整。

3-20 续表1

单位：亿元

区　县	城镇固定资产投资			#房地产开发投资			农村投资		
	2011	2010	增长速度(%)	2011	2010	增长速度(%)	2011	2010	增长速度(%)
全　市	**5463.9**	**5002.6**	**14.8***	**3036.3**	**2901.1**	**10.1***	**446.7**	**490.9**	**-2.9***
首都功能核心区	**362.5**	**362.4**	**5.1**	**164.2**	**146.9**	**17.6**			
东 城 区	175.2	180.7	1.9	63.0	63.1	5.0			
西 城 区	187.3	181.7	8.3	101.2	83.8	27.2			
城市功能拓展区	**2448.4**	**2400.4**	**7.2**	**1324.9**	**1495.5**	**-6.8**	**37.8**	**56.5**	**-28.0**
朝 阳 区	1149.1	1205.5	0.2	695.8	799.6	-8.4	27.9	25.3	18.6
丰 台 区	549.8	498.8	15.9	269.8	333.2	-14.8	3.2	5.8	-41.1
石景山区	130.9	154.5	-10.8	78.2	115.7	-28.9			
海 淀 区	618.5	541.6	20.0	281.1	246.9	19.8	6.7	25.4	-71.7
城市发展新区	**2284.2**	**1930.5**	**24.4**	**1385.6**	**1145.6**	**27.3**	**220.5**	**285.5**	**-17.7**
房 山 区	395.5	321.8	29.2	224.8	164.7	43.6	59.0	82.1	-23.1
通 州 区	375.0	328.0	20.3	268.1	274.6	2.7	40.8	36.8	17.8
顺 义 区	394.3	331.1	25.2	230.7	196.1	23.8	41.7	82.6	-46.1
昌 平 区	381.3	341.3	17.5	279.4	230.7	27.5	31.3	33.1	0.5
大 兴 区	417.8	371.8	18.1	312.0	224.8	46.0	47.7	50.9	-0.9
北京经济技术开发区	320.2	236.6	42.2	70.7	54.7	36.1			
生态涵养发展区	**368.8**	**309.3**	**25.3**	**161.6**	**113.2**	**50.3**	**188.4**	**149.0**	**35.2**
门头沟区	124.7	74.7	75.4	49.0	10.3	400.1	17.6	20.1	-5.9
怀 柔 区	73.4	66.5	15.9	21.9	26.9	-14.4	46.6	37.1	34.2
平 谷 区	57.5	48.7	24.2	40.3	36.8	15.3	43.1	33.7	35.8
密 云 县	77.9	81.2	0.8	38.2	31.4	28.1	54.1	40.4	43.3
延 庆 县	35.3	38.1	-2.7	12.2	7.8	64.9	27.0	17.6	63.7

注：“*”号表示，从2011年起，根据国家统计局相关规定，固定资产投资起点由50万元调整至500万元，增速按可比口径计算，区县增速也按此口径进行了调整。

3-21 全社会房屋建筑施工及竣工面积

单位：万平方米

区 县	房屋建筑施工面积			房屋建筑竣工面积		
	2011	2010	增长速度(%)	2011	2010	增长速度(%)
全 市	**18065.2**	**15572.1**	**16.3***	**4032.9**	**3908.4**	**3.9***
首都功能核心区	**997.0**	**891.4**	**12.0**	**278.3**	**184.9**	**50.6**
东 城 区	552.5	452.9	22.1	111.1	99.4	11.9
西 城 区	444.5	438.5	1.6	167.3	85.5	95.6
城市功能拓展区	**7428.3**	**6536.4**	**13.7**	**1840.5**	**1681.1**	**9.6**
朝 阳 区	3983.0	3444.8	15.6	1129.4	915.1	23.5
丰 台 区	1196.9	986.7	21.3	169.3	317.1	-46.6
石景山区	373.4	355.9	5.0	59.1	103.6	-42.8
海 淀 区	1874.9	1749.1	7.2	482.6	345.3	39.8
城市发展新区	**8117.2**	**6856.3**	**18.8**	**1466.3**	**1665.2**	**-11.0**
房 山 区	835.7	1042.5	-19.5	131.6	322.8	-58.6
通 州 区	1527.9	1384.2	10.9	387.2	322.9	21.5
顺 义 区	1482.3	1016.6	46.2	241.5	327.0	-25.7
昌 平 区	1512.7	1319.8	15.1	200.4	245.9	-17.1
大 兴 区	1634.5	1175.0	39.4	331.3	394.0	-15.4
北京经济技术开发区	1124.2	918.2	22.5	174.2	52.7	232.0
生态涵养发展区	**1522.7**	**1288.1**	**19.4**	**447.8**	**377.1**	**22.0**
门头沟区	234.7	198.2	18.9	54.5	46.6	17.9
怀 柔 区	358.7	291.0	24.4	100.1	83.2	23.7
平 谷 区	374.0	282.5	32.9	115.5	107.4	8.6
密 云 县	369.1	409.7	-8.8	105.1	90.0	22.4
延 庆 县	186.2	106.6	78.6	72.7	50.0	52.4

注：1. 此表为全社会口径，包括城镇、房地产开发、农村农户和非农户数据。
2. "*"号表示，从2011年起，根据国家统计局相关规定，固定资产投资起点由50万元调整至500万元，增速按可比口径计算，区县增速也按此口径进行了调整。

3-22 商品房基本情况

单位：万平方米

区　　县	商品房施工面积			商品房竣工面积		
	2011	2010	增长速度(%)	2011	2010	增长速度(%)
全　市	**12065.4**	**10300.9**	**17.1**	**2245.2**	**2386.7**	**-5.9**
首都功能核心区	**541.0**	**649.4**	**-16.7**	**132.6**	**145.6**	**-9.0**
东 城 区	254.3	324.0	-21.5	13.3	90.3	-85.3
西 城 区	286.7	325.4	-11.9	119.2	55.3	115.5
城市功能拓展区	**5294.4**	**4932.3**	**7.3**	**1267.2**	**1379.9**	**-8.2**
朝 阳 区	2829.8	2844.4	-0.5	821.8	805.1	2.1
丰 台 区	992.2	824.1	20.4	161.5	274.8	-41.3
石景山区	386.0	269.4	43.3	39.8	72.5	-45.1
海 淀 区	1086.4	994.5	9.2	244.2	227.4	7.4
城市发展新区	**5453.8**	**4138.2**	**31.8**	**726.2**	**740.9**	**-2.0**
房 山 区	587.3	529.3	11.0	83.1	**90.1**	-7.8
通 州 区	1049.7	915.6	14.7	157.7	205.1	-23.1
顺 义 区	910.1	612.5	48.6	167.3	163.1	2.6
昌 平 区	1209.3	810.9	49.1	114.2	94.0	21.6
大 兴 区	1143.8	808.5	41.5	126.6	180.3	-29.8
北京经济技术开发区	553.6	461.4	20.0	77.3	8.4	814.9
生态涵养发展区	**776.1**	**580.9**	**33.6**	**119.3**	**120.3**	**-0.9**
门头沟区	130.0	57.2	127.4	10.3	32.0	-67.9
怀 柔 区	129.5	95.6	35.5	3.2	11.7	-72.9
平 谷 区	181.9	134.0	35.7	37.0	29.2	26.7
密 云 县	251.5	245.0	2.6	60.6	30.9	96.0
延 庆 县	83.2	49.1	69.4	8.2	16.5	-50.2

3-22 续表1

单位：万平方米

区 县	商品房销售面积			#住宅销售面积		
	2011	2010	增长速度(%)	2011	2010	增长速度(%)
全 市	**1440.0**	**1639.5**	**-12.2**	**1035.0**	**1201.4**	**-13.9**
首都功能核心区	**71.2**	**123.1**	**-42.2**	**29.3**	**44.1**	**-33.5**
东 城 区	28.8	52.0	-44.6	13.0	18.6	-30.3
西 城 区	42.4	71.1	-40.4	16.3	25.4	-35.9
城市功能拓展区	**631.5**	**787.2**	**-19.8**	**390.7**	**518.5**	**-24.7**
朝 阳 区	389.3	483.4	-19.5	252.3	312.2	-19.2
丰 台 区	90.9	127.9	-28.9	50.2	91.7	-45.2
石景山区	31.6	52.1	-39.3	19.9	36.2	-45.0
海 淀 区	119.6	123.8	-3.4	68.3	78.4	-12.9
城市发展新区	**645.9**	**640.4**	**0.9**	**528.4**	**557.5**	**-5.2**
房 山 区	104.2	80.0	30.3	99.4	76.5	30.0
通 州 区	117.4	129.7	-9.5	94.9	106.9	-11.2
顺 义 区	88.4	87.5	1.0	67.0	82.3	-18.6
昌 平 区	102.9	129.8	-20.7	71.3	97.8	-27.1
大 兴 区	209.8	199.3	5.2	195.4	190.1	2.8
北京经济技术开发区	23.3	14.1	65.3	0.3	4.1	-93.0
生态涵养发展区	**91.4**	**88.9**	**2.9**	**86.6**	**81.3**	**6.6**
门头沟区	6.1	3.3	83.5	4.8	2.0	135.5
怀 柔 区	23.8	18.1	31.0	23.1	16.4	41.0
平 谷 区	14.0	9.8	42.9	13.7	9.2	48.4
密 云 县	36.4	51.9	-29.8	34.7	48.4	-28.4
延 庆 县	11.1	5.7	95.8	10.4	5.2	98.7

注：销售面积为期房与现房销售面积之和。

3-22 续表2

单位：万平方米

区 县	商品房销售额			#住宅销售额		
	2011	2010	增长速度(%)	2011	2010	增长速度(%)
全 市	**2425.8**	**2915.4**	**-16.8**	**1606.0**	**2060.5**	**-22.1**
首都功能核心区	**238.2**	**394.0**	**-39.6**	**108.4**	**128.5**	**-15.6**
东城区	115.6	227.6	-49.2	56.5	55.1	2.6
西城区	122.5	166.4	-26.4	51.9	73.4	-29.3
城市功能拓展区	**1264.9**	**1567.2**	**-19.3**	**747.3**	**1092.7**	**-31.6**
朝阳区	813.7	1021.9	-20.4	504.9	701.2	-28.0
丰台区	154.6	187.7	-17.6	75.6	136.0	-44.4
石景山区	48.0	88.8	-46.0	24.6	65.0	-62.2
海淀区	248.6	268.9	-7.5	142.2	190.4	-25.3
城市发展新区	**843.8**	**880.1**	**-4.1**	**675.4**	**771.4**	**-12.4**
房山区	127.4	97.5	30.6	123.2	94.3	30.7
通州区	139.0	176.3	-21.2	103.8	152.1	-31.8
顺义区	122.1	137.0	-10.9	96.9	131.2	-26.2
昌平区	179.2	181.8	-1.4	129.8	133.8	-3.0
大兴区	245.0	268.7	-8.8	221.2	253.4	-12.7
北京经济技术开发区	31.1	18.8	66.0	0.5	6.7	-92.2
生态涵养发展区	**78.9**	**74.0**	**6.6**	**74.9**	**67.9**	**10.2**
门头沟区	5.2	2.8	87.9	4.0	0.7	436.1
怀柔区	25.0	20.4	22.6	24.3	18.6	30.6
平谷区	5.8	5.9	-2.4	5.5	5.2	5.5
密云县	34.6	41.4	-16.6	33.4	40.1	-16.6
延庆县	8.4	3.5	135.8	7.8	3.3	134.2

注：1. 销售额为期房与现房销售额之和。
2. 2010年起，商品房销售额中包含定向安置房数据。

3-23 能源基本情况(2011年)

区 县	能源消费总量（万吨标准煤）	万元地区生产总值能耗（吨标准煤）	万元地区生产总值能耗下降率(%)
全 市	**6995.4**	**0.43**	**6.95**
首都功能核心区	**691.9**	**0.19**	**4.48**
东 城 区	275.3	0.21	5.12
西 城 区	416.6	0.18	3.97
城市功能拓展区	**2538.8**	**0.33**	**15.67**
朝 阳 区	1043.8	0.32	4.21
丰 台 区	393.3	0.47	4.38
石景山区	342.6	1.07	48.10
海 淀 区	759.1	0.24	6.85
城市发展新区	**2843.2**	**0.83**	**5.45**
房 山 区	899.4	2.16	4.34
通 州 区	290.0	0.72	4.01
顺 义 区	917.5	0.90	4.22
昌 平 区	359.4	0.79	4.29
大 兴 区	249.0	0.71	4.46
北京经济技术开发区	127.9	0.16	3.43
生态涵养发展区	**420.2**	**0.65**	**5.44**
门头沟区	67.0	0.65	13.24
怀 柔 区	103.8	0.61	3.74
平 谷 区	100.5	0.74	4.09
密 云 县	98.0	0.60	3.52
延 庆 县	50.9	0.67	3.67

注：1. 能源消费量、万元地区生产总值能耗及下降率为年度核算数据。
2. 万元地区生产总值能耗按现价计算，下降率按可比价计算。
3. 根据有关核算原则，在进行能源核算时，对部分无法进行区县分解的数据，由市统计局统一核算，故表中各区县及北京经济技术开发区能源消费量之和不等于全市能源消费量。

3-24　全社会用电情况(2011年)

单位：万千瓦时

区　县	合计	第一产业	第二产业			第三产业	居民生活
				工业	建筑业		
全　市	**8217055**	**170368**	**3109174**	**2894464**	**214708**	**3490143**	**1447370**
首都功能核心区	**917770**		**48433**	**31312**	**17122**	**670836**	**198500**
东 城 区	405514		20812	11979	8834	311547	73155
西 城 区	512256		27621	19333	8288	359289	125345
城市功能拓展区	**3307851**	**24342**	**532252**	**429152**	**103101**	**2011887**	**739369**
朝 阳 区	1398402	4177	230814	183090	47724	851441	311970
丰 台 区	640545	5853	125635	102609	23027	331949	177108
石景山区	158418	231	54312	51006	3306	69302	34574
海 淀 区	1110485	14082	121492	92447	29045	759196	215716
城市发展新区	**2694448**	**116704**	**1511362**	**1430323**	**81038**	**652169**	**414213**
房 山 区	549575	23171	402212	392640	9573	70787	53404
通 州 区	431921	25198	222608	206093	16515	87800	96315
顺 义 区	493545	25696	237241	224601	12641	155657	74951
昌 平 区	540241	17113	228615	210802	17813	184485	110028
大 兴 区	392052	25493	189176	174695	14481	106970	70413
北京经济技术开发区	287114	35	231509	221493	10016	46469	9101
生态涵养发展区	**537003**	**29321**	**257141**	**243694**	**13447**	**155251**	**95289**
门头沟区	83502	1637	33359	30942	2417	30183	18324
怀 柔 区	142264	6427	81603	78939	2664	34242	19992
平 谷 区	113077	10136	64012	61472	2540	18184	20745
密 云 县	128345	5971	68532	64090	4442	29240	24601
延 庆 县	69814	5149	9635	8251	1384	43402	11627

注：表内全市合计中包括输送损失，各区县及北京经济技术开发区用电量不含输送损失，故表中各区县及北京经济技术开发区用电量之和不等于全市。
资料来源：北京市电力公司。

3-25 农村基本情况

区　县	乡镇及行政村常住户数（万户）			乡镇及行政村常住人口（万人）			乡镇及行政村从业人员（万人）			乡镇及行政村农林牧渔业从业人员（万人）		
	2011	2010	增长速度(%)	2011	2010	增长速度(%)	2011	2010	增长速度(%)	2011	2010	增长速度(%)
全　市	**212.4**	**216.0**	**-1.6**	**574.8**	**589.4**	**-2.5**	**338.3**	**347.8**	**-2.7**	**58.1**	**60.1**	**-3.4**
城市功能拓展区	**60.6**	**63.7**	**-4.9**	**162.9**	**177.0**	**-8.0**	**101.5**	**108.7**	**-6.6**	**3.3**	**3.7**	**-9.9**
朝 阳 区	31.6	31.8	-0.6	81.0	82.3	-1.6	50.0	48.7	2.6	0.7	0.8	-17.6
丰 台 区	13.1	14.3	-8.4	38.2	43.1	-11.3	24.5	27.2	-9.9	1.3	1.3	-3.1
海 淀 区	15.9	17.6	-9.8	43.7	51.6	-15.3	27.0	32.7	-17.5	1.3	1.5	-11.6
城市发展新区	**105.8**	**105.9**	**-0.1**	**296.5**	**296.0**	**0.2**	**172.2**	**174.0**	**-1.0**	**31.7**	**33.2**	**-4.4**
房 山 区	23.8	23.5	1.2	55.3	55.4	-0.1	29.2	29.0	0.5	7.4	7.6	-2.4
通 州 区	24.8	24.6	0.8	67.6	67.0	0.9	37.9	38.8	-2.4	6.9	7.1	-3.4
顺 义 区	20.0	19.9	0.5	55.3	55.4	-0.2	30.8	31.3	-1.7	4.3	4.4	-2.2
昌 平 区	18.8	18.1	3.9	57.7	55.0	4.9	36.7	34.5	6.3	4.0	4.1	-1.7
大 兴 区	18.4	19.8	-7.1	60.6	63.2	-4.1	37.6	40.3	-6.6	9.1	10.0	-8.8
生态涵养发展区	**46.1**	**46.3**	**-0.4**	**115.3**	**116.5**	**-1.0**	**64.7**	**65.1**	**-0.6**	**23.1**	**23.3**	**-0.8**
门头沟区	4.3	4.8	-11.2	9.0	10.8	-16.6	4.5	5.5	-18.3	1.1	1.1	-2.2
怀 柔 区	9.1	9.1	0.4	23.1	22.6	2.2	12.4	12.0	3.0	3.9	3.8	3.6
平 谷 区	11.0	10.9	1.0	30.8	30.9	-0.2	17.6	17.5	0.8	5.8	5.9	-1.4
密 云 县	12.5	12.4	0.8	31.1	30.9	0.5	18.1	18.0	0.4	7.4	7.6	-2.0
延 庆 县	9.2	9.1	1.2	21.3	21.3	0.1	12.1	12.1	0.2	4.9	5.0	-1.3

3–25 续表1

区 县	农业机械总动力（万千瓦）			化肥施用量（折纯量）（吨）			农村用电量（万千瓦小时）			有效灌溉面积（千公顷）		
	2011	2010	增长速度（%）	2011	2010	增长速度（%）	2011	2010	增长速度（%）	2011	2010	增长速度（%）
全 市	**265.2**	**276.0**	**-3.9**	**138471.8**	**136657.6**	**1.3**	**454008.6**	**443773.6**	**2.3**	**163.09**	**162.64**	**0.3**
城市功能拓展区	**14.9**	**15.3**	**-2.6**	**1471.1**	**1389.6**	**5.9**	**149539.2**	**147990.5**	**1.0**	**5.87**	**4.68**	**25.4**
朝阳区	1.8	1.8	持平	202.9	188.7	7.5	74659.3	73452.3	1.6	3.42	2.29	49.3
丰台区	4.4	4.9	-10.2	195.0	314.2	-37.9	43795.3	44413.9	-1.4	1.45	1.46	-0.7
海淀区	8.7	8.6	1.2	1073.2	886.7	21.0	31084.6	30124.3	3.2	1.00	0.93	7.5
城市发展新区	**153.3**	**163.0**	**-6.0**	**102221.7**	**101175.8**	**1.0**	**224879.1**	**220915.2**	**1.8**	**121.44**	**121.69**	**-0.2**
房山区	37.5	40.1	-6.5	13907.3	14226.1	-2.2	42770.3	42468.9	0.7	19.35	19.90	-2.8
通州区	27.2	25.9	5.0	29161.1	29566.2	-1.4	55636.5	52995.6	5.0	29.49	29.43	0.2
顺义区	39.6	38.1	3.9	23983.1	23151.4	3.6	42157.8	43590.1	-3.3	29.39	29.86	-1.6
昌平区	9.2	12.1	-24.0	4047.2	3665.8	10.4	51804.3	47097.3	10.0	6.16	6.02	2.3
大兴区	39.8	46.8	-15.0	31123.0	30566.3	1.8	32510.2	34763.3	-6.5	37.05	36.48	1.6
生态涵养发展区	**93.5**	**97.8**	**-4.4**	**34779.0**	**34092.2**	**2.0**	**79590.3**	**74867.9**	**6.3**	**35.79**	**36.28**	**-1.4**
门头沟区	2.0	2.2	-9.1	158.5	262.9	-39.7	8018.4	9994.1	-19.8	0.13	0.23	-43.5
怀柔区	15.8	15.3	3.3	4678.8	4490.1	4.2	16405.8	15494.2	5.9	7.19	7.29	-1.4
平谷区	30.8	29.9	3.0	8789.1	8869.2	-0.9	29475.9	27144.5	8.6	10.62	10.71	-0.8
密云县	25.3	27.6	-8.3	7094.1	6971.7	1.8	16575.4	14410.0	15.0	5.84	6.06	-3.7
延庆县	19.6	22.8	-14.0	14058.5	13498.3	4.2	9114.8	7825.1	16.5	12.01	11.99	0.2

注：全市2011年农业机械总动力包含政府补贴的未分配到各区县的农机具，故分区县相加不等于全市。此数据来源于北京市农业局。

3-26 农林牧渔业总产值

单位：万元

区　县	农林牧渔业总产值			农业			林业		
	2011	2010	增长速度(%)	2011	2010	增长速度(%)	2011	2010	增长速度(%)
全　市	**3631375.5**	**3280226.5**	**10.7**	**1633731.8**	**1542227.8**	**5.9**	**189202.3**	**168127.2**	**12.5**
城市功能拓展区	**109398.1**	**111328.9**	**-1.7**	**40081.0**	**46833.2**	**-14.4**	**27570.8**	**27089.1**	**1.8**
朝 阳 区	35532.2	40830.6	-13.0	11032.6	16063.1	-31.3	9336.7	9074.8	2.9
丰 台 区	26277.2	30313.1	-13.3	14026.9	18596.7	-24.6	3803.9	3990.2	-4.7
海 淀 区	47588.7	40185.2	18.4	15021.5	12173.4	23.4	14430.2	14024.1	2.9
城市发展新区	**2269546.7**	**2060277.9**	**10.2**	**1065743.6**	**1018304.8**	**4.7**	**54568.4**	**67034.3**	**-18.6**
房 山 区	450201.6	426437.4	5.6	190873.0	187660.2	1.7	12086.6	12340.0	-2.1
通 州 区	453712.0	397882.1	14.0	257525.0	232287.1	10.9	6384.6	11748.6	-45.7
顺 义 区	651669.6	585817.2	11.2	270389.2	269400.8	0.4	15923.9	26200.4	-39.2
昌 平 区	198343.6	168000.6	18.1	81102.1	66708.2	21.6	16032.0	13491.8	18.8
大 兴 区	515619.9	482140.6	6.9	265854.3	262248.5	1.4	4141.3	3253.5	27.3
生态涵养发展区	**1245030.7**	**1099230.7**	**13.3**	**527907.2**	**477089.8**	**10.7**	**107063.1**	**74003.8**	**44.7**
门头沟区	50613.5	39324.6	28.7	8683.7	9623.0	-9.8	29336.4	17359.7	69.0
怀 柔 区	182607.0	170788.8	6.9	63939.2	62080.3	3.0	18042.6	9776.5	84.6
平 谷 区	344230.6	294431.7	16.9	195355.6	171728.6	13.8	9909.2	9622.5	3.0
密 云 县	440634.8	391705.5	12.5	182084.7	167045.8	9.0	27572.1	15253.8	80.8
延 庆 县	226944.8	202980.1	11.8	77844.0	66612.1	16.9	22202.8	21991.3	1.0

注：全市渔业产值含远洋捕捞，区县不包括远洋捕捞，故分区县相加不等于全市。

3-26 续表1

单位：万元

区 县	牧业			渔业			农林牧渔服务业		
	2011	2010	增长速度(%)	2011	2010	增长速度(%)	2011	2010	增长速度(%)
全 市	**1627269.9**	**1395762.5**	**16.6**	**115171.5**	**115109.0**	**0.1**	**66000.0**	**59000.0**	**11.9**
城市功能拓展区	**24276.7**	**20923.0**	**16.0**	**9082.6**	**9426.2**	**-3.6**	**8387.0**	**7057.4**	**18.8**
朝阳区	5865.8	6023.1	-2.6	6399.3	6669.6	-4.1	2897.8	3000.0	-3.4
丰台区	5093.5	4575.8	11.3	2404.2	2398.0	0.3	948.7	752.4	26.1
海淀区	13317.4	10324.1	29.0	279.1	358.6	-22.2	4540.5	3305.0	37.4
城市发展新区	**1047874.3**	**879935.4**	**19.1**	**56615.1**	**53907.8**	**5.0**	**44745.3**	**41095.6**	**8.9**
房山区	227307.1	208161.4	9.2	9765.3	9235.4	5.7	10169.6	9040.4	12.5
通州区	158669.6	123186.2	28.8	23084.5	23028.4	0.2	8048.3	7631.8	5.5
顺义区	333274.1	260605.8	27.9	17941.7	16616.5	8.0	14140.7	12993.7	8.8
昌平区	91932.2	79033.6	16.3	3455.7	2987.0	15.7	5821.6	5780.0	0.7
大兴区	236691.3	208948.4	13.3	2367.9	2040.5	16.0	6565.1	5649.7	16.2
生态涵养发展区	**555118.9**	**494904.1**	**12.2**	**42073.8**	**42386.0**	**-0.7**	**12867.7**	**10847.0**	**18.6**
门头沟区	11922.4	11724.0	1.7		10.8		671.0	607.1	10.5
怀柔区	86830.3	83029.7	4.6	13075.6	15226.9	-14.1	719.3	675.4	6.5
平谷区	121236.5	96229.2	26.0	16690.4	15831.4	5.4	1038.9	1020.0	1.9
密云县	215722.4	196004.1	10.1	8800.0	8119.0	8.4	6455.6	5282.8	22.2
延庆县	119407.3	107917.1	10.6	3507.8	3197.9	9.7	3982.9	3261.7	22.1

3-27 农作物播种面积

单位：公顷

区　县	农作物播种面积			#粮食作物面积			#蔬菜面积		
	2011	2010	增长速度(%)	2011	2010	增长速度(%)	2011	2010	增长速度(%)
全　市	**302583**	**317268**	**-4.6**	**209382**	**223465**	**-6.3**	**66797**	**67538**	**-1.1**
城市功能拓展区	**3502**	**4426**	**-20.9**	**1221**	**1588**	**-23.1**	**1555**	**2082**	**-25.3**
朝 阳 区	792	1267	-37.5	232	306	-24.3	476	844	-43.5
丰 台 区	1130	1493	-24.3	415	515	-19.5	366	587	-37.5
海 淀 区	1581	1666	-5.1	575	766	-25.0	713	652	9.3
城市发展新区	**212192**	**223509**	**-5.1**	**141262**	**153171**	**-7.8**	**51632**	**51508**	**0.2**
房 山 区	34324	36695	-6.5	27718	30118	-8.0	4875	4871	0.1
通 州 区	51697	53673	-3.7	33916	37564	-9.7	15838	14473	9.4
顺 义 区	52413	54780	-4.3	36303	38509	-5.7	10277	10639	-3.4
昌 平 区	9295	10761	-13.6	5669	6983	-18.8	1565	1621	-3.4
大 兴 区	64464	67601	-4.6	37655	39997	-5.9	19077	19904	-4.2
生态涵养发展区	**86888**	**89333**	**-2.7**	**66898**	**68706**	**-2.6**	**13609**	**13948**	**-2.4**
门头沟区	3253	3485	-6.7	1838	2047	-10.2	126	257	-51.1
怀 柔 区	12238	12730	-3.9	10323	10528	-2.0	1265	1271	-0.4
平 谷 区	18494	19180	-3.6	12858	13431	-4.3	5045	5271	-4.3
密 云 县	25822	25939	-0.5	19427	19762	-1.7	4670	4536	3.0
延 庆 县	27081	28000	-3.3	22452	22938	-2.1	2503	2614	-4.2

3-28 主要农产品产量

单位：吨

区县	粮食			蔬菜			鲜蛋		
	2011	2010	增长速度(%)	2011	2010	增长速度(%)	2011	2010	增长速度(%)
全　市	**1217700**	**1156865**	**5.3**	**2968701**	**3029822**	**-2.0**	**151463**	**151446**	
城市功能拓展区	**6270**	**7122**	**-12.0**	**41965**	**53414**	**-21.4**	**2147**	**2000**	**7.3**
朝阳区	1416	1610	-12.1	11445	20426	-44.0			
丰台区	1433	1314	9.0	7414	13594	-45.5	1665	1616	3.0
海淀区	3422	4198	-18.5	23107	19394	19.1	482	384	25.6
城市发展新区	**818408**	**814639**	**0.5**	**2257187**	**2300141**	**-1.9**	**58452**	**64603**	**-9.5**
房山区	147587	135413	9.0	186084	202666	-8.2	10914	10155	7.5
通州区	198048	208405	-5.0	705212	680931	3.6	7117	7257	-1.9
顺义区	212864	214983	-1.0	458948	478156	-4.0	13324	16426	-18.9
昌平区	25388	22677	12.0	43455	47160	-7.9	8522	9289	-8.3
大兴区	234521	233162	0.6	863488	891227	-3.1	18575	21476	-13.5
生态涵养发展区	**400562**	**340800**	**17.5**	**669549**	**676268**	**-1.0**	**90864**	**84843**	**7.1**
门头沟区	2988	1855	61.1	1915	4749	-59.7	368	452	-18.6
怀柔区	60072	52101	15.3	37570	35067	7.1	3407	4050	-15.9
平谷区	73647	76675	-3.9	253717	265046	-4.3	30334	28227	7.5
密云县	103753	102917	0.8	268146	267940	0.1	21479	22726	-5.5
延庆县	160102	107251	49.3	108202	103467	4.6	35276	29388	20.0

注：全市粮食产量为抽样调查推算数据，故与区县合计数不等。

3-28 续表1

单位：吨

区　县	干鲜果品			#水果			瓜类及草莓		
	2011	2010	增长速度(%)	2011	2010	增长速度(%)	2011	2010	增长速度(%)
全　市	**878066**	**853985**	**2.8**	**830681**	**809914**	**2.6**	**378007**	**341787**	**10.6**
城市功能拓展区	**8514**	**8401**	**1.3**	**8500**	**8386**	**1.4**	**356**	**331**	**7.8**
朝 阳 区	1007	1476	-31.8	1007	1476	-31.8	119	228	-47.9
丰 台 区	1738	1665	4.4	1728	1653	4.5	49	15	215.6
海 淀 区	5770	5261	9.7	5766	5258	9.7	189	88	115.8
城市发展新区	**361487**	**359114**	**0.7**	**357527**	**354739**	**0.8**	**372153**	**336514**	**10.6**
房 山 区	68310	69683	-2.0	66272	67119	-1.3	12048	12768	-5.6
通 州 区	62228	63533	-2.1	62144	63465	-2.1	35875	25264	42.0
顺 义 区	71711	69440	3.3	71643	69378	3.3	104483	85254	22.6
昌 平 区	40390	41432	-2.5	38642	39782	-2.9	7958	5319	49.6
大 兴 区	118849	115027	3.3	118827	114996	3.3	211789	207909	1.9
生态涵养发展区	**508065**	**486469**	**4.4**	**464655**	**446788**	**4.0**	**5497**	**4943**	**11.2**
门头沟区	3815	3954	-3.5	3305	3257	1.5	3	1	325.0
怀 柔 区	38030	37393	1.7	22670	23397	-3.1	843	587	43.5
平 谷 区	350878	333193	5.3	346573	329051	5.3	2533	3314	-23.6
密 云 县	82192	79824	3.0	63080	62913	0.3	730	179	307.5
延 庆 县	33150	32105	3.3	29027	28171	3.0	1388	861	61.2

3-28 续表2

单位：吨

区 县	肉类			#猪牛羊肉		
	2011	2010	增长速度(%)	2011	2010	增长速度(%)
全 市	**444156**	**462575**	**-4.0**	**276054**	**275343**	**0.3**
城市功能拓展区	**3441**	**3603**	**-4.5**	**2851**	**2983**	**-4.4**
朝阳区	10	28	-63.6	7	28	-75.0
丰台区	1004	1180	-14.9	897	1145	-21.7
海淀区	2426	2395	1.3	1947	1810	7.6
城市发展新区	**277397**	**286029**	**-3.0**	**204766**	**204912**	**-0.1**
房山区	50879	54801	-7.2	33223	31309	6.1
通州区	41299	41265	0.1	27729	28550	-2.9
顺义区	103603	101566	2.0	85310	83332	2.4
昌平区	11092	12640	-12.2	8579	10034	-14.5
大兴区	70523	75757	-6.9	49924	51687	-3.4
生态涵养发展区	**163318**	**172943**	**-5.6**	**68438**	**67448**	**1.5**
门头沟区	5909	6084	-2.9	692	848	-18.4
怀柔区	26664	28671	-7.0	8173	7650	6.8
平谷区	41046	40395	1.6	30410	29851	1.9
密云县	62335	68364	-8.8	19033	18849	1.0
延庆县	27365	29429	-7.0	10130	10250	-1.2

3-28 续表3

单位：吨

区 县	奶类			#牛奶		
	2011	2010	增长速度(%)	2011	2010	增长速度(%)
全 市	**639759**	**641122**	**-0.2**	**639755**	**640937**	**-0.2**
城市功能拓展区	**34043**	**36344**	**-6.3**	**34043**	**36344**	**-6.3**
朝 阳 区	16559	18809	-12.0	16559	18809	-12.0
丰 台 区	3031	4186	-27.6	3031	4186	-27.6
海 淀 区	14453	13349	8.3	14453	13349	8.3
城市发展新区	**392166**	**388629**	**0.9**	**392164**	**388444**	**1.0**
房 山 区	34653	37042	-6.4	34653	37042	-6.4
通 州 区	100973	90213	11.9	100973	90213	11.9
顺 义 区	51606	51288	0.6	51606	51285	0.6
昌 平 区	54910	47586	15.4	54908	47586	15.4
大 兴 区	150023	162500	-7.7	150023	162318	-7.6
生态涵养发展区	**213550**	**216149**	**-1.2**	**213548**	**216149**	**-1.2**
门头沟区	900	1152	-21.9	899	1152	-22.0
怀 柔 区	46122	44263	4.2	46122	44263	4.2
平 谷 区	3725	4523	-17.6	3725	4523	-17.6
密 云 县	80754	80433	0.4	80752	80433	0.4
延 庆 县	82050	85778	-4.3	82050	85778	-4.3

3-28 续表4

单位：百枝、百盆

区　县	鲜切花			盆栽花			盆栽观叶植物		
	2011	2010	增长速度(%)	2011	2010	增长速度(%)	2011	2010	增长速度(%)
全　市	**656089**	**656802**	**-0.1**	**1333302**	**1190427**	**12.0**	**17146**	**18108**	**-5.3**
城市功能拓展区	**1521**	**4076**	**-62.7**	**86500**	**97934**	**-11.7**	**12860**	**14195**	**-9.4**
朝阳区	20	3660	-99.5	680	1934	-64.8	471	768	-38.6
丰台区	960	340	182.4	58582	72358	-19.0	12330	13405	-8.0
海淀区	542	76	615.0	27238	23642	15.2	58	22	165.1
城市发展新区	**512459**	**515821**	**-0.7**	**1114363**	**949155**	**17.4**	**4264**	**3367**	**26.6**
房山区	30141	9109	230.9	87471	106490	-17.9	3163	600	427.2
通州区	301205	284605	5.8	115390	108999	5.9	136	459	-70.4
顺义区	45554	94642	-51.9	573644	390944	46.7	243	1500	-83.8
昌平区	95270	103835	-8.2	91751	97808	-6.2	622	117	431.6
大兴区	40290	23630	70.5	246107	244914	0.5	100	691	-85.5
生态涵养发展区	**142108**	**136905**	**3.8**	**132439**	**143338**	**-7.6**	**22**	**546**	**-96.0**
门头沟区				170	180	-5.6			
怀柔区	9069	12571	-27.9	26047	22500	15.8	8	5	60.0
平谷区	17438	16760	4.0	165	606	-72.7			
密云县	54806	62497	-12.3	1367	1934	-29.3		230	
延庆县	60795	45077	34.9	104689	118118	-11.4	14	311	-95.5

3-29 水产品产量

单位：吨

区 县	2011	2010	增长速度(%)
全 市	**61228**	**63365**	**-3.4**
城市功能拓展区	**1653**	**1743**	**-5.2**
朝 阳 区	381	393	-3.1
丰 台 区	682	680	0.3
海 淀 区	590	670	-11.9
城市发展新区	**26521**	**27085**	**-2.1**
房 山 区	2464	2387	3.2
通 州 区	9009	9878	-8.8
顺 义 区	11020	10780	2.2
昌 平 区	2132	2050	4.0
大 兴 区	1896	1990	-4.7
生态涵养发展区	**25522**	**25598**	**-0.3**
门头沟区			
怀 柔 区	3510	3665	-4.2
平 谷 区	14512	14533	-0.1
密 云 县	4400	4400	
延 庆 县	3100	3000	3.3

注：全市合计中含远洋捕捞数据(2010年为8939吨，2011年为7532吨)，分区县不包括，故分区县相加不等于全市。
数据来源：北京市农业局。

3-30 生猪饲养和产量情况(2011年)

区 县	年末生猪存栏（头）	生猪出栏（头）	猪肉产量（吨）
全 市	**1793372**	**3122039**	**242146.0**
城市功能拓展区	**25839**	**36827**	**2691.0**
朝阳区			
丰台区	3518	10742	832.6
海淀区	22321	26085	1858.4
城市发展新区	**1305564**	**2311478**	**180492.1**
房山区	267393	388795	30039.4
通州区	149575	298223	23433.2
顺义区	563763	964850	75344.0
昌平区	71495	101158	7922.8
大兴区	253338	558452	43752.7
生态涵养发展区	**461969**	**773734**	**58962.9**
门头沟区	5082	6921	543.8
怀柔区	65196	96044	7369.7
平谷区	202618	354383	26560.7
密云县	130550	214067	16401.9
延庆县	58523	102319	8086.8

3-31 农业观光园情况

区县	农业观光园个数(个)		从业人员(人)		接待人次(人次)		经营总收入(万元)	
	2011	2010	2011	2010	2011	2010	2011	2010
全市	**1300**	**1303**	**46038**	**42561**	**18429456**	**17748934**	**217152**	**177958**
城市功能拓展区	**82**	**97**	**6299**	**4763**	**2838861**	**2639215**	**49634**	**41264**
朝阳区	14	16	3047	2603	1223999	1117047	40803	33889
丰台区	10	10	880	806	1204115	1146306	2196	2015
海淀区	58	71	2372	1354	410747	375862	6638	5360
城市发展新区	**533**	**527**	**22740**	**22089**	**6640493**	**6838498**	**90921**	**79027**
房山区	108	102	3001	2887	1800346	1856785	17033	15714
通州区	47	46	1640	1471	634657	614543	10207	7837
顺义区	69	71	2728	2485	879808	821551	13379	13706
昌平区	201	198	6125	5531	1209003	1257934	32062	24336
大兴区	108	110	9246	9715	2116679	2287685	18240	17434
生态涵养发展区	**684**	**678**	**16956**	**15653**	**8947959**	**8266221**	**76581**	**57643**
门头沟区	56	48	1348	1133	526553	391368	7775	4442
怀柔区	234	234	2464	2543	1743432	1912315	13993	13902
平谷区	209	209	8397	8094	3165428	3125925	20376	17677
密云县	148	152	3425	2717	2978875	2434421	29820	18288
延庆县	37	35	1322	1166	533671	402192	4617	3334

注：全市合计中含石景山区数据，故分区县相加不等于合计。

3-32 民俗旅游情况

区　县	民俗旅游接待户数(户)		从业人员(人)		民俗旅游接待人次(人次)		民俗旅游总收入(万元)	
	2011	2010	2011	2010	2011	2010	2011	2010
全　市	**8396**	**7979**	**18232**	**16856**	**16688923**	**15535783**	**86822**	**73472**
城市功能拓展区	**39**	**36**	**103**	**61**	**70868**	**41480**	**417**	**238**
朝 阳 区	8	10	12	30	3784	1344	28	10
丰 台 区	1		43		24738		155	
海 淀 区	30	26	48	31	42346	40136	234	228
城市发展新区	**2043**	**1947**	**4058**	**4175**	**4276450**	**3744761**	**22915**	**18703**
房 山 区	1404	1314	1903	1927	2163460	1945567	12943	11059
通 州 区	76	76	126	124	31886	25740	891	421
顺 义 区	28	28	44	46	23403	24825	75	75
昌 平 区	348	365	1274	1315	1680321	1385927	7678	5913
大 兴 区	187	164	711	763	377380	362702	1328	1235
生态涵养发展区	**6314**	**5996**	**14071**	**12620**	**12341605**	**11749542**	**63490**	**54531**
门头沟区	561	504	1444	1029	681880	617918	5031	3447
怀 柔 区	1613	1476	2858	2430	2130311	2187359	13175	12348
平 谷 区	2237	2162	5171	4706	3465904	3208253	16658	14479
密 云 县	1215	1212	2440	2457	2905120	2854304	14107	12478
延 庆 县	688	642	2158	1998	3158390	2881708	14520	11779

注：民俗旅游接待户数为实际经营的户数。

3-33 设施农业生产情况(2011年)

区 县	设施农业播种面积(公顷)	设施农业总收入(万元)	设施农业产品产量			
			蔬菜产量(吨)	花卉苗木收入(万元)	瓜果产量(吨)	水果产量(吨)
全 市	**38006**	**455819.3**	**1101359**	**49161.2**	**262093**	**6514**
城市功能拓展区	**1245**	**24464.4**	**25507**	**8899.3**	**295**	**67**
朝阳区	289	5226.2	7457	30.3	119	5
丰台区	437	12631.2	5999	8221.7	49	20
海淀区	519	6607.0	12051	647.3	128	43
城市发展新区	**32085**	**344648.3**	**891271**	**34120.2**	**258510**	**3789**
房山区	2395	35378.7	68373	2195.3	2140	262
通州区	6999	81199.3	250910	6234.0	10765	462
顺义区	6061	65212.6	167718	12082.8	63859	284
昌平区	1326	36382.5	19128	7573.0	7719	62
大兴区	15303	126475.2	385143	6035.1	174027	2719
生态涵养发展区	**4676**	**86706.6**	**184581**	**6141.7**	**3289**	**2658**
门头沟区	27	344.7	562	13.6	1	
怀柔区	507	6477.6	10789	715.5	807	97
平谷区	1591	28509.1	64246	381.5	585	2225
密云县	1825	35922.8	82749	2342.8	533	303
延庆县	725	15452.4	26235	2688.3	1363	34

3-34 种业发展情况(2011年)

区县	种业收入(万元)	#销往外埠收入(万元)	种业产品产量						
			小麦种(公斤)	玉米种(公斤)	树苗(百株)	种猪(头)	种羊(只)	种牛(头)	种鱼苗(万尾)
全市	**181189**	**116801**	**5264445**	**953318**	**24440**	**260656**	**4349**	**34**	**17479**
城市功能拓展区	**2782**	**2133**			**403**	**6202**			**1868**
朝阳区	668	306							1868
丰台区									
海淀区	2114	1827			403	6202			
城市发展新区	**118761**	**78791**	**5169445**	**3100**	**10674**	**235539**	**4349**	**34**	**12428**
房山区	6669	1933	893750		2666	2950	115		
通州区	6243	4835	3249205	3100	5755	517	374	2	12426
顺义区	69493	46957	216800		450	194443	3860		
昌平区	23482	17212			1095	5255			2
大兴区	12874	7854	809690		708	32374		32	
生态涵养发展区	**59647**	**35876**	**95000**	**950218**	**13363**	**18915**			**3183**
门头沟区	911				3473				
怀柔区	10215	5552	55000	420203	234	3800			3108
平谷区	18371	8364			4474	3561			
密云县	16185	12046	40000	530015	135	8458			45
延庆县	13964	9915			5047	3096			30

3-35 郊区县乡镇企业主要经济指标(2011年)

区 县	企业个数(个)	从业人员(人)	总收入(万元)	利润总额(万元)	上缴税金(万元)
全 市	**150721**	**1295534**	**46531113**	**2679843**	**1885665**
城市功能拓展区	**5302**	**151114**	**6608651**	**374009**	**266726**
朝 阳 区	496	38318	4098639	161836	143571
丰 台 区	790	52380	1177757	108868	55646
海 淀 区	4016	60416	1332255	103305	67509
城市发展新区	**104821**	**926707**	**32650137**	**1948113**	**1391978**
房 山 区	35393	289626	5146859	304125	45462
通 州 区	24219	192655	5798242	259027	279946
顺 义 区	25853	222875	11051636	710980	567731
昌 平 区	2151	66231	3375436	234961	134683
大 兴 区	17205	155320	7277964	439020	364156
生态涵养发展区	**40598**	**217713**	**7272325**	**357721**	**226961**
门头沟区	5360	22231	498878	47940	12831
怀 柔 区	9891	53936	2634217	178402	101010
平 谷 区	5928	52022	1529201	31240	36309
密 云 县	11883	64659	1634176	65688	58372
延 庆 县	7536	24865	975853	34451	18439

数据来源：北京市经济和信息化委员会。

3-36 郊区县乡镇个体、私营企业主要经济指标(2011年)

区 县	企业个数 (个)	从业人员 (人)	总收入 (万元)	利润总额 (万元)	上缴税金 (万元)
全 市	**140287**	**716667**	**12627764**	**895372**	**577768**
城市功能拓展区	**3807**	**37520**	**1167636**	**46534**	**36506**
朝阳区	105	7443	536583	25367	18408
丰台区	222	2308	53332	2470	2323
海淀区	3480	27769	577721	18697	15775
城市发展新区	**97369**	**557037**	**9129864**	**656787**	**483765**
房山区	34953	253992	3052115	205520	67880
通州区	20823	88211	1399282	84016	158150
顺义区	25263	113307	1848031	200898	120524
昌平区	1676	18927	511044	38400	19134
大兴区	14654	82600	2319392	127953	118077
生态涵养发展区	**39111**	**122110**	**2330264**	**192051**	**57497**
门头沟区	5218	16912	317212	42381	7840
怀柔区	9475	20966	567945	74421	12937
平谷区	5452	22739	246782	13548	13912
密云县	11587	43797	658537	29965	14344
延庆县	7379	17696	539788	31736	8464

数据来源：北京市经济和信息化委员会。

3-37 规模以上工业企业产值情况

单位：万元

区 县	工业总产值(当年价格)		#国有控股	
	2011	2010	2011	2010
全 市	**145136282**	**136998388**	**81763848**	**72238964**
首都功能核心区	**8834102**	**7533469**	**6566442**	**5626967**
东 城 区	1066448	670954	412140	384205
西 城 区	7767654	6862515	6154302	5242762
城市功能拓展区	**34196749**	**34474191**	**20890646**	**19048875**
朝 阳 区	11888945	10404647	8358541	6953299
丰 台 区	4078374	4334726	2384516	2590399
石景山区	3791956	6305101	3209920	5703831
海 淀 区	14437474	13429716	6937669	3801346
城市发展新区	**75209228**	**70651846**	**34052116**	**29105135**
房 山 区	10257346	9496418	8918559	8120734
通 州 区	5867052	5929861	1512632	1440374
顺 义 区	20667613	18515647	10342269	8629615
昌 平 区	10778590	9877535	7116326	6965088
大 兴 区	4791509	4551071	896668	764501
北京经济技术开发区	22847118	22281313	5265662	3184824
生态涵养发展区	**10771189**	**9765762**	**4129629**	**3884868**
门头沟区	897172	786678	544887	438530
怀 柔 区	4990862	4848141	2794608	2983739
平 谷 区	1991186	1847153	45458	33669
密 云 县	2234443	1769656	497313	349022
延 庆 县	657526	514134	247363	79907

注：1. 2010年统计范围为年主营业务收入500万元及以上的工业法人单位；2011年统计范围为年主营业务收入2000万元及以上的工业法人单位。
2. 根据有关规定，国家电网公司、华北电网有限公司的“工业总产值(当年价格)、工业销售产值(当年价格)”由市统计局统一核算，故表中“工业总产值(当年价格)、工业销售产值(当年价格)”指标分区县数据之和不等于全市合计。

3-37 续表1

单位：万元

区　县	#内资		#港澳台商投资企业		#外商投资企业	
	2011	2010	2011	2010	2011	2010
全　市	**87810931**	**82208182**	**11047040**	**11144838**	**46278310**	**43645368**
首都功能核心区	**6871573**	**5882104**	**130877**	**237051**	**1831652**	**1414314**
东城区	560280	434322	74000	76097	432168	160536
西城区	6311292	5447782	56877	160955	1399484	1253778
城市功能拓展区	**24646913**	**24218578**	**5104660**	**5987713**	**4445177**	**4267899**
朝阳区	9224248	7839805	1061849	1038374	1602848	1526468
丰台区	3337609	3583898	80730	93728	660035	657101
石景山区	2996303	5506349	26980	113569	768673	685184
海淀区	9088753	7288526	3935101	4742044	1413621	1399147
城市发展新区	**33599607**	**31344177**	**4966189**	**4203554**	**36643430**	**35104115**
房山区	9787036	9019183	86867	96408	383443	380828
通州区	3699008	3761499	344959	293073	1823085	1875290
顺义区	4990853	4563216	1034150	789508	14642609	13162924
昌平区	9144384	8552814	433760	311869	1200446	1012851
大兴区	3423851	3211372	732359	629768	635299	709931
北京经济技术开发区	2554475	2236094	2334094	2082928	17958548	17962291
生态涵养发展区	**6567824**	**6190203**	**845314**	**716520**	**3358050**	**2859040**
门头沟区	831487	714497	44827	47543	20858	**24638**
怀柔区	3510596	3656393	220228	185480	1260038	1006268
平谷区	590571	561834	126670	120165	1273945	1165154
密云县	1225397	911068	351112	277581	657933	581007
延庆县	409773	346411	102477	85751	145276	81973

3-37 续表2

单位：万元

区 县	#大型企业		#中型企业		#小型企业	
	2011	2010	2011	2010	2011	2010
全　市	**88471437**	**65318670**	**24421635**	**39734481**	**31307589**	**31945237**
首都功能核心区	**6594541**	**6012664**	**689486**	**741899**	**1529293**	**778906**
东 城 区	280995	154165	399839	235833	368883	280956
西 城 区	6313547	5858500	289646	506066	1160410	497950
城市功能拓展区	**15404421**	**11701254**	**8003284**	**11575886**	**10628124**	**11197052**
朝 阳 区	4242712	2258669	1830338	3336375	5746058	4809603
丰 台 区	1334925	997451	1409659	1452829	1301232	1884446
石景山区	3021863	4868899	283427	781309	474965	654893
海 淀 区	6804921	3576235	4479861	6005373	3105870	3848109
城市发展新区	**45695680**	**35026730**	**12794374**	**18807851**	**16034971**	**16817265**
房 山 区	8719744	7370393	453179	985390	972098	1140635
通 州 区	834288		2260876	2839084	2588563	3090777
顺 义 区	15594811	10027714	2276318	5808957	2761622	2678976
昌 平 区	3631843	3348803	1941853	1341286	4988969	5187446
大 兴 区	724057		1224988	1654244	2747308	2896827
北京经济技术开发区	16190937	14279819	4637160	6178891	1976411	1822603
生态涵养发展区	**4651780**	**3549069**	**2934491**	**3064679**	**3115201**	**3152014**
门头沟区	628521	367651	59999	187250	203706	231777
怀 柔 区	2972885	2897863	878208	787310	1107137	1162968
平 谷 区	349088	283555	1063556	841411	565209	722187
密 云 县	701286		640270	982229	876891	787426
延 庆 县			292458	266478	362258	247656

注：企业大中小型划分标准：2010年执行《统计上大中小型企业划分标准(暂行)》，2011年执行《国家统计局关于印发统计上大中小微型企业划分办法的通知》(国统字[2011]75号)。

3-37 续表3

单位：万元

区 县	轻工业		重工业	
	2011	2010	2011	2010
全 市	**22271646**	**20000513**	**122864636**	**116997875**
首都功能核心区	**1634255**	**919741**	**7199848**	**6613728**
东 城 区	498838	330336	567610	340618
西 城 区	1135417	589404	6632238	6273111
城市功能拓展区	**3695381**	**4236496**	**30501368**	**30237695**
朝 阳 区	1332854	1402779	10556091	9001868
丰 台 区	737815	1050660	3340559	3284067
石景山区	50113	56544	3741843	6248557
海 淀 区	1574599	1726513	12862875	11703204
城市发展新区	**13810616**	**12239990**	**61398611**	**58411856**
房 山 区	464841	463623	9792505	9032795
通 州 区	2243219	2196487	3623833	3733375
顺 义 区	2747413	2502043	17920199	16013605
昌 平 区	1415170	1340686	9363420	8536848
大 兴 区	1937845	1818755	2853664	2732315
北京经济技术开发区	5002128	3918396	17844990	18362917
生态涵养发展区	**3131393**	**2604286**	**7639795**	**7161476**
门头沟区	118097	120384	779075	666294
怀 柔 区	1388616	1158576	3602246	3689565
平 谷 区	567864	525738	1423321	1321415
密 云 县	802387	604062	1432056	1165594
延 庆 县	254429	195527	403097	318607

3-37 续表4

单位：万元

区　县	工业销售产值(当年价格)		#出口交货值	
	2011	2010	2011	2010
全　市	**143574357**	**135265665**	**15359596**	**16416795**
首都功能核心区	**8725825**	**7473469**	**486059**	**125873**
东 城 区	1006205	630195	203240	50429
西 城 区	7719620	6843274	282819	75444
城市功能拓展区	**33775815**	**33806483**	**2160329**	**2274069**
朝 阳 区	11694805	10256969	973632	1068837
丰 台 区	3998922	4179995	115897	140264
石景山区	3785434	6269128	294787	253631
海 淀 区	14296654	13100391	776013	811338
城市发展新区	**74235232**	**69824168**	**11771487**	**13316533**
房 山 区	10250122	9603185	107660	151867
通 州 区	5794444	5845585	585379	742159
顺 义 区	20499086	18286213	3202722	2890969
昌 平 区	10687116	9780797	436533	438543
大 兴 区	4606737	4437533	218636	208262
北京经济技术开发区	22397727	21870854	7220557	8884732
生态涵养发展区	**10712472**	**9588425**	**941720**	**700320**
门头沟区	841396	760449	270530	200334
怀 柔 区	5099474	4767542	184179	143633
平 谷 区	1938791	1850352	125502	106455
密 云 县	2211629	1717400	183443	167344
延 庆 县	621182	492682	178066	82555

3-38 规模以上工业企业主要财务指标

单位：个

区 县	企业单位个数(个)		在2011年企业单位个数中				
	2011	2010	#大型	#中型	#小型	轻工业	重工业
全 市	**3740**	**6885**	**160**	**620**	**2803**	**1267**	**2473**
首都功能核心区	**107**	**224**	**11**	**19**	**73**	**47**	**60**
东 城 区	42	79	3	8	29	23	19
西 城 区	65	145	8	11	44	24	41
城市功能拓展区	**1159**	**2183**	**56**	**198**	**863**	**279**	**880**
朝 阳 区	353	714	14	55	269	104	249
丰 台 区	239	453	10	43	177	60	179
石景山区	68	128	9	14	41	9	59
海 淀 区	499	888	23	86	376	106	393
城市发展新区	**2009**	**3646**	**76**	**320**	**1515**	**742**	**1267**
房 山 区	172	353	9	19	132	50	122
通 州 区	465	895	6	73	356	177	288
顺 义 区	329	619	20	63	239	123	206
昌 平 区	329	582	6	51	258	104	225
大 兴 区	455	919	5	49	373	200	255
北京经济技术开发区	259	278	30	65	157	88	171
生态涵养发展区	**465**	**832**	**17**	**83**	**352**	**199**	**266**
门头沟区	45	95	2	3	38	16	29
怀 柔 区	145	248	4	21	116	63	82
平 谷 区	106	176	2	31	71	47	59
密 云 县	128	245	9	20	95	57	71
延 庆 县	41	68		8	32	16	25

注：1. 2010年统计范围为年主营业务收入500万元及以上的工业法人单位；2011年统计范围为年主营业务收入2000万元及以上的工业法人单位。
2. 2011年开始，企业大中小型划分标准执行《国家统计局关于印发统计上大中小微型企业划分办法的通知》(国统字[2011]75号)。

3–38 续表1

单位：个

区　县	在2011年企业单位个数中			
	#国有控股	#内资	#港澳台商投资	#外商投资
全　市	**780**	**2783**	**243**	**714**
首都功能核心区	**53**	**84**	**5**	**18**
东 城 区	19	30	3	9
西 城 区	34	54	2	9
城市功能拓展区	**371**	**950**	**58**	**151**
朝 阳 区	124	273	25	55
丰 台 区	82	203	8	28
石景山区	27	56	4	8
海 淀 区	138	418	21	60
城市发展新区	**292**	**1434**	**140**	**435**
房 山 区	25	151	2	19
通 州 区	61	353	23	89
顺 义 区	53	188	28	113
昌 平 区	59	266	21	42
大 兴 区	50	386	19	50
北京经济技术开发区	44	90	47	122
生态涵养发展区	**64**	**315**	**40**	**110**
门头沟区	7	39	4	2
怀 柔 区	15	88	12	45
平 谷 区	8	63	8	35
密 云 县	21	93	13	22
延 庆 县	13	32	3	6

3-38 续表2

单位：万元

区　县	资产总计		负债合计		所有者权益合计	
	2011	2010	2011	2010	2011	2010
全　市	**253217462**	**227505774**	**126486073**	**115480740**	**126731389**	**112025034**
首都功能核心区	**102265483**	**95094799**	**45168754**	**42950872**	**57096729**	**52143926**
东 城 区	1603585	1242187	725955	531883	877630	710303
西 城 区	100661898	93852612	44442799	42418989	56219099	51433623
城市功能拓展区	**73987216**	**67042912**	**39405832**	**35143035**	**34581385**	**31899877**
朝 阳 区	20482091	18487225	9179484	7991123	11302607	10496102
丰 台 区	6335500	6005652	3699235	3582785	2636265	2422867
石景山区	23598875	22559908	13383669	12054179	10215206	10505729
海 淀 区	23570750	19990127	13143444	11514948	10427307	8475179
城市发展新区	**66690720**	**56214127**	**36449456**	**32016530**	**30241261**	**24197597**
房 山 区	5537888	5249218	3201245	2995609	2336643	2253609
通 州 区	5667925	5619915	3259109	3236027	2408815	2383888
顺 义 区	17250710	13888629	9139097	7858780	8111612	6029849
昌 平 区	9664870	8802185	5131254	4591841	4533616	4210344
大 兴 区	4651482	4743013	2747801	2874306	1903680	1868708
北京经济技术开发区	23917845	17911167	12970950	10459967	10946895	7451199
生态涵养发展区	**10274044**	**9153936**	**5462032**	**5370303**	**4812012**	**3783632**
门头沟区	1369837	1733096	511842	761860	857995	971236
怀 柔 区	3031195	2920749	1930333	1878132	1100862	1042617
平 谷 区	1682299	1886776	941915	1136175	740384	750601
密 云 县	2340262	1864678	1343835	1070226	996427	794451
延 庆 县	1850451	748637	734107	523910	1116344	224727

3-38 续表3

单位：万元

区 县	主营业务收入		利润总额		利税总额	
	2011	2010	2011	2010	2011	2010
全 市	**157533565**	**148071147**	**11294991**	**10283360**	**18061726**	**16489519**
首都功能核心区	**25239663**	**22222562**	**2799335**	**2374406**	**3702372**	**3120194**
东 城 区	1232269	745017	121153	70655	176296	119297
西 城 区	24007394	21477545	2678182	2303751	3526076	3000897
城市功能拓展区	**43948354**	**42953492**	**2617438**	**2438563**	**3818924**	**3619143**
朝 阳 区	12594540	11061748	954518	652281	1324903	1065973
丰 台 区	4613755	4720344	342771	291490	471087	427837
石景山区	7737166	9711430	119940	287720	325399	471006
海 淀 区	19002893	17459970	1200209	1207072	1697535	1654327
城市发展新区	**76557027**	**72382314**	**4935161**	**4642593**	**9066132**	**8471462**
房 山 区	10472834	9755245	-31557	533791	1118529	1739838
通 州 区	6402805	6371615	321609	272417	714750	626941
顺 义 区	21045540	18654917	1669750	1332343	2779465	2244321
昌 平 区	10356820	9912979	766452	830375	1063409	1167638
大 兴 区	4912159	4650515	321868	278373	483832	430189
北京经济技术开发区	23366869	23037043	1887039	1395294	2906147	2262535
生态涵养发展区	**11788522**	**10512779**	**943059**	**827798**	**1474299**	**1278720**
门头沟区	895766	787287	220453	147568	337968	247091
怀 柔 区	5433872	5071225	286849	311161	501248	484699
平 谷 区	2219457	2076813	132180	136000	199879	200210
密 云 县	2556894	1989772	211672	175006	317969	265230
延 庆 县	682533	587682	91905	58063	117235	81490

3-38 续表4

区 县	应交增值税(万元)		从业人员年平均人数(人)	
	2011	2010	2011	2010
全 市	**4270556**	**4097894**	**1178714**	**1241513**
首都功能核心区	**726337**	**606246**	**85634**	**70402**
东 城 区	46015	42351	14702	14752
西 城 区	680322	563895	70932	55650
城市功能拓展区	**972573**	**966855**	**357732**	**390235**
朝 阳 区	285538	334004	108185	124692
丰 台 区	106263	116051	63011	71784
石景山区	178916	152830	51442	56906
海 淀 区	401856	363970	135094	136853
城市发展新区	**2160511**	**2170180**	**590200**	**619084**
房 山 区	352232	379409	50104	55122
通 州 区	179473	175175	88141	106298
顺 义 区	583987	504202	135586	139896
昌 平 区	242470	285188	90664	96532
大 兴 区	136764	128582	73439	87688
北京经济技术开发区	665585	697624	152266	133548
生态涵养发展区	**411135**	**354615**	**145148**	**161792**
门头沟区	81192	70397	24518	29395
怀 柔 区	165279	132326	40563	43646
平 谷 区	57274	58291	30680	34196
密 云 县	85878	73343	39849	44310
延 庆 县	21512	20258	9538	10245

3-39 建筑业主要指标

区　县	企业个数(个)			建筑施工企业年末从业人员(万人)			建筑施工企业总产值(亿元)		
	2011	2010	增长速度(%)	2011	2010	增长速度(%)	2011	2010	增长速度(%)
全　市	**3667**	**3594**	**2.0**	**49.6**	**59.9**	**-17.2**	**6046.3**	**5196.0**	**16.4**
首都功能核心区	**513**	**516**	**-0.6**	**6.8**	**7.3**	**-6.8**	**956.0**	**739.6**	**29.3**
东 城 区	183	182	0.5	2.5	2.6	-3.8	431.7	350.3	23.2
西 城 区	330	334	-1.2	4.3	4.7	-8.5	524.3	389.3	34.7
城市功能拓展区	**1694**	**1672**	**1.3**	**24.4**	**28.7**	**-15.0**	**3126.1**	**2769.9**	**12.9**
朝 阳 区	719	711	1.1	7.3	7.7	-5.2	816.9	703.7	16.1
丰 台 区	309	300	3.0	6.6	9.8	-32.7	777.7	622.1	25.0
石景山区	83	84	-1.2	2.1	1.5	40.0	342.1	311.5	9.8
海 淀 区	583	577	1.0	8.4	9.7	-13.4	1189.4	1132.6	5.0
城市发展新区	**1102**	**1059**	**4.1**	**14.6**	**19.3**	**-24.4**	**1607.7**	**1403.6**	**14.5**
房 山 区	134	115	16.5	2.9	2.4	20.8	291.8	260.0	12.2
通 州 区	233	229	1.7	3.2	5.5	-41.8	421.8	324.2	30.1
顺 义 区	188	185	1.6	4.2	4.4	-4.5	198.7	151.3	31.3
昌 平 区	171	163	4.9	1.2	1.7	-29.4	234.5	197.2	18.9
大 兴 区	353	348	1.4	2.1	3.2	-34.4	225.3	190.1	18.5
北京经济技术开发区	23	19	21.1	1.0	2.1	-52.4	235.6	280.8	-16.1
生态涵养发展区	**358**	**347**	**3.2**	**3.8**	**4.6**	**-17.4**	**356.5**	**282.9**	**26.0**
门头沟区	69	64	7.8	0.4	0.5	-20.0	58.8	50.8	15.7
怀 柔 区	77	76	1.3	0.8	1.5	-46.7	84.7	75.0	12.9
平 谷 区	109	105	3.8	1.1	1.2	-8.3	79.2	44.1	79.6
密 云 县	56	55	1.8	1.1	1.0	10.0	87.9	71.0	23.8
延 庆 县	47	47	持平	0.4	0.4	持平	45.9	42.0	9.3

注：建筑业相关数据是按照建筑业企业经营地划分，统计范围为施工总承包、专业承包建筑业企业。

3-39 续表1

单位：亿元

区　县	营业收入			利润总额			应交所得税		
	2011	2010	增长速度(%)	2011	2010	增长速度(%)	2011	2010	增长速度(%)
全　市	**7653.9**	**6674.9**	**14.7**	**219.6**	**265.2**	**-17.2**	**37.8**	**34.2**	**10.5**
首都功能核心区	**1171.3**	**964.8**	**21.4**	**35.7**	**31.1**	**14.8**	**5.1**	**5.0**	**2.0**
东 城 区	516.1	451.6	14.3	21.8	19.0	14.7	2.4	2.8	-14.3
西 城 区	655.2	513.2	27.7	13.9	12.1	14.9	2.7	2.2	22.7
城市功能拓展区	**4339.6**	**3820.2**	**13.6**	**123.2**	**184.9**	**-33.4**	**19.7**	**19.3**	**2.1**
朝 阳 区	1122.7	948.0	18.4	18.4	21.4	-14.0	4.1	3.9	5.1
丰 台 区	966.5	974.1	-0.8	53.3	55.4	-3.8	3.5	2.6	34.6
石景山区	543.9	435.1	25.0	15.9	13.9	14.4	3.1	2.4	29.2
海 淀 区	1706.5	1463.0	16.6	35.6	94.2	-62.2	9.0	10.4	-13.5
城市发展新区	**1758.7**	**1594.3**	**10.3**	**52.0**	**43.7**	**19.0**	**10.7**	**8.4**	**27.4**
房 山 区	321.1	302.8	6.0	14.1	11.0	28.2	2.4	1.7	41.2
通 州 区	471.1	380.0	24.0	14.5	10.2	42.2	3.5	1.8	94.4
顺 义 区	200.7	165.8	21.0	5.2	4.9	6.1	1.3	1.3	持平
昌 平 区	247.1	221.8	11.4	4.7	6.4	-26.6	1.3	1.6	-18.8
大 兴 区	262.2	227.3	15.4	4.8	4.3	11.6	1.0	1.0	持平
北京经济技术开发区	256.5	296.6	-13.5	8.7	6.9	26.1	1.2	1.0	20.0
生态涵养发展区	**384.3**	**295.6**	**30.0**	**8.7**	**5.5**	**58.2**	**2.3**	**1.5**	**53.3**
门头沟区	59.7	50.9	17.3	0.9	0.5	80.0	0.2	0.1	100.0
怀 柔 区	97.1	80.7	20.3	1.0	1.5	-33.3	0.2	0.4	-50.0
平 谷 区	93.3	50.2	85.9	3.6	2.1	71.4	1.0	0.5	100.0
密 云 县	90.9	69.9	30.0	2.8	1.6	75.0	0.8	0.4	100.0
延 庆 县	43.3	43.9	-1.4	0.4	-0.2		0.1	0.1	持平

3-39 续表2

单位：亿元

区　县	流动资产合计			在建工程		
	2011	2010	增长速度(%)	2011	2010	增长速度(%)
全　市	**7749.8**	**6772.7**	**14.4**	**65.7**	**30.8**	**113.3**
首都功能核心区	**1413.3**	**1182.3**	**19.5**	**9.2**	**2.1**	**338.1**
东 城 区	664.4	548.6	21.1	6.2	1.3	376.9
西 城 区	748.9	633.7	18.2	3.0	0.8	275.0
城市功能拓展区	**4617.1**	**4179.4**	**10.5**	**33.9**	**13.3**	**154.9**
朝 阳 区	967.4	897.7	7.8	4.6	3.0	53.3
丰 台 区	1172.2	977.7	19.9	3.4	1.6	112.5
石景山区	433.5	364.8	18.8	1.5	1.7	-11.8
海 淀 区	2044.0	1939.2	5.4	24.4	7.0	248.6
城市发展新区	**1422.4**	**1185.2**	**20.0**	**20.0**	**12.8**	**56.3**
房 山 区	303.7	273.7	11.0	7.5	1.4	435.7
通 州 区	360.9	261.3	38.1	3.0	3.6	-16.7
顺 义 区	193.9	177.2	9.4	5.0	4.1	22.0
昌 平 区	205.8	183.2	12.3	1.8	1.1	63.6
大 兴 区	165.1	145.8	13.2	2.5	2.0	25.0
北京经济技术开发区	193.0	144.0	34.0	0.2	0.6	-66.7
生态涵养发展区	**297.0**	**225.8**	**31.5**	**2.6**	**2.6**	**持平**
门头沟区	40.7	34.5	18.0	0.1	0.1	持平
怀 柔 区	67.2	53.7	25.1	0.1	0.1	持平
平 谷 区	91.6	53.0	72.8	1.6	1.0	60.0
密 云 县	59.1	47.0	25.7	0.6	1.3	-53.8
延 庆 县	38.4	37.6	2.1	0.2	0.1	100.0

3-39　续表3

单位：亿元

区　县	资产总计			负债合计			所有者权益合计		
	2011	2010	增长速度(%)	2011	2010	增长速度(%)	2011	2010	增长速度(%)
全　市	**12014.4**	**9962.0**	**20.6**	**7904.7**	**6280.0**	**25.9**	**4109.7**	**3682.0**	**11.6**
首都功能核心区	**1835.9**	**1543.0**	**19.0**	**1337.7**	**1109.2**	**20.6**	**498.1**	**433.8**	**14.8**
东城区	829.9	667.2	24.4	598.0	486.4	22.9	231.8	180.7	28.3
西城区	1006.0	875.8	14.9	739.7	622.8	18.8	266.3	253.1	5.2
城市功能拓展区	**8128.4**	**6736.6**	**20.7**	**5040.0**	**3933.0**	**28.1**	**3088.5**	**2803.6**	**10.2**
朝阳区	1224.5	1062.0	15.3	997.4	849.9	17.4	227.1	212.2	7.0
丰台区	2361.4	1964.0	20.2	1426.1	1103.6	29.2	935.3	860.4	8.7
石景山区	484.9	411.5	17.8	402.8	346.0	16.4	82.2	65.5	25.5
海淀区	4057.6	3299.1	23.0	2213.7	1633.5	35.5	1843.9	1665.5	10.7
城市发展新区	**1710.5**	**1415.9**	**20.8**	**1278.1**	**1047.7**	**22.0**	**432.4**	**368.2**	**17.4**
房山区	363.5	312.1	16.5	251.3	218.0	15.3	112.2	94.1	19.2
通州区	422.3	316.6	33.4	340.0	255.4	33.1	82.4	61.2	34.6
顺义区	237.4	218.2	8.8	180.2	158.6	13.6	57.2	59.6	-4.0
昌平区	241.8	209.6	15.4	181.8	146.0	24.5	59.9	63.6	-5.8
大兴区	197.1	172.8	14.1	126.6	117.9	7.4	70.5	54.9	28.4
北京经济技术开发区	248.4	186.6	33.1	198.2	151.8	30.6	50.2	34.8	44.3
生态涵养发展区	**339.6**	**266.5**	**27.4**	**248.9**	**190.1**	**30.9**	**90.7**	**76.4**	**18.7**
门头沟区	45.2	39.6	14.1	36.7	32.2	14.0	8.5	7.3	16.4
怀柔区	78.8	64.6	22.0	60.9	47.9	27.1	17.9	16.7	7.2
平谷区	103.8	65.1	59.4	72.5	39.6	83.1	31.3	25.6	22.3
密云县	69.0	55.1	25.2	48.1	39.7	21.2	20.9	15.5	34.8
延庆县	42.8	42.1	1.7	30.7	30.7	持平	12.1	11.3	7.1

3-40 民用汽车(2011年)

单位：辆

区　县	民用汽车拥有量	#私人汽车
全　市	**4732124**	**3897072**
首都功能核心区	**759668**	**581495**
东 城 区	337861	245400
西 城 区	421807	336095
城市功能拓展区	**2383595**	**2040551**
朝 阳 区	885978	745917
丰 台 区	582413	517918
石景山区	132640	110780
海 淀 区	782564	665936
城市发展新区	**1247139**	**1019444**
房 山 区	192226	158661
通 州 区	235186	184939
顺 义 区	191372	155783
昌 平 区	327812	285068
大 兴 区	300543	234993
生态涵养发展区	**341722**	**255582**
门头沟区	60697	41895
怀 柔 区	81888	56390
平 谷 区	76681	56587
密 云 县	72945	60979
延 庆 县	49511	39731

资料来源：北京市公安局公安交通管理局。

3-41 备案停车场情况(2011年)

单位：个

区　县	备案停车场个数	备案停车场车位总数
全　市	**5787**	**1471427**
首都功能核心区		
东 城 区	482	83526
西 城 区	722	117146
城市功能拓展区		
朝 阳 区	1798	515167
丰 台 区	451	141201
石景山区	169	40180
海 淀 区	1157	293888
城市发展新区		
房 山 区	105	30887
通 州 区	188	45555
顺 义 区	62	10964
昌 平 区	206	92101
大 兴 区	203	40999
北京经济技术开发区	60	23973
生态涵养发展区		
门头沟区	30	5538
怀 柔 区	30	8833
平 谷 区	35	6409
密 云 县	51	7328
延 庆 县	26	5021
西 客 站	12	2711

资料来源：北京市交通委员会。

3-42 限额以上批发和零售业基本情况(2011年)

单位：亿元

区 县	单位个数（个）	年末从业人员（人）	商品购进总额（亿元）	商品销售总额（亿元）		
					批发额	零售额
全 市	**8690**	**689597**	**41826.8**	**45214.3**	**39735.2**	**5479.1**
首都功能核心区	**1448**	**158591**	**10309.5**	**10842.6**	**9638.1**	**1204.6**
东 城 区	667	81672	4828.0	5153.2	4523.4	629.9
西 城 区	781	76919	5481.5	5689.4	5114.7	574.7
城市功能拓展区	**5518**	**423555**	**26882.3**	**29352.0**	**26010.1**	**3341.8**
朝 阳 区	2527	227566	11493.4	13506.3	11827.8	1678.6
丰 台 区	584	54666	2280.3	2365.7	1887.9	477.8
石景山区	193	25446	940.8	992.1	760.4	231.7
海 淀 区	2214	115877	12167.7	12487.8	11534.1	953.7
城市发展新区	**1346**	**91524**	**4139.9**	**4493.9**	**3637.0**	**856.9**
房 山 区	334	11053	921.0	946.4	847.7	98.7
通 州 区	168	18251	564.0	612.6	471.2	141.4
顺 义 区	193	19014	633.3	674.5	529.4	145.1
昌 平 区	244	11361	391.1	412.5	293.8	118.7
大 兴 区	274	14778	523.1	539.8	439.3	100.5
北京经济技术开发区	133	17067	1107.4	1308.1	1055.5	252.6
生态涵养发展区	**378**	**15927**	**495.1**	**525.8**	**450.0**	**75.8**
门头沟区	127	3910	129.1	135.0	120.6	14.4
怀 柔 区	68	3601	93.9	100.8	82.9	17.9
平 谷 区	61	1996	122.0	129.4	110.0	19.3
密 云 县	84	4163	127.7	136.2	119.5	16.6
延 庆 县	38	2257	22.4	24.4	16.9	7.5

注：统计范围为年主营业务收入2000万元及以上的批发业单位和年主营业务收入500万元及以上的零售业单位。

3-43 限额以上住宿和餐饮业基本情况(2011年)

区　县	单位个数（个）	年末从业人员（人）	营业额（亿元）	#客房收入	#餐饮收入
全　市	**3379**	**390657**	**834.6**	**175.8**	**570.0**
首都功能核心区	**864**	**125045**	**307.5**	**58.6**	**224.8**
东 城 区	414	75601	201.4	35.7	150.4
西 城 区	450	49444	106.0	23.0	74.5
城市功能拓展区	**1926**	**199003**	**422.9**	**95.5**	**280.7**
朝 阳 区	896	93259	217.8	46.2	146.6
丰 台 区	246	21581	37.1	8.6	24.1
石景山区	48	5103	6.7	1.8	3.9
海 淀 区	736	79060	161.4	39.0	106.1
城市发展新区	**394**	**49402**	**81.2**	**15.9**	**51.6**
房 山 区	61	5175	7.1	1.3	4.4
通 州 区	52	3944	5.0	0.9	3.7
顺 义 区	80	14453	25.1	5.1	15.9
昌 平 区	114	13265	24.3	6.1	11.6
大 兴 区	65	10346	16.3	1.3	14.1
北京经济技术开发区	22	2219	3.5	1.3	2.0
生态涵养发展区	**195**	**17207**	**22.9**	**5.8**	**12.9**
门头沟区	38	2658	4.1	0.7	2.9
怀 柔 区	63	4697	6.2	2.1	3.0
平 谷 区	28	2937	3.8	0.6	2.3
密 云 县	35	4368	5.8	1.8	2.6
延 庆 县	31	2547	3.1	0.6	2.0

注：统计范围为年主营业务收入200万元及以上的餐饮业单位，星级饭店和星级饭店以外年主营业务收入200万元及以上的住宿业单位。

3-44 社会消费品零售额

单位：亿元

区 县	社会消费品零售额		增长速度 (%)
	2011	2010	
全 市	**6900.3**	**6229.3**	**10.8***
首都功能核心区	**1380.2**	**1197.9**	**17.3**
东 城 区	691.3	645.0	18.5
西 城 区	688.9	552.9	16.1
城市功能拓展区	**3935.6**	**3861.3**	**7.4**
朝 阳 区	1651.9	1737.5	8.0
丰 台 区	738.5	722.0	0.1
石景山区	162.1	217.6	16.9
海 淀 区	1383.1	1184.2	10.0
城市发展新区	**1241.1**	**940.0**	**13.8**
房 山 区	156.7	119.8	16.5
通 州 区	208.0	187.7	16.0
顺 义 区	217.3	180.5	17.1
昌 平 区	250.0	168.3	1.7
大 兴 区	173.3	133.7	17.0
北京经济技术开发区	235.8	150.0	19.7
生态涵养发展区	**343.5**	**230.1**	**15.6**
门头沟区	38.0	25.4	16.7
怀 柔 区	79.2	56.2	16.8
平 谷 区	58.1	38.2	17.0
密 云 县	94.1	64.3	13.7
延 庆 县	74.1	46.0	15.4

注：“*”号表示，2011年数据是按产业在地原则核算，2010年数据是按法人在地原则核算，增长速度为可比口径计算，区县增速也按此口径进行了调整。

3-45 对外经济基本情况

单位：万美元

区 县	地区进出口总额			实际利用外商直接投资额	
		进口额	出口额	2011	2010
全 市	**38958314**	**33058544**	**5899770**	**705447**	**636358**
首都功能核心区	**11996212**	**10351149**	**1645063**	**109453**	**115126**
东 城 区	1598123	1223320	374803	55256	53592
西 城 区	10398089	9127828	1270261	54197	61534
城市功能拓展区	**23305245**	**20102349**	**3202897**	**421030**	**395982**
朝 阳 区	17172246	15315204	1857042	264703	240298
丰 台 区	1171394	976371	195023	7304	12758
石景山区	76178	23507	52671	6767	6583
海 淀 区	4885427	3787267	1098160	142256	136343
城市发展新区	**3350568**	**2420563**	**930005**	**140409**	**107725**
房 山 区	67882	31055	36826	4903	7455
通 州 区	243641	102292	141349	9017	9042
顺 义 区	977104	831450	145654	40491	40014
昌 平 区	217121	105435	111687	9092	8894
大 兴 区	1844819	1350330	494489	13088	11554
北京经济技术开发区				63818	30766
生态涵养发展区	**293707**	**174978**	**118729**	**34555**	**17525**
门头沟区	31714	18325	13389	4204	200
怀 柔 区	68816	39241	29576	5939	6575
平 谷 区	83676	65190	18487	6023	5363
密 云 县	76826	49831	26996	4455	4552
延 庆 县	32673	2391	30282	13934	835
其 他	**12582**	**9506**	**3075**		

注：1. 进出口指标其他项是指“外商常驻机构、外国驻华使领馆、国际组织和外籍专家”等进出口单位。
2. 实际利用外商直接投资额大兴区中不包含北京经济技术开发区数据。

资料来源：中华人民共和国北京海关、北京市商务委员会。

3-46 旅游及星级饭店基本情况

区 县	入境旅游者人数（万人次）		#外国人		星级饭店个数（个）		出租率（%）	
	2011	2010	2011	2010	2011	2010	2011	2010
全 市	**520.40**	**490.07**	**447.40**	**421.60**	**598**	**729**	**60.0**	**56.0**
首都功能核心区	**165.87**	**157.15**	**143.90**	**137.02**	**151**	**181**	**66.3**	**63.1**
东 城 区	126.87	111.85	110.72	97.77	72	83	66.5	63.9
西 城 区	39.00	45.30	33.13	39.25	79	98	66.0	62.3
城市功能拓展区	**304.84**	**279.81**	**259.70**	**237.04**	**245**	**296**	**66.4**	**61.6**
朝 阳 区	229.37	213.95	200.95	186.61	113	142	67.0	62.4
丰 台 区	9.76	8.06	8.37	6.80	38	43	61.5	58.2
石景山区	8.41	4.72	7.30	3.48	6	8	54.3	51.9
海 淀 区	57.30	53.08	43.09	40.15	88	103	67.5	61.8
城市发展新区	**47.90**	**51.43**	**42.80**	**46.22**	**116**	**132**	**43.2**	**43.0**
房 山 区	0.05	0.04	0.05	0.04	35	39	25.1	22.0
通 州 区	3.88	4.35	3.81	4.30	7	14	38.4	37.6
顺 义 区	22.85	20.00	21.40	18.86	19	21	57.1	57.0
昌 平 区	4.69	6.84	3.45	5.23	44	44	44.0	42.8
大 兴 区	16.43	20.19	14.07	17.78	11	14	50.2	54.5
生态涵养发展区	**1.79**	**1.67**	**1.10**	**1.35**	**86**	**120**	**36.3**	**31.9**
门头沟区	0.11	0.03	0.06	0.03	15	17	34.6	26.9
怀 柔 区	0.19	0.12	0.10	0.05	27	45	38.2	33.2
平 谷 区	0.21	0.26	0.20	0.26	10	14	44.7	43.0
密 云 县	0.45	0.50	0.25	0.30	18	28	36.3	31.6
延 庆 县	0.83	0.76	0.45	0.72	16	16	29.4	28.1

注：2011年北京市旅游发展委员会对全市星级饭店进行重新评级，对未达标饭店取消星级。

3-46 续表1

区 县	营业收入(万元)		利润总额(万元)		从业人员平均人数(人)		应付工资总额(万元)	
	2011	2010	2011	2010	2011	2010	2011	2010
全　市	**2853357.6**	**2607769.3**	**162374.0**	**79463.8**	**128609**	**130050**	**672427.7**	**480325.1**
首都功能核心区	**943206.5**	**800083.3**	**70657.3**	**27685.6**	**40085**	**35232**	**225138.1**	**145830.3**
东 城 区	576886.0	471112.7	50158.8	19227.9	20883	18804	133549.8	80567.1
西 城 区	366320.5	328970.6	20498.5	8457.7	19202	16428	91588.3	65263.2
城市功能拓展区	**1436093.3**	**1383884.9**	**114399.5**	**89397.5**	**58108**	**62811**	**339873.8**	**256226.9**
朝 阳 区	839574.9	854455.3	74434.9	68103.7	29724	33755	193608.0	153337.5
丰 台 区	91533.8	73263.1	-1326.6	-3428.2	5410	5256	20154.4	15131.1
石景山区	15016.6	12615.6	-562.1	-792.6	877	1000	4288.7	2625.7
海 淀 区	489968.0	443550.9	41853.3	25514.6	22097	22800	121822.7	85132.6
城市发展新区	**362188.3**	**319953.1**	**-9767.5**	**-21748.1**	**21222**	**21662**	**77964.7**	**57161.8**
房 山 区	36346.8	27493.4	-2352.0	-3478.6	2854	2656	7420.9	5907.0
通 州 区	21907.5	17907.2	-1107.8	-2661.5	1526	1678	6036.8	4268.7
顺 义 区	64473.6	61242.5	-2447.8	-4927.6	4196	4462	12540.3	10164.9
昌 平 区	198155.8	173391.4	-4573.6	-11345.8	10210	10419	41732.7	29144.3
大 兴 区	41304.6	39918.6	713.7	665.4	2436	2447	10234.0	7676.9
生态涵养发展区	**111869.5**	**103848.0**	**-12915.3**	**-15871.2**	**9194**	**10345**	**29451.1**	**21106.1**
门头沟区	19221.3	18933.1	-1793.0	-3072.5	914	1732	2749.4	2629.8
怀 柔 区	20860.1	21502.4	-3294.4	-1943.4	1720	1938	5425.1	3938.5
平 谷 区	17323.7	16208.8	-1983.3	-2342.5	1749	1678	5975.1	3868.1
密 云 县	33796.3	28595.0	-4399.9	-4404.5	2935	2830	8835.9	6059.7
延 庆 县	20668.1	18608.7	-1444.7	-4108.3	1876	2167	6465.6	4610.0

注：2011年应付工资总额数据来自财务表中应付职工薪酬指标。

3-47 银行、保险系统机构人员情况(2011年)

单位：个、人

区 县	合计		总行、总公司		分行、分公司		支行、支公司	
	机构	从业人员	机构	从业人员	机构	从业人员	机构	从业人员
全 市	**3482**	**248422**	**76**	**72655**	**145**	**42821**	**1659**	**87879**
首都功能核心区	**698**	**121119**	**40**	**51342**	**72**	**29920**	**383**	**25077**
东 城 区	277	33153	8	5251	19	9727	174	9195
西 城 区	421	87966	32	46091	53	20193	209	15882
城市功能拓展区	**1676**	**89527**	**28**	**19017**	**73**	**12901**	**868**	**41852**
朝 阳 区	745	39319	21	8095	58	9962	391	15267
丰 台 区	241	6762			1	135	112	4636
石景山区	74	2811					30	1805
海 淀 区	616	40635	7	10922	14	2804	335	20144
城市发展新区	**740**	**27643**	**5**	**2203**			**291**	**14823**
房 山 区	134	4507					43	1991
通 州 区	143	8475	1	1972			50	3055
顺 义 区	153	5027	1	122			74	3578
昌 平 区	165	5015	1	45			62	3234
大 兴 区	145	4619	2	64			62	2965
生态涵养发展区	**368**	**10133**	**3**	**93**			**117**	**6127**
门头沟区	41	1046					16	851
怀 柔 区	92	2303	1	34			27	1434
平 谷 区	88	2547					27	1222
密 云 县	90	2705	1	38			29	1704
延 庆 县	57	1532	1	21			18	916

3-47 续表1

单位：个、人

区 县	分理处		储蓄所		其他	
	机构	从业人员	机构	从业人员	机构	从业人员
全 市	**860**	**7547**	**507**	**3655**	**235**	**33865**
首都功能核心区	**72**	**1059**	**91**	**653**	**40**	**13068**
东 城 区	28	429	30	251	18	8300
西 城 区	44	630	61	402	22	4768
城市功能拓展区	**372**	**3643**	**266**	**1987**	**69**	**10127**
朝 阳 区	148	1618	94	671	33	3706
丰 台 区	67	523	51	535	10	933
石景山区	17	162	19	114	8	730
海 淀 区	140	1340	102	667	18	4758
城市发展新区	**250**	**1944**	**100**	**745**	**94**	**7928**
房 山 区	50	405	20	170	21	1941
通 州 区	56	464	18	118	18	2866
顺 义 区	41	348	18	119	19	860
昌 平 区	55	388	24	168	23	1180
大 兴 区	48	339	20	170	13	1081
生态涵养发展区	**166**	**901**	**50**	**270**	**32**	**2742**
门头沟区	15	81	9	53	1	61
怀 柔 区	49	253	11	41	4	541
平 谷 区	37	186	11	65	13	1074
密 云 县	39	227	11	75	10	661
延 庆 县	26	154	8	36	4	405

注：其他是指保险公司及其营销机构。

3-48 北京市中资银行人民币存贷款余额(2011年)

单位：万元

区 县	各项存款	单位存款	个人存款	#储蓄存款	其他存款
全 市	**698838733**	**441549093**	**205698570**	**189162355**	**51591070**
首都功能核心区	**317419123**	**210088831**	**65017760**	**50369781**	**42312532**
东 城 区	88837833	60953099	22538436	22237218	5346298
西 城 区	228581291	149135732	42479324	28132564	36966235
城市功能拓展区	**305512619**	**194504382**	**101859764**	**100279126**	**9148472**
朝 阳 区	112873416	69282109	38894013	38239092	4697293
丰 台 区	39765676	20620367	18465279	18321353	680030
石景山区	10328551	5954437	4308703	4277340	65411
海 淀 区	142544976	98647469	40191769	39441340	3705738
城市发展新区	**61232080**	**30215384**	**30915083**	**30631866**	**101612**
房 山 区	8787722	4074302	4712364	4671269	1056
通 州 区	12228338	5641673	6550732	6509164	35933
顺 义 区	12621343	7290900	5318396	5213474	12046
昌 平 区	12057643	5014673	7031722	6967314	11247
大 兴 区	15537035	8193836	7301870	7270645	41329
生态涵养发展区	**14674911**	**6740496**	**7905962**	**7881582**	**28453**
门头沟区	3268924	1635797	1622485	1618129	10642
怀 柔 区	3514351	1737000	1765504	1763072	11847
平 谷 区	2939164	1337082	1598027	1590090	4056
密 云 县	3098787	1257985	1840221	1830566	581
延 庆 县	1853685	772632	1079725	1079725	1328

注：本表统计范围包括人民银行、邮政储蓄银行、政策性银行、国有商业银行、股份制商业银行(含农村商业银行)、北京城市商业银行。

资料来源：中国人民银行营业管理部。

3-48 续表1

单位：万元

区　县	各项贷款	境内贷款	短期贷款	#个人消费贷款	#中长期贷款	#个人消费贷款	其他贷款	境外贷款
全　市	**317912891**	**317653969**	**91136514**	**706091**	**219611529**	**39036302**	**6905926**	**258922**
首都功能核心区	**172556107**	**172459440**	**49510507**	**447265**	**117502397**	**13414589**	**5446536**	**96667**
东 城 区	37793247	37748080	12683108	78503	24660402	5732280	404569	45167
西 城 区	134762860	134711360	36827399	368762	92841995	7682310	5041967	51500
城市功能拓展区	**118587864**	**118447937**	**36032117**	**235069**	**81554213**	**20689573**	**861608**	**139927**
朝 阳 区	53278025	53192369	13494615	96978	39256950	9795702	440804	85655
丰 台 区	17730311	17720561	4739284	26428	12908225	2721604	73052	9750
石景山区	3764358	3761109	1260578	1470	2463524	477580	37007	3249
海 淀 区	43815170	43773898	16537639	110194	26925514	7694688	310745	41272
城市发展新区	**22658158**	**22637762**	**4538441**	**15010**	**17634323**	**4042096**	**464998**	**20395**
房 山 区	2140034	2139813	388756	3552	1749465	470913	1592	222
通 州 区	3634433	3633561	549398	3573	3014254	834901	69909	872
顺 义 区	5895106	5884465	1990265	501	3604354	799527	289846	10641
昌 平 区	3208252	3203739	500140	5313	2690974	954971	12625	4512
大 兴 区	7780333	7776184	1109882	2071	6575276	981784	91026	4149
生态涵养发展区	**4110762**	**4108829**	**1055449**	**8747**	**2920596**	**890044**	**132784**	**1933**
门头沟区	654257	654207	89385	260	556613	102990	8208	51
怀 柔 区	904422	904239	281358	4996	562593	167019	60289	183
平 谷 区	1024289	1022708	238255	2454	759024	236469	25428	1581
密 云 县	1111503	1111385	328780	678	749389	267013	33217	119
延 庆 县	416290	416290	117672	360	292977	116553	5642	

3–49 限额以上第三产业基本情况(2011年)

区　县	从业人员平均人数（万人）	收入合计（亿元）	资产总计（亿元）	企业利润总额（亿元）
全　市	**509.9**	**79246.0**	**909953.5**	**11413.1**
首都功能核心区	**128.7**	**25673.3**	**712407.7**	**7451.9**
东 城 区	56.5	12004.3	88948.1	3711.3
西 城 区	72.1	13669.0	623459.6	3740.7
城市功能拓展区	**296.5**	**44740.7**	**179028.0**	**3467.7**
朝 阳 区	107.6	19031.5	67466.4	2620.3
丰 台 区	51.0	4090.6	9724.3	85.1
石景山区	10.7	1254.6	1948.9	62.1
海 淀 区	127.3	20364.1	99888.4	700.2
城市发展新区	**67.4**	**7766.1**	**16347.2**	**483.3**
房 山 区	8.3	1101.9	1603.2	8.0
通 州 区	8.1	850.0	2587.5	36.0
顺 义 区	20.9	2464.0	5541.3	209.4
昌 平 区	13.3	1010.0	2645.7	50.2
大 兴 区	10.4	836.2	2002.4	37.4
北京经济技术开发区	6.4	1503.9	1967.1	142.3
生态涵养发展区	**17.3**	**1065.9**	**2170.6**	**10.1**
门头沟区	2.8	266.5	388.1	3.0
怀 柔 区	3.6	192.2	360.5	-1.6
平 谷 区	3.8	228.3	573.5	4.0
密 云 县	4.5	269.0	591.2	1.4
延 庆 县	2.5	109.9	257.2	3.4

3-50 规模以上文化创意产业情况

区县	从业人员平均人数(人)		收入合计(万元)		利润总额(万元)		应缴税金(万元)	
	2011	2010	2011	2010	2011	2010	2011	2010
全　市	**954929**	**851165**	**81085780**	**68583996**	**6661563**	**5246595**	**4063506**	**3335693**
首都功能核心区	**168214**	**156226**	**17251163**	**14094841**	**1392473**	**1138488**	**752828**	**664202**
东城区	80977	71818	10484460	8990651	707544	643649	486060	422813
西城区	87237	84408	6766704	5104190	684928	494839	266768	241388
城市功能拓展区	**685278**	**590029**	**57612236**	**48912741**	**4928890**	**3868984**	**3047421**	**2479104**
朝阳区	194782	167991	19558588	16255134	956190	635547	760760	616379
丰台区	32327	29378	2612588	2570067	249069	265104	147035	139881
石景山区	23051	18506	2052185	1659766	295101	256055	107449	82429
海淀区	435118	374154	33388875	28427774	3428530	2712279	2032176	1640415
城市发展新区	**86781**	**89372**	**5659798**	**5101825**	**313519**	**237094**	**237941**	**175482**
房山区	8560	4021	1567637	1313666	9516	14862	30066	4001
通州区	16974	17570	926174	780199	24054	23265	29663	24616
顺义区	12114	18053	762270	962095	78845	17317	42951	33035
昌平区	19706	20492	893385	733666	102041	71256	54421	45765
大兴区	10971	11854	444469	392784	17719	9420	18675	15102
北京经济技术开发区	18456	17382	1065863	919414	81344	100974	62164	52964
生态涵养发展区	**14656**	**15538**	**562582**	**474589**	**26682**	**2029**	**25318**	**16905**
门头沟区	1117	880	79530	42910	1680	3991	2455	2494
怀柔区	4358	3785	132569	98232	-1290	-10535	5122	3124
平谷区	2479	2829	94863	76715	10802	3977	6286	3807
密云县	3506	4252	138541	153137	11255	5084	7071	4621
延庆县	3196	3792	117079	103595	4235	-489	4382	2859

注：规模以上文化创意产业统计范围是指年主营业务收入500万元及以上的文化创意产业法人单位。其中，批发企业和工业企业年主营业务收入在2000万元及以上。

3-51 城镇居民收支情况

单位：元

区 县	人均可支配收入			人均消费支出			#食品		
	2011	2010	增长速度(%)	2011	2010	增长速度(%)	2011	2010	增长速度(%)
全 市	**32903**	**29073**	**13.2**	**21984**	**19934**	**10.3**	**6905**	**6393**	**8.0**
首都功能核心区	**35280**	**31231**	**13.0**	**24244**	**22243**	**9.0**	**7566**	**7301**	**3.6**
东 城 区	34626	30684	12.8	23813	22196	7.3	7768	7529	3.2
西 城 区	35740	31633	13.0	24547	22277	10.2	7424	7134	4.1
城市功能拓展区	**34495**	**30509**	**13.1**	**23393**	**21017**	**11.3**	**7212**	**6611**	**9.1**
朝 阳 区	34044	30134	13.0	24799	22406	10.7	7692	7023	9.5
丰 台 区	30682	27081	13.3	20548	18207	12.9	6868	6255	9.8
石景山区	31936	28051	13.8	21343	18903	12.9	6657	6218	7.1
海 淀 区	37746	33351	13.2	24000	21597	11.1	7016	6462	8.6
城市发展新区	**27651**	**24352**	**13.5**	**17432**	**15915**	**9.5**	**5876**	**5335**	**10.1**
房 山 区	26956	23769	13.4	16540	15870	4.2	5636	5099	10.5
通 州 区	27713	24427	13.5	17779	16046	10.8	6425	5536	16.1
顺 义 区	28163	24825	13.4	16431	14257	15.2	5578	5112	9.1
昌 平 区	27669	24428	13.3	18489	17123	8.0	5891	5516	6.8
大 兴 区	27786	24368	14.0	17678	15805	11.9	5863	5363	9.3
生态涵养发展区	**27355**	**23994**	**14.0**	**16921**	**15711**	**7.7**	**5488**	**5136**	**6.9**
门头沟区	29172	25313	15.2	18578	17617	5.5	6248	5763	8.4
怀 柔 区	26647	23428	13.7	16258	15137	7.4	5279	4808	9.8
平 谷 区	26842	23606	13.7	16790	14895	12.7	5333	5130	4.0
密 云 县	26652	23438	13.7	15971	15628	2.2	4872	4731	3.0
延 庆 县	26080	23329	11.8	14756	13467	9.6	4962	4431	12.0

注：城镇居民抽样调查样本量5000户，覆盖16个区县。

3-52 城镇居民家庭每百户耐用消费品拥有量(2011年)

区　县	组合音响(套)	家用汽车(辆)	摄像机(架)	彩色电视机(台)	钢琴(架)	其他中高档乐器(件)	照相机(架)
全　市	**23**	**38**	**21**	**138**	**4**	**6**	**85**
首都功能核心区	**25**	**31**	**28**	**145**	**6**	**6**	**91**
东城区	22	26	25	147	5	5	96
西城区	27	35	30	144	6	6	88
城市功能拓展区	**25**	**39**	**23**	**142**	**5**	**7**	**94**
朝阳区	30	40	27	148	5	8	101
丰台区	18	33	17	137	2	5	78
石景山区	16	34	19	142	5	6	81
海淀区	26	44	24	139	7	7	97
城市发展新区	**19**	**38**	**15**	**125**	**2**	**5**	**64**
房山区	21	33	14	129	1	5	57
通州区	12	30	14	120	2	7	67
顺义区	21	39	16	120	1	3	56
昌平区	20	40	15	133	3	4	73
大兴区	19	51	17	120	3	5	65
生态涵养发展区	**16**	**36**	**8**	**119**	**1**	**5**	**45**
门头沟区	11	27	8	123	1	3	42
怀柔区	19	46	10	122	3	6	38
平谷区	18	38	4	113	1	3	55
密云县	19	36	12	121	2	10	45
延庆县	10	27	4	116	1	6	48

3-52 续表1

区　县	空调器（台）	健身器材（套）	计算机（台）	移动电话（部）	电冰箱（台）	洗衣机（台）
全　市	**171**	**6**	**104**	**215**	**103**	**100**
首都功能核心区	**170**	**5**	**112**	**227**	**103**	**101**
东城区	173	5	110	220	104	101
西城区	168	5	114	233	103	101
城市功能拓展区	**178**	**8**	**108**	**213**	**102**	**100**
朝阳区	189	8	119	226	101	101
丰台区	170	6	96	206	104	102
石景山区	167	7	101	211	103	97
海淀区	172	9	105	204	103	99
城市发展新区	**163**	**4**	**87**	**207**	**104**	**99**
房山区	142	4	83	199	108	99
通州区	169	2	87	192	103	99
顺义区	162	5	77	208	105	98
昌平区	174	5	97	215	102	101
大兴区	170	5	89	220	101	96
生态涵养发展区	**140**	**4**	**85**	**221**	**102**	**95**
门头沟区	131	4	79	191	101	94
怀柔区	161	4	91	238	100	96
平谷区	136	5	89	229	106	97
密云县	166	3	79	242	102	94
延庆县	45	3	76	212	100	93

3-53 农村居民家庭基本情况

区 县	人均纯收入(元)			人均生活消费支出(元)			#食品(元)			人均住房面积(平方米)	
	2011	2010	增长速度(%)	2011	2010	增长速度(%)	2011	2010	增长速度(%)	2011	2010
全 市	**14736**	**13262**	**13.6***	**11078**	**10109**	**9.6**	**3593**	**3121**	**15.1**	**48.63**	**40.62**
城市功能拓展区	**18954**	**16973**	**13.8**	**15773**	**14150**	**11.5**	**5057**	**4382**	**15.4**	**61.5**	**45.2**
朝阳区	19839	18331	13.6	16888	15224	10.9	5242	4281	22.4	72.9	48.9
丰台区	16554	14544	14.2	13414	12089	11.0	4600	4388	4.8	42.9	38.0
海淀区	20015	17661	13.7	16498	14891	10.8	5238	4577	14.4	63.9	47.9
城市发展新区	**13852**	**12574**	**13.4**	**10249**	**9703**	**5.6**	**3343**	**2936**	**13.9**	**50.0**	**43.2**
房山区	13527	12492	13.5	9814	8915	10.1	3059	2655	15.2	44.7	42.8
通州区	14273	12613	13.8	10253	9840	4.2	3755	2958	26.9	48.9	47.5
顺义区	14314	12898	14.5	9926	8639	14.9	3187	3029	5.2	43.8	46.0
昌平区	13441	12548	13.3	11160	11379	-1.9	3600	3180	13.2	57.6	43.9
大兴区	13723	12335	14.2	10230	9806	4.3	3219	2891	11.3	55.7	36.2
生态涵养发展区	**13182**	**12024**	**13.7**	**9119**	**8251**	**10.5**	**2971**	**2627**	**13.1**	**37.9**	**33.9**
门头沟区	14031	12672	15.6	9598	8632	11.2	3518	2939	19.7	37.8	29.0
怀柔区	12991	12256	13.3	9483	9106	4.1	2738	2939	-6.8	42.3	32.0
平谷区	13387	12036	14.1	9555	8348	14.5	2897	2294	26.3	41.4	39.1
密云县	12924	11858	13.9	8970	8860	1.2	2990	2817	6.1	34.5	36.7
延庆县	12761	11531	11.0	8135	6754	20.4	2859	2316	23.4	33.3	32.2

注："*"号表示，2011年农村居民人均纯收入及其分组数据按国家统计局方案进行了口径调整，2011年增长速度为同口径增速，区县增速也按此口径进行了调整。

3-54 农村居民家庭每百户耐用消费品拥有量(2011年)

区 县	空调器（台）	洗衣机（台）	电冰箱（台）	汽车（辆）	彩色电视机（台）	微波炉（台）
全 市	**108**	**99**	**104**	**19**	**134**	**55**
城市功能拓展区	**167**	**112**	**118**	**29**	**150**	**82**
朝阳区	178	101	112	24	147	78
丰台区	134	139	144	34	161	93
海淀区	182	102	104	31	143	78
城市发展新区	**114**	**96**	**101**	**20**	**133**	**51**
房山区	99	96	102	19	130	39
通州区	117	98	101	11	129	53
顺义区	101	95	100	16	123	49
昌平区	132	91	101	24	140	68
大兴区	122	98	102	29	144	49
生态涵养发展区	**61**	**96**	**98**	**13**	**126**	**43**
门头沟区	50	93	100	15	117	53
怀柔区	67	95	97	8	126	42
平谷区	85	99	100	18	128	34
密云县	87	98	99	10	141	52
延庆县	16	94	93	12	118	38

3-54 续表1

区县	照相机（架）	影碟机（台）	抽油烟机（台）	热水器（台）	移动电话（部）	家用电脑（台）
全市	**37**	**25**	**69**	**90**	**231**	**63**
城市功能拓展区	**71**	**38**	**95**	**100**	**238**	**95**
朝阳区	62	41	92	96	229	97
丰台区	85	27	98	91	254	102
海淀区	71	42	95	114	238	87
城市发展新区	**35**	**23**	**64**	**89**	**228**	**63**
房山区	32	29	49	68	229	49
通州区	33	14	77	99	202	69
顺义区	25	14	55	103	219	58
昌平区	43	28	81	98	230	66
大兴区	43	29	60	81	258	77
生态涵养发展区	**17**	**19**	**59**	**83**	**231**	**41**
门头沟区	19	18	55	71	225	54
怀柔区	10	19	61	84	224	36
平谷区	24	26	58	101	253	47
密云县	17	23	69	103	220	40
延庆县	15	10	53	56	231	35

3-55 普通中学学校基本情况

单位：人

区　县	普通中学校数(所)		普通中学招生数		普通中学毕业生数	
	2011	2010	2011	2010	2011	2010
全　市	**632**	**634**	**164782**	**168009**	**155862**	**163350**
首都功能核心区	**95**	**95**	**31784**	**31636**	**31977**	**33163**
东 城 区	44	44	14240	14489	14237	15080
西 城 区	51	51	17544	17147	17740	18083
城市功能拓展区	**221**	**219**	**67196**	**66759**	**58029**	**59057**
朝 阳 区	77	74	18503	17458	14197	15126
丰 台 区	44	43	9392	10330	9173	9280
石景山区	25	25	4909	4924	4371	4301
海 淀 区	75	77	34392	34047	30288	30350
城市发展新区	**213**	**215**	**45098**	**47124**	**42432**	**45728**
房 山 区	48	49	9322	9923	9137	9864
通 州 区	40	43	9706	10158	8860	9715
顺 义 区	41	42	9719	10364	9359	11150
昌 平 区	43	43	7577	7162	6897	6423
大 兴 区	41	38	8774	9517	8179	8576
生态涵养发展区	**103**	**105**	**20704**	**22490**	**23424**	**25402**
门头沟区	17	18	2398	2569	2509	2688
怀 柔 区	22	23	4094	4393	4325	4664
平 谷 区	20	20	4492	5252	5953	6507
密 云 县	22	22	5762	6238	6408	7024
延 庆 县	22	22	3958	4038	4229	4519

资料来源：北京市教育委员会。

3-55 续表1

单位：人

区　县	普通中学在校学生数		普通中学教职工人数		普通中学专任教师人数	
	2011	2010	2011	2010	2011	2010
全　市	**497341**	**508327**	**77282**	**70418**	**56039**	**49873**
首都功能核心区	**97244**	**99207**	**14332**	**14408**	**10207**	**9996**
东 城 区	43937	45573	6359	6407	4544	4436
西 城 区	53307	53634	7973	8001	5663	5560
城市功能拓展区	**196345**	**194968**	**27712**	**23097**	**20979**	**17108**
朝 阳 区	51864	50002	8414	6218	6695	4842
丰 台 区	29521	30931	5258	4432	3674	3029
石景山区	14388	14568	2370	2188	1746	1496
海 淀 区	100572	99467	11670	10259	8864	7741
城市发展新区	**137197**	**142931**	**22885**	**20759**	**17092**	**15085**
房 山 区	29625	31407	4786	4631	3425	3256
通 州 区	29385	30594	4732	4306	3479	3073
顺 义 区	29434	30392	4340	4023	3250	3017
昌 平 区	22008	21868	4284	3468	3255	2447
大 兴 区	26745	28670	4743	4331	3683	3292
生态涵养发展区	**66555**	**71221**	**12353**	**12154**	**7761**	**7684**
门头沟区	7597	8181	1351	1442	939	980
怀 柔 区	12974	13824	2589	2220	1709	1498
平 谷 区	15310	16991	3370	3393	1798	1869
密 云 县	18391	19501	2720	2815	1907	1989
延 庆 县	12283	12724	2323	2284	1408	1348

注：自2011年起，教育部实行主体校统计原则，教职工数和专任教师数均统计在本校最高层次学校内，故2011年教职工数和专任教师数与2010年教职工数和专任教师数不可比。

3-56 小学教育基本情况

单位：人

区　县	小学校数(所)		小学招生数		小学毕业生数	
	2011	2010	2011	2010	2011	2010
全　市	**1090**	**1104**	**132719**	**113728**	**101678**	**102971**
首都功能核心区	**135**	**134**	**19677**	**16193**	**15792**	**16007**
东 城 区	63	63	8601	7538	7827	7723
西 城 区	72	71	11076	8655	7965	8284
城市功能拓展区	**358**	**358**	**60462**	**51289**	**43127**	**42269**
朝 阳 区	134	133	19656	15950	11813	11568
丰 台 区	86	88	11644	11286	9115	8716
石景山区	32	32	4051	3670	3308	3435
海 淀 区	106	105	25111	20383	18891	18550
城市发展新区	**403**	**414**	**39323**	**34473**	**29211**	**30269**
房 山 区	106	110	7406	6334	6270	6569
通 州 区	81	85	10503	9197	6422	6690
顺 义 区	43	42	6808	5884	5079	5378
昌 平 区	85	85	6882	6059	5245	5040
大 兴 区	88	92	7724	6999	6195	6592
生态涵养发展区	**194**	**198**	**13257**	**11773**	**13548**	**14426**
门头沟区	35	38	1974	1880	1859	2046
怀 柔 区	26	27	2842	2503	2571	2688
平 谷 区	49	49	2837	2482	2964	3306
密 云 县	40	40	3661	3142	3625	3839
延 庆 县	44	44	1943	1766	2529	2547

资料来源：北京市教育委员会。

3-56 续表1

单位：人

区　县	小学在校学生数		小学教职工人数		小学专任教师人数	
	2011	2010	2011	2010	2011	2010
全　市	**680457**	**653255**	**54781**	**60038**	**45684**	**49480**
首都功能核心区	**99682**	**95614**	**8620**	**9202**	**7068**	**7472**
东 城 区	46461	45693	4206	4465	3370	3553
西 城 区	53221	49921	4414	4737	3698	3919
城市功能拓展区	**306334**	**289905**	**19930**	**21719**	**17934**	**19284**
朝 阳 区	91029	84137	6802	7255	6170	6570
丰 台 区	66422	64348	4555	4643	3918	4009
石景山区	21046	20667	1616	1850	1405	1611
海 淀 区	127837	120753	6957	7971	6441	7094
城市发展新区	**200062**	**192202**	**16313**	**18462**	**13477**	**14980**
房 山 区	38065	37140	3714	4145	2813	3083
通 州 区	50802	47912	3332	3764	2930	3285
顺 义 区	34037	32071	2883	3193	2269	2403
昌 平 区	36480	34992	2856	3727	2462	3130
大 兴 区	40678	40087	3528	3633	3003	3079
生态涵养发展区	**74379**	**75534**	**9918**	**10655**	**7205**	**7744**
门头沟区	11471	11891	1555	1611	1222	1286
怀 柔 区	15085	14842	1886	2264	1295	1575
平 谷 区	15599	15909	2584	2594	1811	1752
密 云 县	19643	19652	2156	2294	1528	1646
延 庆 县	12581	13240	1737	1892	1349	1485

注：自2011年起，教育部实行主体校统计原则，教职工数和专任教师数均统计在本校最高层次学校内，故2011年教职工数和专任教师数与2010年教职工数和专任教师数不可比。

3–57 幼儿教育情况

单位：人

区 县	幼儿园数(所)		在园儿童数		专任教师数	
	2011	2010	2011	2010	2011	2010
全 市	**1305**	**1245**	**311417**	**276994**	**24170**	**21677**
首都功能核心区	**114**	**114**	**28003**	**27051**	**2575**	**2394**
东 城 区	51	51	12355	11877	1187	1044
西 城 区	63	63	15648	15174	1388	1350
城市功能拓展区	**483**	**461**	**154756**	**136649**	**13254**	**11903**
朝 阳 区	177	165	53915	48324	5487	4550
丰 台 区	116	109	37040	31410	2906	2736
石景山区	38	35	11232	9879	892	828
海 淀 区	152	152	52569	47036	3969	3789
城市发展新区	**464**	**457**	**90881**	**80139**	**6269**	**5175**
房 山 区	188	183	24794	22466	1957	1816
通 州 区	77	74	14692	13514	958	800
顺 义 区	60	55	14247	12545	956	887
昌 平 区	85	83	17285	16069	1313	1245
大 兴 区	54	62	19863	15545	1085	427
生态涵养发展区	**244**	**213**	**37777**	**33155**	**2072**	**2205**
门头沟区	16	16	5066	5229	268	317
怀 柔 区	67	42	9272	6190	434	438
平 谷 区	53	52	7149	6448	167	169
密 云 县	60	57	10065	9473	765	868
延 庆 县	48	46	6225	5815	438	413

资料来源：北京市教育委员会。

3-58 公共文化机构情况(2011年)

单位：个

区　县	公共图书馆	专业艺术剧团	文化馆、群众艺术馆	文化站	博物馆	档案馆	艺术表演场所
全　市	**25**	**35**	**20**	**320**	**162**	**18**	**68**
首都功能核心区	**5**	**19**	**4**	**32**	**67**	**3**	**40**
东 城 区	2	6	2	17	38	1	18
西 城 区	3	13	2	15	29	2	22
城市功能拓展区	**9**	**15**	**5**	**101**	**59**	**5**	**21**
朝 阳 区	3	8	1	43	21	1	14
丰 台 区	2	4	2	20	10	2	2
石景山区	2		1	9	3	1	
海 淀 区	2	3	1	29	25	1	5
城市发展新区	**6**	**1**	**6**	**104**	**22**	**5**	**4**
房 山 区	2		2	28	5	1	1
通 州 区	1		1	15	4	1	
顺 义 区	1		1	25	1	1	1
昌 平 区	1		1	17	9	1	1
大 兴 区	1	1	1	19	3	1	1
生态涵养发展区	**5**		**5**	**83**	**14**	**5**	**3**
门头沟区	1		1	13	3	1	1
怀 柔 区	1		1	16	3	1	
平 谷 区	1		1	18	1	1	1
密 云 县	1		1	20	1	1	1
延 庆 县	1		1	16	6	1	

注：博物馆数为2011年末北京地区拥有登记在册的博物馆，不含11家已闭馆的博物馆。
资料来源：北京市文化局、北京市文物局、北京市档案局。

3-59 公共图书馆情况

区 县	个数(个)		总藏数(万册、万件)		总流通人次(万人次)		书刊外借册次(万册次)	
	2011	2010	2011	2010	2011	2010	2011	2010
全 市	**25**	**25**	**5049**	**4613**	**1174**	**1308**	**798**	**947**
首都功能核心区	**5**	**5**	**259**	**235**	**130**	**134**	**139**	**137**
东 城 区	2	2	107	101	55	56	57	58
西 城 区	3	3	152	134	75	78	82	79
城市功能拓展区	**9**	**9**	**4123**	**3836**	**854**	**948**	**434**	**561**
朝 阳 区	3	3	741	699	305	313	275	284
丰 台 区	2	2	69	66	38	35	27	39
石景山区	2	2	85	80	43	53	53	63
海 淀 区	2	2	3228	2991	468	547	79	175
城市发展新区	**6**	**6**	**309**	**284**	**102**	**115**	**141**	**143**
房 山 区	2	2	78	74	10	15	21	22
通 州 区	1	1	42	35	19	26	23	20
顺 义 区	1	1	57	49	23	24	28	33
昌 平 区	1	1	60	58	31	31	43	41
大 兴 区	1	1	72	68	19	19	26	27
生态涵养发展区	**5**	**5**	**358**	**258**	**88**	**111**	**84**	**106**
门头沟区	1	1	59	56	9	20	10	21
怀 柔 区	1	1	54	48	42	48	32	32
平 谷 区	1	1	151	79	13	14	22	26
密 云 县	1	1	59	46	8	10	3	12
延 庆 县	1	1	35	29	16	19	17	15

资料来源：北京市文化局、国家图书馆。

3-60 文物局系统内博物馆情况

区　县	个数(个)		综合性		历史性		艺术类		自然科技类		其他类	
	2011	2010	2011	2010	2011	2010	2011	2010	2011	2010	2011	2010
全　市	**41**	**41**	**11**	**11**	**17**	**17**	**6**	**6**	**2**	**2**	**5**	**5**
首都功能核心区	**15**	**15**	**3**	**3**	**8**	**8**	**2**	**2**	**1**	**1**	**1**	**1**
东 城 区	7	7	1	1	5	5	1	1				
西 城 区	8	8	2	2	3	3	1	1	1	1	1	1
城市功能拓展区	**12**	**12**	**1**	**1**	**4**	**4**	**4**	**4**	**1**	**1**	**2**	**2**
朝 阳 区	3	3					2	2			1	1
丰 台 区	2	2			1	1					1	1
石景山区	2	2			1	1			1	1		
海 淀 区	5	5	1	1	2	2	2	2				
城市发展新区	**7**	**7**	**3**	**3**	**3**	**3**					**1**	**1**
房 山 区	2	2			1	1					1	1
通 州 区	1	1	1	1								
顺 义 区	1	1			1	1						
昌 平 区	3	3	2	2	1	1						
大 兴 区												
生态涵养发展区	**7**	**7**	**4**	**4**	**2**	**2**					**1**	**1**
门头沟区	1	1	1	1								
怀 柔 区	1	1	1	1								
平 谷 区	1	1			1	1						
密 云 县	1	1	1	1								
延 庆 县	3	3	1	1	1	1					1	1

资料来源：北京市文物局。

3-60 续表1

区 县	文物藏品数(件)		#一级品		参观人次(千人次)		本年收入(万元)	
	2011	2010	2011	2010	2011	2010	2011	2010
全 市	**1155956**	**1154075**	**667**	**540**	**10717**	**9971**	**53589**	**34092**
首都功能核心区	**1039430**	**1039154**	**388**	**387**	**2808**	**2585**	**4678**	**5844**
东 城 区	6746	6732	29	28	1321	1242	3260	4285
西 城 区	1032684	1032422	359	359	1487	1343	1418	1559
城市功能拓展区	**92830**	**91225**	**66**	**66**	**1445**	**1359**	**23274**	**6301**
朝 阳 区	5866	4746	15	15	215	268	18942	1497
丰 台 区	1535	1535	3	3	86	93	702	863
石景山区	80	80			22	21	460	278
海 淀 区	85349	84864	48	48	1122	977	3170	3663
城市发展新区	**12845**	**12845**	**212**	**86**	**5841**	**5401**	**24184**	**21018**
房 山 区	7837	7837	15	15	106	141	3398	1479
通 州 区	1385	1385			50	45	295	144
顺 义 区	365	365			380	348	359	519
昌 平 区	3258	3258	197	71	5305	4867	20132	18876
大 兴 区								
生态涵养发展区	**10851**	**10851**	**1**	**1**	**623**	**626**	**1453**	**929**
门头沟区	3370	3370			65	65	422	281
怀 柔 区	1309	1309			29	26	186	103
平 谷 区	185	185			14	28	122	82
密 云 县	1363	1363			3	6	557	280
延 庆 县	4624	4624	1	1	512	501	166	183

3-61 档案事业情况

区 县	档案馆个数(个)		建筑面积(平方米)		本年利用档案人次(人次)		本年利用资料人次(人次)	
	2011	2010	2011	2010	2011	2010	2011	2010
全 市	**18**	**18**	**97976**	**97611**	**122284**	**133873**	**716**	**668**
首都功能核心区	**3**	**3**	**22644**	**22644**	**26470**	**24511**	**82**	**103**
东 城 区	1	1	4915	4915	9358	8185	77	92
西 城 区	2	2	17729	17729	17112	16326	5	11
城市功能拓展区	**5**	**5**	**35406**	**35406**	**35897**	**40391**	**240**	**146**
朝 阳 区	1	1	2800	2800	11958	14516		16
丰 台 区	2	2	22304	22304	10092	12410	153	111
石景山区	1	1	3732	3732	2786	3457	6	19
海 淀 区	1	1	6570	6570	11061	10008	81	
城市发展新区	**5**	**5**	**19900**	**19535**	**26371**	**31550**	**254**	**165**
房 山 区	1	1	4731	4731	4391	4767	139	
通 州 区	1	1	2651	2651	7050	8645	15	18
顺 义 区	1	1	6750	6385	2608	3268		50
昌 平 区	1	1	3800	3800	9086	11753	52	45
大 兴 区	1	1	1968	1968	3236	3117	48	52
生态涵养发展区	**5**	**5**	**20026**	**20026**	**33546**	**37421**	**140**	**254**
门头沟区	1	1	1634	1634	4882	5212	1	3
怀 柔 区	1	1	3000	3000	3241	3345	47	96
平 谷 区	1	1	4280	4280	14487	18291	18	45
密 云 县	1	1	5440	5440	8122	8193	50	50
延 庆 县	1	1	5672	5672	2814	2380	24	60

资料来源：北京市档案局。

3–62 技术合同成交情况(2011年)

区　县	成交项数(项)	成交总额(万元)
全　市	**53552**	**18902752**
首都功能核心区		
东 城 区	2008	802648
西 城 区	5138	905751
城市功能拓展区		
朝 阳 区	4053	2410615
丰 台 区	2129	3536639
石景山区	479	162934
海 淀 区	36087	9677248
城市发展新区		
房 山 区	210	35327
通 州 区	207	230265
顺 义 区	278	94111
昌 平 区	1271	524873
大 兴 区	1448	469505
生态涵养发展区		
门头沟区	35	5355
怀 柔 区	110	15758
平 谷 区	56	3180
密 云 县	30	24885
延 庆 县	13	3657

资料来源：北京技术市场管理办公室。

3-63 专利申请及授权情况(2011年)

单位：件

区 县	专利申请量	#发明专利	专利授权量	#发明专利
全 市	**77955**	**45057**	**40888**	**15880**
首都功能核心区	**10379**	**5154**	**5411**	**1733**
东 城 区	5400	2390	2785	655
西 城 区	4979	2764	2626	1078
城市功能拓展区	**55240**	**35331**	**28388**	**12796**
朝 阳 区	16420	9881	7886	2781
丰 台 区	4594	1863	2496	629
石景山区	1814	886	1206	338
海 淀 区	32412	22701	16800	9048
城市发展新区	**11298**	**4245**	**6482**	**1255**
房 山 区	730	316	380	104
通 州 区	1482	425	904	99
顺 义 区	1100	267	701	71
昌 平 区	4424	1884	2172	449
大 兴 区	3562	1353	2325	532
生态涵养发展区	**1038**	**327**	**607**	**96**
门头沟区	200	54	126	18
怀 柔 区	338	103	231	43
平 谷 区	186	59	98	9
密 云 县	235	75	107	15
延 庆 县	79	36	45	11

资料来源：北京市知识产权局。

3-64 卫生机构个数(2011年)

单位：个

区　县	卫生机构	在2011年卫生机构中						
		#医院	#社区卫生服务中心(站)	#门诊部	#妇幼保健院(所、站)	#疾病预防控制中心(防疫站)	#专科疾病防治院(所、站)	#诊所、卫生所、医务室、护理站
全　市	**9699**	**569**	**1744**	**836**	**19**	**32**	**28**	**3335**
首都功能核心区	**1163**	**104**	**153**	**115**	**4**	**13**	**7**	**717**
东 城 区	547	60	64	58	2	4	3	332
西 城 区	616	44	89	57	2	9	4	385
城市功能拓展区	**2863**	**276**	**643**	**536**	**4**	**6**	**8**	**1284**
朝 阳 区	1201	133	258	255	1	2	1	523
丰 台 区	502	61	157	82	1	1	3	168
石景山区	196	19	42	9	1	1	1	117
海 淀 区	964	63	186	190	1	2	3	476
城市发展新区	**3661**	**141**	**704**	**175**	**6**	**7**	**6**	**949**
房 山 区	1006	28	210	38	2	2	2	176
通 州 区	593	12	99	39	1	1	1	90
顺 义 区	502	12	106	11	1	1	1	157
昌 平 区	849	58	136	48	1	1	1	285
大 兴 区	711	31	153	39	1	2	1	241
生态涵养发展区	**2012**	**48**	**244**	**10**	**5**	**6**	**7**	**385**
门头沟区	255	16	23	1	1	2	1	61
怀 柔 区	453	10	66	7	1	1	1	87
平 谷 区	309	5	37		1	1	2	53
密 云 县	672	12	45	1	1	1	2	126
延 庆 县	323	5	73	1	1	1	1	58

注：2011年开始，卫生机构中含村卫生室，不包括部队卫生机构。
资料来源：北京市卫生局。

3-65 医院工作情况

单位：千人次

区 县	诊疗人次数		#门诊		健康检查人数	
	2011	2010	2011	2010	2011	2010
全 市	**104340.6**	**93374.7**	**95846.0**	**84831.4**	**2784.5**	**3313.0**
首都功能核心区	**36888.0**	**33210.7**	**34625.9**	**30864.5**	**598.0**	**559.1**
东 城 区	16098.2	14305.6	15257.4	13541.1	321.3	292.3
西 城 区	20789.8	18905.1	19368.5	17323.4	276.7	266.8
城市功能拓展区	**42613.6**	**38049.3**	**38975.9**	**34253.7**	**1365.4**	**1694.4**
朝 阳 区	19883.1	17292.8	18144.4	15602.1	601.7	856.7
丰 台 区	7367.9	6444.7	6481.1	5504.1	198.3	221.5
石景山区	2692.5	2471.7	2489.1	2254.9	90.9	101.4
海 淀 区	12670.1	11840.1	11861.3	10892.6	474.5	514.8
城市发展新区	**18145.3**	**16648.7**	**16221.1**	**14850.0**	**547.5**	**667.3**
房 山 区	4831.6	4546.6	4410.9	4175.2	88.3	86.6
通 州 区	3037.5	2603.6	2646.5	2198.2	74.4	93.7
顺 义 区	2646.7	2248.4	2371.2	2031.9	81.9	86.5
昌 平 区	4203.3	3653.6	3787.7	3273.6	166.1	245.4
大 兴 区	3426.2	3596.5	3004.8	3171.1	136.8	155.1
生态涵养发展区	**6693.5**	**5466.1**	**6023.1**	**4863.3**	**273.7**	**392.2**
门头沟区	1420.5	1170.7	1275.8	998.1	53.8	120.3
怀 柔 区	1324.5	1007.7	1164.4	897.5	47.3	69.2
平 谷 区	1421.5	1176.4	1308.8	1079.3	56.0	50.8
密 云 县	1478.4	1264.6	1320.9	1113.8	64.1	84.8
延 庆 县	1048.6	846.7	953.2	774.6	52.5	67.1

资料来源：北京市卫生局。

3-65 续表1

区 县	平均开放病床数(张)		入院人数(千人次)	
	2011	2010	2011	2010
全 市	**85117.4**	**82802.0**	**1882.6**	**1712.9**
首都功能核心区	**23560.9**	**23068.7**	**646.5**	**580.8**
东 城 区	9766.9	9589.2	261.2	237.8
西 城 区	13794.0	13479.5	385.3	343.0
城市功能拓展区	**33958.5**	**33454.3**	**800.7**	**728.6**
朝 阳 区	15156.6	14756.8	377.5	334.2
丰 台 区	7413.7	7278.8	128.5	116.8
石景山区	2981.3	2912.0	62.6	56.8
海 淀 区	8406.9	8506.7	232.1	220.8
城市发展新区	**20442.1**	**19505.2**	**307.6**	**285.8**
房 山 区	5365.0	5252.2	93.6	87.8
通 州 区	1806.1	1820.2	42.6	39.3
顺 义 区	2303.7	2204.8	40.8	38.4
昌 平 区	7195.3	6661.6	54.4	53.7
大 兴 区	3772.0	3566.4	76.2	66.6
生态涵养发展区	**7156.1**	**6773.9**	**128.0**	**117.6**
门头沟区	2463.5	2369.2	24.4	18.7
怀 柔 区	1223.8	1179.3	25.6	22.9
平 谷 区	1571.4	1537.0	38.5	36.4
密 云 县	1034.1	822.6	20.9	20.2
延 庆 县	863.3	865.8	18.6	19.4

3-66 卫生机构人员及卫生条件

区 县	卫生机构人员(人)		#卫生技术人员(人)		#执业助理医师(人)	
	2011	2010	2011	2010	2011	2010
全 市	**235708**	**219762**	**181938**	**171093**	**69749**	**65954**
首都功能核心区	**66627**	**65543**	**52128**	**50544**	**19088**	**18427**
东城区	28970	28349	22137	21529	8692	8487
西城区	37657	37194	29991	29015	10396	9940
城市功能拓展区	**103137**	**95988**	**80131**	**74505**	**30833**	**29008**
朝阳区	45653	42211	34987	32502	13628	12723
丰台区	17735	15961	14006	12658	5233	4823
石景山区	7217	7022	5805	5481	2233	2181
海淀区	32532	30794	25333	23864	9739	9281
城市发展新区	**46477**	**41306**	**35143**	**32324**	**13920**	**12900**
房山区	9881	8241	6962	6292	2657	2364
通州区	8224	7373	6329	5878	2433	2381
顺义区	7005	6283	5448	4964	2319	2107
昌平区	11325	10279	8491	7818	3414	3106
大兴区	10042	9130	7913	7372	3097	2942
生态涵养发展区	**19467**	**16925**	**14536**	**13720**	**5908**	**5619**
门头沟区	4332	3691	3176	2858	1128	1040
怀柔区	3774	3231	2901	2719	1229	1158
平谷区	4455	4001	3242	3116	1304	1316
密云县	4389	3817	3193	3142	1375	1286
延庆县	2517	2185	2024	1885	872	819

注：2011年卫生机构中含村卫生室，不包括部队卫生机构。
资料来源：北京市卫生局。

3-66 续表1

区 县	#注册护士(人)		卫生机构实有床位数(张)		#医院	
	2011	2010	2011	2010	2011	2010
全 市	**72812**	**67308**	**94735**	**92871**	**87596**	**85935**
首都功能核心区	**21413**	**20429**	**23853**	**23925**	**23710**	**23707**
东 城 区	8764	8404	10022	10106	9939	9948
西 城 区	12649	12025	13831	13819	13771	13759
城市功能拓展区	**33272**	**30525**	**37563**	**36946**	**35283**	**34924**
朝 阳 区	14613	13351	16107	15709	15555	15137
丰 台 区	5774	5150	7999	7876	7740	7753
石景山区	2486	2332	3515	3529	3031	3049
海 淀 区	10399	9692	9942	9832	8957	8985
城市发展新区	**13029**	**11659**	**24672**	**23725**	**21197**	**20202**
房 山 区	2580	2213	6152	6077	5482	5397
通 州 区	2359	2058	2593	2608	1818	1895
顺 义 区	1916	1726	3252	3149	2427	2280
昌 平 区	3258	3023	7982	7457	7510	6975
大 兴 区	2916	2639	4693	4434	3960	3655
生态涵养发展区	**5098**	**4695**	**8647**	**8275**	**7406**	**7102**
门头沟区	1313	1151	2653	2651	2565	2563
怀 柔 区	934	867	1534	1377	1275	1176
平 谷 区	1201	1104	1972	1900	1637	1575
密 云 县	961	956	1440	1270	1061	897
延 庆 县	689	617	1048	1077	868	891

资料来源：北京市卫生局。

3-66 续表2

区　县	平均每千人口拥有执业医师（人）		平均每千人口拥有注册护士（人）		平均每千人口拥有医院床位（张）	
	2011	2010	2011	2010	2011	2010
全　市	**3.46**	**3.36**	**3.61**	**3.43**	**4.34**	**4.38**
首都功能核心区	**8.88**	**8.52**	**9.96**	**9.45**	**11.03**	**10.97**
东 城 区	9.55	9.24	9.63	9.14	10.92	10.82
西 城 区	8.38	8.00	10.20	9.67	11.11	11.07
城市功能拓展区	**3.13**	**3.04**	**3.37**	**3.19**	**3.58**	**3.66**
朝 阳 区	3.73	3.59	3.99	3.77	4.25	4.27
丰 台 区	2.41	2.28	2.66	2.44	3.57	3.67
石景山区	3.52	3.54	3.92	3.79	4.78	4.95
海 淀 区	2.86	2.83	3.06	2.95	2.63	2.74
城市发展新区	**2.21**	**2.14**	**2.07**	**1.93**	**3.37**	**3.35**
房 山 区	2.75	2.50	2.67	2.34	5.67	5.71
通 州 区	1.95	2.01	1.89	1.74	1.45	1.60
顺 义 区	2.53	2.40	2.09	1.97	2.65	2.60
昌 平 区	1.96	1.87	1.87	1.82	4.32	4.20
大 兴 区	2.17	2.16	2.04	1.93	2.77	2.68
生态涵养发展区	**3.15**	**3.01**	**2.72**	**2.52**	**3.95**	**3.81**
门头沟区	3.84	3.59	4.47	3.97	8.72	8.84
怀 柔 区	3.31	3.10	2.52	2.32	3.44	3.15
平 谷 区	3.12	3.16	2.87	2.65	3.92	3.79
密 云 县	2.92	2.75	2.04	2.04	2.25	1.92
延 庆 县	2.73	2.58	2.16	1.95	2.72	2.81

注：每千人口拥有执业医师数、每千人口拥有注册护士数、每千人口拥有医院床位数按年末常住人口计算。

3-67 体育场地情况

单位：个

区 县	体育场地个数		在2011年体育场地个数中			
	2011	2010	#体育场	#体育馆	#游泳场馆	#各种训练房
全 市	**6151**	**6151**	**94**	**37**	**446**	**1741**
首都功能核心区	**693**	**693**	**7**	**4**	**65**	**377**
东 城 区	372	372	2	2	43	215
西 城 区	321	321	5	2	22	162
城市功能拓展区	**2412**	**2412**	**53**	**24**	**235**	**658**
朝 阳 区	876	876	14	6	132	326
丰 台 区	372	372	6	3	23	112
石景山区	57	57	2	4	11	11
海 淀 区	1107	1107	31	11	69	209
城市发展新区	**2033**	**2033**	**25**	**4**	**98**	**451**
房 山 区	414	414	4		14	50
通 州 区	286	286	3	1	9	38
顺 义 区	608	608	3		20	208
昌 平 区	488	488	9	2	44	117
大 兴 区	237	237	6	1	11	38
生态涵养发展区	**1013**	**1013**	**9**	**5**	**48**	**255**
门头沟区	57	57	1	1	5	12
怀 柔 区	317	317	3	1	17	94
平 谷 区	245	245	2	1	8	80
密 云 县	249	249	1		10	43
延 庆 县	145	145	2	2	8	26

资料来源：北京市体育局。

3-68　公路里程情况(2011年)

单位：公里

区　县	公路里程	#一级及以上公路
全　市	**21347.1**	**1910.8**
首都功能核心区		
东 城 区		
西 城 区	2.3	2.3
城市功能拓展区		
朝 阳 区	167.7	156.3
丰 台 区	113.0	52.4
石景山区	20.4	20.4
海 淀 区	81.3	68.4
城市发展新区		
房 山 区	2765.2	149.1
通 州 区	2476.6	266.9
顺 义 区	2758.1	237.7
昌 平 区	1939.1	228.6
大 兴 区	2740.6	220.7
生态涵养发展区		
门头沟区	1000.4	41.6
怀 柔 区	1592.3	106.7
平 谷 区	1659.8	111.3
密 云 县	2107.6	165.2
延 庆 县	1922.5	83.4

数据来源：北京市交通委员会。

3-69 广播、电视综合覆盖率

单位：%

区　县	广播综合覆盖率	电视综合覆盖率	
	2011	2011	2010
全　市	**100.00**	**100.00**	**99.99**
首都功能核心区	**100.00**	**100.00**	**100.00**
东 城 区	100.00	100.00	100.00
西 城 区	100.00	100.00	100.00
城市功能拓展区	**100.00**	**100.00**	**100.00**
朝 阳 区	100.00	100.00	100.00
丰 台 区	100.00	100.00	100.00
石景山区	100.00	100.00	100.00
海 淀 区	100.00	100.00	100.00
城市发展新区	**100.00**	**100.00**	**100.00**
房 山 区	100.00	100.00	100.00
通 州 区	100.00	100.00	100.00
顺 义 区	100.00	100.00	100.00
昌 平 区	100.00	100.00	100.00
大 兴 区	100.00	100.00	100.00
生态涵养发展区	**100.00**	**100.00**	**99.90**
门头沟区	100.00	100.00	100.00
怀 柔 区	100.00	100.00	99.58
平 谷 区	100.00	100.00	100.00
密 云 县	100.00	100.00	99.96
延 庆 县	100.00	100.00	100.00

资料来源：北京市广播电影电视局。

3-70 北京地区社会保险情况(2011年)

单位：人

区　县	参加基本养老保险职工人数	参加基本医疗保险职工人数	参加失业保险职工人数
全　市	**8882116**	**9551917**	**8810357**
首都功能核心区	**2117409**	**2434848**	**2165016**
东 城 区	863427	1047713	890638
西 城 区	1253982	1387135	1274378
城市功能拓展区	**4169470**	**4683124**	**4284645**
朝 阳 区	1837498	2002366	1855403
丰 台 区	486726	583893	484139
石景山区	229658	249361	214618
海 淀 区	1615588	1847504	1730485
城市发展新区	**1626515**	**1773669**	**1554003**
房 山 区	209026	219626	219026
通 州 区	259460	277168	246187
顺 义 区	358964	386668	340341
昌 平 区	268211	294761	273922
大 兴 区	301642	339849	263562
北京经济技术开发区	229212	255597	210965
生态涵养发展区	**537119**	**610129**	**534617**
门头沟区	121381	133032	125887
怀 柔 区	131568	144114	136592
平 谷 区	110851	121859	109244
密 云 县	115796	138721	109223
延 庆 县	57523	72403	53671
其　他	**431603**	**50147**	**272076**

注：其他是指社会保险代办机构。
资料来源：北京市人力资源和社会保障局。

3-71 新型农村合作医疗情况(2011年)

区 县	参加新型农村合作医疗人数（万人）	新型农村合作医疗参合率（%）
全 市	**276.83**	**97.70**
城市功能拓展区	**32.99**	**90.84**
朝 阳 区	12.09	85.66
丰 台 区	12.67	97.48
海 淀 区	8.23	90.05
城市发展新区	**153.71**	**98.77**
房 山 区	40.64	100.00
通 州 区	33.27	99.49
顺 义 区	29.85	99.80
昌 平 区	19.94	96.52
大 兴 区	30.01	97.10
生态涵养发展区	**90.13**	**98.51**
门头沟区	5.51	87.67
怀 柔 区	15.47	97.13
平 谷 区	23.44	99.86
密 云 县	27.55	99.99
延 庆 县	18.16	99.64

资料来源：北京市卫生局。

3–72 收养性单位、社区服务情况(2011年)

区　县	收养性单位数(个)	收养性单位床位数(张)	城镇社区服务设施数(个)	#街道社区服务中心数
全　市	**425**	**74605**	**5411**	**180**
市本级	**10**	**4366**	**1**	**1**
首都功能核心区	**36**	**2599**	**495**	**35**
东城区	9	885	224	19
西城区	27	1714	271	16
城市功能拓展区	**97**	**24913**	**1499**	**83**
朝阳区	28	9232	381	33
丰台区	24	4695	293	17
石景山区	12	2960	150	10
海淀区	33	8026	675	23
城市发展新区	**169**	**29101**	**2338**	**45**
房山区	41	4832	595	12
通州区	24	4009	569	12
顺义区	20	3423	410	7
昌平区	53	11989	188	7
大兴区	31	4848	576	7
生态涵养发展区	**113**	**13626**	**1078**	**16**
门头沟区	15	2661	287	6
怀柔区	20	1909	319	3
平谷区	23	2672	52	3
密云县	24	2601	386	3
延庆县	31	3783	34	1

资料来源：北京市民政局。

3-73 城乡居民最低生活保障人数

单位：人

区 县	城市居民最低生活保障人数		农村最低生活保障人数	
	2011	2010	2011	2010
全 市	**117286**	**137024**	**70146**	**76955**
市本级	**1832**	**1879**		
首都功能核心区	**40511**	**44236**		
东 城 区	17508	19080		
西 城 区	23003	25156		
城市功能拓展区	**45810**	**52948**	**2949**	**3775**
朝 阳 区	15044	16087	1246	1471
丰 台 区	12824	14788	1033	1299
石景山区	10475	13235		
海 淀 区	7467	8838	670	1005
城市发展新区	**10888**	**14287**	**31786**	**37216**
房 山 区	4550	6950	12132	15840
通 州 区	3150	3452	6910	6903
顺 义 区	936	1220	6314	7359
昌 平 区	1203	1441	2956	3029
大 兴 区	1049	1224	3474	4085
生态涵养发展区	**18245**	**23674**	**35411**	**35964**
门头沟区	11305	13896	2643	2686
怀 柔 区	1986	2679	7859	8145
平 谷 区	2809	4139	8800	8809
密 云 县	1353	1462	9715	8892
延 庆 县	792	1498	6394	7432

资料来源：北京市民政局。

3-74 优抚及主要救济对象情况(2011年)

单位：人

区 县	抚恤补助优抚对象人数	定期抚恤人数	定期补助人数	伤残人数	社会救济总人数
全 市	**40621**	**2171**	**27448**	**11002**	**191567**
市本级					**1832**
首都功能核心区	**2438**	**178**	**166**	**2094**	**40511**
东城区	944	81	48	815	17508
西城区	1494	97	118	1279	23003
城市功能拓展区	**9390**	**785**	**3212**	**5393**	**48913**
朝阳区	2985	133	1159	1693	16331
丰台区	2425	353	972	1100	13897
石景山区	532	73	45	414	10475
海淀区	3448	226	1036	2186	8210
城市发展新区	**17935**	**576**	**15428**	**1931**	**44025**
房山区	4325	99	3757	469	17246
通州区	3683	108	3210	365	10269
顺义区	4572	167	3975	430	7470
昌平区	2429	141	1905	383	4309
大兴区	2926	61	2581	284	4731
生态涵养发展区	**10858**	**632**	**8642**	**1584**	**56286**
门头沟区	594	52	378	164	14212
怀柔区	2466	151	1953	362	10771
平谷区	2514	179	1951	384	11725
密云县	2661	154	2124	383	11849
延庆县	2623	96	2236	291	7729

资料来源：北京市民政局。

3-75 婚姻登记情况

区 县	登记结婚人数(人)		初婚人数(人)		再婚人数(人)		#女性		离婚登记对数(对)	
	2011	2010	2011	2010	2011	2010	2011	2010	2011	2010
全 市	**346476**	**276208**	**288406**	**222269**	**58070**	**53939**	**27071**	**25444**	**32999**	**32595**
市本级	**2520**	**2170**	**1780**	**1469**	**740**	**701**	**331**	**312**	**149**	**156**
首都功能核心区	**70576**	**52266**	**59576**	**42870**	**11000**	**9396**	**4952**	**4289**	**6600**	**6574**
东 城 区	29306	21714	24722	17692	4584	4022	2053	1842	2960	2889
西 城 区	41270	30552	34854	25178	6416	5374	2899	2447	3640	3685
城市功能拓展区	**146640**	**116152**	**122262**	**94004**	**24378**	**22148**	**10928**	**10045**	**14437**	**14446**
朝 阳 区	48284	37884	39395	30020	8889	7864	3952	3523	5561	5355
丰 台 区	25818	22110	20633	16814	5185	5296	2374	2509	2986	3422
石景山区	9148	7714	7384	6032	1764	1682	846	786	963	1060
海 淀 区	63390	48444	54850	41138	8540	7306	3756	3227	4927	4609
城市发展新区	**87538**	**73042**	**73169**	**58870**	**14369**	**14172**	**6961**	**6910**	**7738**	**7531**
房 山 区	20408	16792	16883	13469	3525	3323	1752	1642	1920	1852
通 州 区	17560	14304	14508	11298	3052	3006	1469	1449	1560	1376
顺 义 区	17286	13726	14783	11171	2503	2555	1213	1247	1350	1220
昌 平 区	14112	12266	11546	9849	2566	2417	1225	1173	1422	1394
大 兴 区	18172	15954	15449	13083	2723	2871	1302	1399	1486	1689
生态涵养发展区	**39202**	**32578**	**31619**	**25056**	**7583**	**7522**	**3899**	**3888**	**4075**	**3888**
门头沟区	5852	5514	4404	3989	1448	1525	724	771	751	828
怀 柔 区	6868	5954	5518	4546	1350	1408	692	714	721	684
平 谷 区	10212	7964	8556	6388	1656	1576	856	812	883	878
密 云 县	9390	7682	7532	5964	1858	1718	960	895	954	787
延 庆 县	6880	5464	5609	4169	1271	1295	667	696	766	711

注：离婚登记对数不含法院判离数。
资料来源：北京市民政局。

3-76 全市基层法律服务所主要工作情况

区 县	担任法律顾问（家）		代理诉讼事务（件）		代理非诉讼事务（件）		解答法律咨询（人次）	
	2011	2010	2011	2010	2011	2010	2011	2010
全 市	**4944**	**4350**	**4385**	**5221**	**1739**	**1757**	**57218**	**62648**
首都功能核心区	**510**	**130**	**277**	**255**	**115**	**74**	**11696**	**12861**
东城区	233	65	64	134	39	34	6101	4947
西城区	277	65	213	121	76	40	5595	7914
城市功能拓展区	**2311**	**1956**	**1215**	**1510**	**307**	**424**	**16585**	**13913**
朝阳区	583	641	169	199	48	51	6377	4653
丰台区	108	171	216	238	91	178	1867	3691
石景山区	63	18	209	89	42	29	1062	462
海淀区	1557	1126	621	984	126	166	7279	5107
城市发展新区	**1783**	**1841**	**2332**	**2441**	**776**	**576**	**17234**	**24702**
房山区	107	107	474	1014	32	48	782	2250
通州区	981	960	896	742	280	153	5661	3903
顺义区	171	171	591	275	327	222	2640	6179
昌平区	498	498	91	207	96	112	3098	5625
大兴区	26	105	280	203	41	41	5053	6745
生态涵养发展区	**340**	**423**	**561**	**1015**	**541**	**683**	**11703**	**11172**
门头沟区	4	3	9	12			525	538
怀柔区			82	47	15		50	132
平谷区	1	6	67	269		37	1651	2553
密云县	34	70	206	206	105	86	7151	5120
延庆县	301	344	197	481	421	560	2326	2829

资料来源：北京市司法局。

3–77 全市公证处总办证量情况

单位：件

区 县	总办证量		#国内民事		#国内经济	
	2011	2010	2011	2010	2011	2010
全 市	**636878**	**590735**	**185887**	**175987**	**108590**	**109775**
首都功能核心区	**379147**	**330553**	**119929**	**98836**	**59714**	**68498**
东 城 区	103165	101943	24706	27139	22036	31690
西 城 区	275982	228610	95223	71697	37678	36808
城市功能拓展区	**227373**	**233850**	**45356**	**59258**	**45586**	**38541**
朝 阳 区	126923	132348	16709	26182	38429	29570
丰 台 区	8191	10248	3381	5226	820	1114
石景山区	12094	11790	5068	5597	608	626
海 淀 区	80165	79464	20198	22253	5729	7231
城市发展新区	**21897**	**19214**	**14195**	**12581**	**2071**	**1639**
房 山 区	6017	5103	3829	3305	1107	870
通 州 区	5073	4599	3310	3089	413	288
顺 义 区	2051	2416	1166	1386	237	253
昌 平 区	4276	3073	3147	2282	234	130
大 兴 区	4480	4023	2743	2519	80	98
生态涵养发展区	**8461**	**7118**	**6407**	**5312**	**1219**	**1097**
门头沟区	2162	1124	1956	1124	206	
怀 柔 区	2753	1986	2018	1246	442	417
平 谷 区	1637	1773	986	1238	299	364
密 云 县	1804	2095	1395	1629	272	306
延 庆 县	105	140	52	75		10

资料来源：北京市司法局。

3-78 刑事案件立案及破案情况

单位：起

区　县	刑事案件立案数		刑事案件破案数	
	2011	2010	2011	2010
全　市	**142835**	**104327**	**89156**	**80401**
首都功能核心区	**13527**	**9374**	**10258**	**9442**
东 城 区	4548	2654	2942	2681
西 城 区	8979	6720	7316	6761
城市功能拓展区	**77470**	**57700**	**48457**	**43944**
朝 阳 区	28382	21183	16890	15248
丰 台 区	19530	14790	10505	9346
石景山区	2488	1877	2015	1830
海 淀 区	27070	19850	19047	17520
城市发展新区	**36620**	**27806**	**21402**	**18932**
房 山 区	4960	3817	2448	2185
通 州 区	7907	6213	4943	4487
顺 义 区	6640	4872	4526	4077
昌 平 区	9115	7109	4545	4107
大 兴 区	7998	5795	4940	4076
生态涵养发展区	**8193**	**5546**	**5763**	**5261**
门头沟区	1841	1248	1339	1237
怀 柔 区	1658	1000	1253	1128
平 谷 区	1672	1516	1451	1312
密 云 县	1805	1113	997	921
延 庆 县	1217	669	723	663
其　他	**7025**	**3901**	**3276**	**2822**

资料来源：北京市公安局。

3-79 火灾事故情况(2011年)

区 县	火灾事故起数（起）	火灾事故死亡人数（人）	火灾事故直接经济损失额（万元）
全 市	**4044**	**30**	**5035.0**
首都功能核心区	**293**	**1**	**66.3**
东城区	132	1	41.5
西城区	161		24.8
城市功能拓展区	**1723**	**6**	**654.3**
朝阳区	915	3	261.3
丰台区	330	1	193.4
石景山区	103		31.3
海淀区	375	2	168.2
城市发展新区	**1281**	**20**	**4043.6**
房山区	229		266.2
通州区	328		116.6
顺义区	191		35.0
昌平区	182		32.8
大兴区	351	20	3593.1
生态涵养发展区	**724**	**3**	**255.4**
门头沟区	61	1	13.2
怀柔区	159		68.9
平谷区	231	2	35.6
密云县	103		72.2
延庆县	170		65.5
其 他	**23**		**15.4**

资料来源：北京市公安局消防局。

3-80 交通事故情况(2011年)

区　县	交通事故起数 (起)	交通事故死亡人数 (人)	交通事故直接经济损失 (万元)
全　市	**3934**	**924**	**1946.8**
首都功能核心区	**220**	**21**	**151.8**
东 城 区	107	8	9.6
西 城 区	113	13	142.2
城市功能拓展区	**1360**	**310**	**387.0**
朝 阳 区	405	156	166.3
丰 台 区	440	63	108.4
石景山区	125	11	55.9
海 淀 区	390	80	56.4
城市发展新区	**1865**	**456**	**1010.7**
房 山 区	328	99	159.3
通 州 区	614	96	176.9
顺 义 区	436	106	300.3
昌 平 区	396	106	341.0
大 兴 区	91	49	33.2
生态涵养发展区	**436**	**133**	**387.9**
门头沟区	60	13	62.7
怀 柔 区	60	28	16.9
平 谷 区	76	23	36.9
密 云 县	155	38	207.1
延 庆 县	85	31	64.3
其　他	**53**	**4**	**9.4**

资料来源：北京市公安局公安交通管理局。

3-81 生产安全情况(2011年)

区　县	生产安全事故数（起）	生产安全死亡人数（人）
全　市	**88**	**101**
首都功能核心区	**12**	**12**
东 城 区	6	6
西 城 区	6	6
城市功能拓展区	**45**	**50**
朝 阳 区	14	15
丰 台 区	13	14
石景山区	6	7
海 淀 区	12	14
城市发展新区	**19**	**26**
房 山 区	3	4
通 州 区	4	10
顺 义 区	4	4
昌 平 区		
大 兴 区	5	5
北京经济技术开发区	3	3
生态涵养发展区	**12**	**13**
门头沟区	1	2
怀 柔 区	5	5
平 谷 区	1	1
密 云 县	3	3
延 庆 县	2	2
其　他		

资料来源：北京市安全生产监督管理局。

3-82　垃圾处理情况(2011年)

区　县	垃圾无害化处理场个数 (个)	生活垃圾处理量 (万吨)	生活垃圾无害化处理率 (按垃圾产生量计算) (%)
全　市	**21**	**623.21**	**98.24**
首都功能核心区			
东 城 区		46.44	100.00
西 城 区		57.90	100.00
城市功能拓展区			
朝 阳 区	2	132.80	100.00
丰 台 区	1	90.68	100.00
石景山区		13.79	100.00
海 淀 区	1	87.91	100.00
城市发展新区			
房 山 区	3	18.69	94.47
通 州 区	2	26.31	94.49
顺 义 区	1	17.33	93.97
昌 平 区	2	44.26	95.33
大 兴 区	2	43.27	92.68
生态涵养发展区			
门头沟区	1	9.55	99.24
怀 柔 区	2	10.17	97.09
平 谷 区	1	7.60	100.00
密 云 县	1	11.33	93.09
延 庆 县	2	5.17	89.77

注：全市生活垃圾无害化处理率按清运量计算为98.24%。
资料来源：北京市市政市容管理委员会。

3-83 环境基本情况

区 县	空气质量二级及好于二级的天数(天)			林木绿化率(%)
	2011	2010	占2011年天数比例(%)	
全 市	**286**	**286**	**78.4**	**54.0**
首都功能核心区				
东 城 区	285	274	77.9	19.1
西 城 区	282	282	77.1	14.6
城市功能拓展区				
朝 阳 区	279	281	76.3	23.3
农展馆子站				
奥体子站				
丰 台 区	263	265	72.1	39.0
丰台镇子站				
云岗子站				
石景山区	261	247	72.1	40.2
海 淀 区	280	281	76.7	42.3
万柳子站				
城市发展新区				
房 山 区	258	257	70.9	54.7
通 州 区	271	270	74.2	23.9
顺 义 区	281	279	77.0	26.7
昌 平 区	301	288	82.5	61.8
大 兴 区	260	256	71.2	26.0
生态涵养发展区				
门头沟区	272	271	74.5	58.2
怀 柔 区	297	304	81.4	75.6
平 谷 区	286	289	78.4	66.8
密 云 县	298	296	81.6	65.5
延 庆 县	307	302	84.1	65.8

资料来源：1. 空气质量二级及好于二级的天数由北京市环境保护局提供，占2011年天数比例为二级及好于二级天数与有效观测天数的比例。
2. 林木绿化率由北京市园林绿化局提供。

2012
北京区域统计年鉴

第四篇

BEIJING AREA
STATISTICAL YEARBOOK

四大功能区

SIDA GONGNENG QU

4-1 首都功能核心区基本情况

项目		2011	2010	占全市比重(%)		增长速度(%)
				2011	2010	
区域面积	(平方公里)	92.4	92.4	0.6	0.6	
户籍人口	(万人)	232.5	230.1	18.2	18.3	1.1
常住人口	(万人)	215.0	216.2	10.7	11.0	-0.6
#常住外来人口	(万人)	53.4	54.7	7.2	7.8	-2.4
常住人口密度	(人/平方公里)	23271	23401			
地区生产总值	(亿元)	3700.5	3281.3	22.8	23.2	12.8
第二产业增加值	(亿元)	298.7	277.7	8.0	8.2	7.6
工业增加值	(亿元)	213.3	190.9	7.0	6.9	11.8
建筑业增加值	(亿元)	85.3	86.8	12.1	13.9	-1.7
第三产业增加值	(亿元)	3401.8	3003.6	27.5	28.3	13.3
地方公共财政预算收入	(亿元)	402.1	316.4	13.4	13.4	27.1
地方公共财政预算支出	(亿元)	367.0	346.4	11.3	12.7	6.0
全社会固定资产投资	(亿元)	362.5	362.4	6.1	6.6	5.1*
房地产开发投资	(亿元)	164.2	146.9	5.4	5.1	17.6*
商品房施工面积	(万平方米)	541.0	649.4	4.5	6.3	-16.7
商品房竣工面积	(万平方米)	132.6	145.6	5.9	6.1	-9.0
商品房销售面积	(万平方米)	71.2	123.1	4.9	7.5	-42.2
规模以上工业总产值	(亿元)	883.4	753.3	6.1	5.5	
社会消费品零售额	(亿元)	1380.2	1197.9	20.0	19.2	17.3*
实际使用外资金额	(万美元)	109453	115126	15.5	18.1	-4.9
城镇居民人均可支配收入	(元)	35280	31231			13.0
入境旅游者人数	(万人次)	165.9	157.2	31.9	32.1	5.5
星级饭店个数	(个)	151	181	25.3	24.8	

注：1. 地区生产总值增速按现价计算。
2. 投资增速中“*”号表示，从2011年起，根据国家统计局相关规定，固定资产投资起点由50万元调整至500万元，表内“固定资产投资”和“房地产开发投资”增速按可比口径计算。
3. “社会消费品零售额”增速中“*”号表示，2011年数据是按产业在地原则核算，2010年数据是按法人在地原则核算，增长速度为2011年可比口径计算。
4. 2011年北京市旅游发展委员会对全市星级饭店进行重新评级，对未达标饭店取消星级(表4-2、表4-3、表4-4同此)。
5. 规模以上工业统计范围2010年为年主营业务收入500万元及以上的工业法人单位，2011年为年主营业务收入2000万元及以上的工业法人单位(表4-2、表4-3、表4-4同此)。

4-2 城市功能拓展区基本情况

项目		2011	2010	占全市比重(%)		增长速度(%)
				2011	2010	
区域面积	(平方公里)	1275.9	1275.9	7.8	7.8	
户籍人口	(万人)	563.3	550.7	44.1	43.8	2.3
常住人口	(万人)	986.4	955.4	48.9	48.7	3.2
#常住外来人口	(万人)	400.0	379.1	53.9	53.8	5.5
常住人口密度	(人/平方公里)	7731	7488			
地区生产总值	(亿元)	7615.3	6606.0	46.9	46.8	15.3
第一产业增加值	(亿元)	3.6	3.7	2.7	3.0	-2.0
第二产业增加值	(亿元)	1104.6	1025.0	29.4	30.3	7.8
工业增加值	(亿元)	733.1	695.3	24.0	25.2	5.4
建筑业增加值	(亿元)	371.6	329.7	52.8	52.8	12.7
第三产业增加值	(亿元)	6507.0	5577.3	52.6	52.6	16.7
地方公共财政预算收入	(亿元)	634.5	484.1	21.1	20.6	31.1
地方公共财政预算支出	(亿元)	612.3	511.5	18.9	18.8	19.7
全社会固定资产投资	(亿元)	2486.2	2456.9	42.1	44.7	6.5*
房地产开发投资	(亿元)	1324.9	1495.5	43.6	51.5	-6.8*
商品房施工面积	(万平方米)	5294.4	4932.3	43.9	47.9	7.3
商品房竣工面积	(万平方米)	1267.2	1379.9	56.4	57.8	-8.2
商品房销售面积	(万平方米)	631.5	787.2	43.9	48.0	-19.8
规模以上工业总产值	(亿元)	3419.7	3447.4	23.6	25.2	
社会消费品零售额	(亿元)	3935.6	3861.3	57.0	62.0	7.4*
实际使用外资金额	(万美元)	421030	395982	59.7	62.2	6.3
城镇居民人均可支配收入	(元)	34495	30509			13.1
农村居民人均纯收入	(元)	18954	16973			13.8*
入境旅游者人数	(万人次)	304.8	279.8	58.6	57.1	8.9
星级饭店个数	(个)	245	296	41.0	40.6	

注：1. 地区生产总值增速按现价计算。
2. 投资增速中“*”号表示，从2011年起，根据国家统计局相关规定，固定资产投资起点由50万元调整至500万元，表内“固定资产投资”和“房地产开发投资”增速按可比口径计算。
3. “社会消费品零售额”增速中“*”号表示，2011年数据是按产业在地原则核算，2010年数据是按法人在地原则核算，增长速度为2011年可比口径计算。
4. 农村居民收入增速中“*”号表示，2011年农村居民人均纯收入及其分组数据按国家统计局方案进行了口径调整，2011年增长速度为同口径增速。

4-3 城市发展新区基本情况

项　目		2011	2010	占全市比重(%)		增长速度(%)
				2011	2010	
区域面积	（平方公里）	6295.6	6295.6	38.4	38.4	
户籍人口	（万人）	319.2	314.6	25.0	25.0	1.5
常住人口	（万人）	629.9	603.2	31.2	30.8	4.4
#常住外来人口	（万人）	257.7	240.0	34.7	34.1	7.4
常住人口密度	（人/平方公里）	1001	958			
地区生产总值	（亿元）	3419.5	2994.5	21.0	21.2	14.2
第一产业增加值	（亿元）	81.4	74.7	59.8	60.0	9.2
第二产业增加值	（亿元）	1751.1	1514.1	46.7	44.7	15.7
工业增加值	（亿元）	1565.4	1358.2	51.3	49.1	15.3
建筑业增加值	（亿元）	185.7	155.8	26.4	25.0	19.2
第三产业增加值	（亿元）	1587.0	1405.9	12.8	13.3	12.9
地方公共财政预算收入	（亿元）	241.7	184.0	8.0	7.8	31.4
地方公共财政预算支出	（亿元）	496.9	395.5	15.3	14.6	25.6
全社会固定资产投资	（亿元）	2504.6	2216.0	42.4	40.3	19.0*
房地产开发投资	（亿元）	1385.6	1145.6	45.6	39.5	27.3*
商品房施工面积	（万平方米）	5453.8	4138.2	45.2	40.2	31.8
商品房竣工面积	（万平方米）	726.2	740.9	32.3	31.0	-2.0
商品房销售面积	（万平方米）	645.9	640.4	44.9	39.1	0.9
规模以上工业总产值	（亿元）	7520.9	7065.2	51.8	51.6	
社会消费品零售额	（亿元）	1241.1	940.0	18.0	15.1	13.8*
城镇居民人均可支配收入	（元）	27651	24352			13.5
农村居民人均纯收入	（元）	13852	12574			13.4*
观光农业收入	（万元）	90921	79027	41.9	44.4	15.1
星级饭店个数	（个）	116	132	19.4	18.1	

注：1. 地区生产总值增速按现价计算。
2. 投资增速中“*”号表示，从2011年起，根据国家统计局相关规定，固定资产投资起点由50万元调整至500万元，表内“固定资产投资”和“房地产开发投资”增速按可比口径计算。
3. “社会消费品零售额”增速中“*”号表示，2011年数据是按产业在地原则核算，2010年数据是按法人在地原则核算，增长速度为2011年可比口径计算。
4. 农村居民收入增速中“*”号表示，2011年农村居民人均纯收入及其分组数据按国家统计局方案进行了口径调整，2011年增长速度为同口径增速。

4-4 生态涵养发展区基本情况

项 目		2011	2010	占全市比重(%)		增长速度(%)
				2011	2010	
区域面积	(平方公里)	8746.6	8746.6	53.3	53.3	
户籍人口	(万人)	162.9	162.4	12.7	12.9	0.3
常住人口	(万人)	187.3	186.4	9.3	9.5	0.5
#常住外来人口	(万人)	31.1	30.7	4.2	4.4	1.3
常住人口密度	(人/平方公里)	214	213			
地区生产总值	(亿元)	647.0	561.5	4.0	4.0	15.2
第一产业增加值	(亿元)	50.9	45.8	37.4	36.8	11.2
第二产业增加值	(亿元)	315.3	271.8	8.4	8.0	16.0
工业增加值	(亿元)	259.6	219.8	8.5	8.0	18.1
建筑业增加值	(亿元)	55.7	52.0	7.9	8.3	7.1
第三产业增加值	(亿元)	280.7	243.8	2.3	2.3	15.1
地方公共财政预算收入	(亿元)	83.6	65.3	2.8	2.8	28.1
地方公共财政预算支出	(亿元)	304.8	266.5	9.4	9.8	14.4
全社会固定资产投资	(亿元)	557.2	458.3	9.4	8.3	28.5*
房地产开发投资	(亿元)	161.6	113.2	5.3	3.9	50.3*
商品房施工面积	(万平方米)	776.1	580.9	6.4	5.6	33.6
商品房竣工面积	(万平方米)	119.3	120.3	5.3	5.0	-0.9
商品房销售面积	(万平方米)	91.4	88.9	6.4	5.4	2.9
规模以上工业总产值	(亿元)	1077.1	976.6	7.4	7.1	
社会消费品零售额	(亿元)	343.5	230.1	5.0	3.7	15.6*
城镇居民人均可支配收入	(元)	27355	23994			14.0
农村居民人均纯收入	(元)	13182	12024			13.7*
民俗旅游收入	(万元)	63490	54531	73.1	74.2	16.4
星级饭店个数	(个)	86	120	14.4	16.5	
A级及以上重点旅游景区数	(个)	66	64	32.0	32.0	3.1

注：1. 地区生产总值增速按现价计算。
2. 投资增速中“*”号表示，从2011年起，根据国家统计局相关规定，固定资产投资起点由50万元调整至500万元，表内“固定资产投资”和“房地产开发投资”增速按可比口径计算。
3. “社会消费品零售额”增速中“*”号表示，2011年数据是按产业在地原则核算，2010年数据是按法人在地原则核算，增长速度为2011年可比口径计算。
4. 农村居民收入增速中“*”号表示，2011年农村居民人均纯收入及其分组数据按国家统计局方案进行了口径调整，2011年增长速度为同口径增速。

2012 北京区域统计年鉴

第五篇

BEIJING AREA STATISTICAL YEARBOOK

山区平原概览

SHANQU PINGYUAN GAILAN

5-1 北京市山区乡镇基本情况及主要经济指标

项　目		2011	2010	增长速度(%)
基本情况				
总面积	(公顷)	1052268	1052268	
总人口	(人)	1544723	1541341	0.2
#农业人口	(人)	987681	995590	-0.8
从业人员	(人)	825520	820046	0.7
第一产业	(人)	275132	275442	-0.1
第二产业	(人)	217722	216037	0.8
第三产业	(人)	332666	328567	1.2
享受低保人数	(人)	51178	57749	-11.4
山区经济				
财政总收入	(万元)	702587	626705	12.1
#财政一般预算收入	(万元)	344614	248382	38.7
财政支出	(万元)	693624	636686	8.9
农林牧渔业总产值	(万元)	1028411	948368	8.4
#种植业	(万元)	565089	512664	10.2
养殖业	(万元)	463322	435704	6.3
粮食播种面积	(公顷)	68455	71392	-4.1
粮食产量	(吨)	373706	309538	20.7
果园面积	(公顷)	42776	43598	-1.9
干鲜果品产量	(吨)	538544	520102	3.5
家禽出栏数	(万只)	5178	5975	-13.3
生猪出栏数	(头)	748214	747954	0.03
企业情况				
企业个数	(个)	8937	8430	6.0
企业总收入	(万元)	7066310	6080629	16.2
企业利润总额	(万元)	430420	376436	14.3
民俗旅游情况				
民俗旅游接待人数	(人次)	15207797	14254381	6.7
民俗旅游从业人员	(人)	16639	15229	9.3
民俗旅游总收入	(万元)	79786	68519	16.4

注：此表范围为82个山区乡镇。

5-2 北京市山区农民收入支出情况

单位：元

项 目	2011	2010	增长速度(%)
农村居民人均纯收入	**12908**	**11460**	**13.9***
工资性收入	8278	6862	20.6
家庭经营收入	2018	2649	-23.8
第一产业	1114	1206	-7.6
第二产业	87	339	-74.3
第三产业	817	1104	-26.0
财产性收入	724	612	20.3
转移性收入	1888	1337	54.9
农村居民人均生活消费支出	**9060**	**8027**	**12.9**
食品	3009	2658	13.2
衣着	584	531	10.0
家庭设备用品及服务	601	447	34.5
医疗保健	1062	817	30.0
交通和通信	921	1036	-11.1
教育文化娱乐用品及服务	700	747	-6.3
居住	1996	1630	22.5
其他商品和服务	187	161	16.1

注："*"号表示，2011年农村居民人均纯收入及其分组数据按国家统计局方案进行了口径调整，2011年增长速度为同口径增速，山区农民收入增速也按此口径进行了调整。

5-3 北京市平原乡镇基本情况及主要经济指标

项　　目		2011	2010	增长速度(%)
基本情况				
总面积	(公顷)	489047	499081	
总人口	(人)	6713474	6518969	3.0
#农业人口	(人)	1603848	1630627	-1.6
从业人员	(人)	3742389	3646066	2.6
第一产业	(人)	321177	339792	-5.5
第二产业	(人)	1144163	1128174	1.4
第三产业	(人)	2277049	2178100	4.5
享受低保人数	(人)	36440	41195	-11.5
山区经济				
财政总收入	(万元)	1823309	1873008	-2.7
#财政一般预算收入	(万元)	1197889	1060838	12.9
财政支出	(万元)	1626187	1669173	-2.6
农林牧渔业总产值	(万元)	1863366	1753767	6.2
#种植业	(万元)	1056576	1030512	2.5
养殖业	(万元)	799267	723255	10.5
粮食播种面积	(公顷)	138613	149407	-7.2
粮食产量	(吨)	838457	839546	-0.1
果园面积	(公顷)	19654	20439	-3.8
干鲜果品产量	(吨)	331324	326065	1.6
家禽出栏数	(万只)	2859	4751	-39.8
生猪出栏数	(头)	1724794	2228420	-22.6
企业情况				
企业个数	(个)	65100	65393	-0.4
企业总收入	(万元)	52599162	47699233	10.3
企业利润总额	(万元)	2694238	2405688	12.0
民俗旅游情况				
民俗旅游接待人数	(人次)	1481126	1195922	23.8
民俗旅游从业人员	(人)	1593	1605	-0.7
民俗旅游总收入	(万元)	7036	4579	53.7

注：此表范围为100个平原乡镇。

5-4 北京市平原农民收入支出情况

单位：元

项　　目	2011	2010	增长速度(%)
农村居民人均纯收入	**15420**	**13867**	**13.5 ***
工资性收入	10066	8391	20.0
家庭经营收入	1118	1591	-29.7
第一产业	582	842	-30.9
第二产业	-79	47	
第三产业	615	702	-12.4
财产性收入	1842	1918	7.8
转移性收入	2394	1967	26.3
农村居民人均生活消费支出	**11833**	**10807**	**9.5**
食品	3812	3276	16.4
衣着	967	862	12.2
家庭设备用品及服务	757	603	25.5
医疗保健	1025	923	11.1
交通和通信	1344	1418	-5.2
教育文化娱乐用品及服务	1117	1062	5.2
居住	2483	2393	3.8
其他商品和服务	328	270	21.5

注：“*”号表示，2011年农村居民人均纯收入及其分组数据按国家统计局方案进行了口径调整，2011年增长速度为同口径增速，平原农民收入增速也按此口径进行了调整。

2012

北京区域统计年鉴

第六篇

BEIJING AREA STATISTICAL YEARBOOK

开发区

KAIFAQU

北京市开发区情况框架图

开发区	国家级（3个）	北京经济技术开发区
		中关村国家自主创新示范区
		中关村示范区海淀园
		中关村示范区丰台园
		中关村示范区昌平园
		中关村示范区电子城科技园
		中关村示范区亦庄科技园
		中关村示范区德胜园
		中关村示范区雍和园
		中关村示范区石景山园
		中关村示范区通州园
		中关村示范区大兴生物医药产业基地
		北京天竺综合保税区
	市级（16个）	北京石龙经济开发区
		北京良乡经济开发区
		北京大兴经济开发区
		北京通州经济开发区
		北京雁栖经济开发区
		北京兴谷经济开发区
		北京密云经济开发区
		北京林河经济开发区
		北京天竺空港经济开发区
		北京八达岭经济开发区
		北京永乐经济开发区
		北京延庆经济开发区
		北京昌平小汤山工业园区
		北京采育经济开发区
		北京房山工业园区
		北京马坊工业园区

注：开发区情况截止到2011年末。

6-1 北京市开发区主要指标

项目		2011	2010	增长速度(%)
规划总面积	(平方公里)	346.2	345.0	
累计土地开发施工面积	(平方公里)	138.9	132.9	
累计土地开发完工面积	(平方公里)	124.9	121.9	
累计建成区土地面积	(平方公里)	134.0	132.0	
投产(开业)企业个数	(个)	23944	22396	6.9
#高新技术企业	(个)	15225	15892	-4.2
#工业企业	(个)	4968	4918	1.0
#三资企业	(个)	2561	2619	-2.2
总投资	(亿元)	1183.5	1033.2	14.5
#工业企业	(亿元)	251.4	261.2	-3.8
#三资企业	(亿元)	207.2	192.0	7.9
注册资本	(亿元)	1050.3	726.7	44.5
合同外资金额	(亿美元)	36.7	17.1	114.6
外商实际投资	(亿美元)	23.9	10.8	121.3
工业总产值(现价)	(亿元)	7277.0	6169.5	18.0
工业销售产值(现价)	(亿元)	7164.9	6062.2	18.2
#出口交货值	(亿元)	1308.3	1386.0	-5.6
总收入	(亿元)	23173.1	18401.4	25.9
#技术收入	(亿元)	2903.2	2510.7	15.6
利润总额	(亿元)	1733.4	1451.4	19.4
#高新技术企业	(亿元)	1572.9	1329.3	18.3
应缴税金总额	(亿元)	1093.8	943.8	15.9
固定资产投资	(亿元)	615.8	597.7	3.0
#基础设施投资	(亿元)	94.6	136.6	-30.7
年末从业人员	(万人)	175.6	144.0	21.9

注:1. 本表数据为北京市19家开发区的汇总资料，统计范围为开发区内注册的全部法人单位。
2. 本篇后续的表格为各级开发区的概况性资料。
3. 中关村国家自主创新示范区的资料按照其划分的10个园区分别详细列示。

6-2 北京经济技术开发区主要指标

项　　目		2011	2010	增长速度(%)
规划面积	(公顷)	4650.0	4650.0	
累计征用土地面积	(公顷)	4924.0	4924.0	
工业总产值(现价)	(亿元)	2284.7	2259.1	1.1
#高新技术产业	(亿元)	2087.3	2155.8	-3.2
销售(营业)收入	(亿元)	4141.1	3777.4	9.6
利润总额	(亿元)	339.8	335.5	1.3
进出口总额	(亿美元)	252.5	260.6	-3.1
出口	(亿美元)	110.5	130.3	-15.2
进口	(亿美元)	142.0	130.2	9.1
财政收入(含免抵)	(亿元)	269.1	244.0	10.3
税收(含免抵)	(亿元)	245.4	212.3	15.6
土地收入	(亿元)	23.7	31.7	-25.2
财政支出	(亿元)	109.0	77.8	40.1
批准企业个数	(个)	1038	866	19.9
入区企业投资额	(亿元)	400.6	382.6	4.7
注册资本	(亿元)	361.3	338.6	6.7
合同外资金额	(亿美元)	17.1	7.4	131.1
实际利用外资	(亿美元)	6.4	3.2	100.0
固定资产投资	(亿元)	320.2	236.6	42.2
年末从业人员	(人)	244083	236772	3.1
劳动者报酬	(万元)	1876531	1491656	25.8

资料来源：北京经济技术开发区调查队、统计局。

6–3 中关村国家自主创新示范区主要指标

项　目		2011	2010	增长速度(%)
规划总面积	(公顷)	23389.9	23248.6	
累计土地开发施工面积	(公顷)	7516.9	7435.8	
累计土地开发完工面积	(公顷)	6721.6	6697.5	
累计建成区土地面积	(公顷)	7287.4	7308.8	
投产(开业)企业个数	(个)	15026	15720	-4.4
#高新技术企业	(个)	15026	15720	-4.4
#工业企业	(个)	2869	2850	0.7
#三资企业	(个)	1744	1851	-5.8
总投资	(万元)	4893129	3537909	38.3
#工业企业	(万元)	1237130	430502	187.4
#三资企业	(万元)	615404	901124	-31.7
注册资本	(万元)	5530999	3004909	84.1
合同外资金额	(万美元)	183896	88431	108.0
外商实际投资	(万美元)	186298	54374	242.6
工业总产值(现价)	(万元)	58315612	49880162	16.9
工业销售产值(现价)	(万元)	57297896	48772041	17.5
#出口交货值	(万元)	9320942	11125293	-16.2
总收入	(万元)	196460188	159401657	23.2
#技术收入	(万元)	28459044	24782944	14.8
利润总额	(万元)	15339162	12989078	18.1
#高新技术企业	(万元)	15339162	12989078	18.1
应缴税金总额	(万元)	9258436	7671994	20.7
固定资产投资	(万元)	1968219	2169069	-9.3
#基础设施投资	(万元)	519778	642875	-19.1
年末从业人员	(人)	1384821	1157992	19.6

6-3 续表1 海淀园主要指标

项 目		2011	2010	增长速度(%)
规划总面积	(公顷)	13306.0	13306.0	
累计土地开发施工面积	(公顷)	1788.8	1788.8	
累计土地开发完工面积	(公顷)	1483.7	1483.7	
累计建成区土地面积	(公顷)	1037.6	1037.6	
投产(开业)企业个数	(个)	9306	10308	-9.7
#高新技术企业	(个)	9306	10308	-9.7
#工业企业	(个)	1149	1214	-5.4
#三资企业	(个)	1084	1209	-10.3
总投资	(万元)	3000000	598333	401.4
#工业企业	(万元)	749640		
#三资企业	(万元)	121500	598333	-79.7
注册资本	(万元)	3700000	578722	539.3
合同外资金额	(万美元)	160000	59279	169.9
外商实际投资	(万美元)	143000	39722	260.0
工业总产值(现价)	(万元)	13928282	12208491	14.1
工业销售产值(现价)	(万元)	13669080	11891744	14.9
#出口交货值	(万元)	792931	743284	6.7
总收入	(万元)	87828160	70547434	24.5
#技术收入	(万元)	17523382	15929236	10.0
利润总额	(万元)	7089156	5338392	32.8
#高新技术企业	(万元)	7089156	5338392	32.8
应缴税金总额	(万元)	3909572	3146495	24.3
固定资产投资	(万元)	330981	601803	-45.0
#基础设施投资	(万元)	35888	245604	-85.4
年末从业人员	(人)	693352	609699	13.7

6-3 续表2　丰台园主要指标

项　　目		2011	2010	增长速度(%)
规划总面积	(公顷)	818.0	818.0	
累计土地开发施工面积	(公顷)	327.7	327.7	
累计土地开发完工面积	(公顷)	327.7	327.7	
累计建成区土地面积	(公顷)	327.7	327.7	
投产(开业)企业个数	(个)	1522	1583	-3.9
#高新技术企业	(个)	1522	1583	-3.9
#工业企业	(个)	338	346	-2.3
#三资企业	(个)	78	83	-6.0
总投资	(万元)	436400	1447643	-69.9
#工业企业	(万元)			
#三资企业	(万元)			
注册资本	(万元)	436400	1447643	-69.9
合同外资金额	(万美元)			
外商实际投资	(万美元)			
工业总产值(现价)	(万元)	3540154	2232287	58.6
工业销售产值(现价)	(万元)	3385298	2099008	61.3
#出口交货值	(万元)	81557	83955	-2.9
总收入	(万元)	26408838	21357270	23.7
#技术收入	(万元)	3202668	2798785	14.4
利润总额	(万元)	1063176	1075853	-1.2
#高新技术企业	(万元)	1063176	1075853	-1.2
应缴税金总额	(万元)	817214	602972	35.5
固定资产投资	(万元)	640000	544561	17.5
#基础设施投资	(万元)			
年末从业人员	(人)	155430	125157	24.2

6-3 续表3 昌平园主要指标

项目		2011	2010	增长速度(%)
规划总面积	(公顷)	1150.7	1150.7	
累计土地开发施工面积	(公顷)	772.8	732.3	
累计土地开发完工面积	(公顷)	668.2	646.2	
累计建成区土地面积	(公顷)	584.5	584.5	
投产(开业)企业个数	(个)	1461	1295	12.8
#高新技术企业	(个)	1461	1295	12.8
#工业企业	(个)	684	640	6.9
#三资企业	(个)	140	133	5.3
总投资	(万元)	631417	185571	240.3
#工业企业	(万元)	62541	18114	245.3
#三资企业	(万元)	46945	23331	101.2
注册资本	(万元)	627431	185571	238.1
合同外资金额	(万美元)	3496	3377	3.5
外商实际投资	(万美元)	3496	3377	3.5
工业总产值(现价)	(万元)	9808362	6155630	59.3
工业销售产值(现价)	(万元)	9754446	6083312	60.3
#出口交货值	(万元)	415336	225013	84.6
总收入	(万元)	15070872	9043336	66.7
#技术收入	(万元)	610927	665162	-8.2
利润总额	(万元)	1231343	986475	24.8
#高新技术企业	(万元)	1231343	986475	24.8
应缴税金总额	(万元)	728701	495213	47.1
固定资产投资	(万元)	176629	181727	-2.8
#基础设施投资	(万元)			
年末从业人员	(人)	114008	76137	49.7

6-3 续表4 电子城科技园主要指标

项目		2011	2010	增长速度(%)
规划总面积	(公顷)	1680.0	1680.0	
累计土地开发施工面积	(公顷)	456.5	455.5	
累计土地开发完工面积	(公顷)	147.1	115.4	
累计建成区土地面积	(公顷)	1209.0	1209.0	
投产(开业)企业个数	(个)	1087	1074	1.2
#高新技术企业	(个)	1087	1074	1.2
#工业企业	(个)	233	235	-0.9
#三资企业	(个)	194	196	-1.0
总投资	(万元)	63473	37341	70.0
#工业企业	(万元)			
#三资企业	(万元)	2310	7593	-69.6
注册资本	(万元)	63473	37341	70.0
合同外资金额	(万美元)	385	1157	-66.7
外商实际投资	(万美元)	385	1157	-66.7
工业总产值(现价)	(万元)	6837340	5268506	29.8
工业销售产值(现价)	(万元)	6685370	5174997	29.2
#出口交货值	(万元)	785910	750500	4.7
总收入	(万元)	18600796	12450923	49.4
#技术收入	(万元)	2892431	2320878	24.6
利润总额	(万元)	1777012	1553676	14.4
#高新技术企业	(万元)	1777012	1553676	14.4
应缴税金总额	(万元)	898879	583255	54.1
固定资产投资	(万元)	210000	303469	-30.8
#基础设施投资	(万元)	19087	23000	-17.0
年末从业人员	(人)	116797	91957	27.0

6-3 续表5 亦庄科技园主要指标

项　　目		2011	2010	增长速度(%)
规划总面积	(公顷)	2678.0	2680.0	
累计土地开发施工面积	(公顷)	2678.0	2678.0	
累计土地开发完工面积	(公顷)	2678.0	2678.0	
累计建成区土地面积	(公顷)	2678.0	2680.0	
投产(开业)企业个数	(个)	474	448	5.8
#高新技术企业	(个)	474	448	5.8
#工业企业	(个)	226	207	9.2
#三资企业	(个)	158	152	3.9
总投资	(万元)	420036	337700	24.4
#工业企业	(万元)	290980		
#三资企业	(万元)	420036	215356	95.0
注册资本	(万元)	315432	215212	46.6
合同外资金额	(万美元)	20015	17895	11.8
外商实际投资	(万美元)	35504	3395	
工业总产值(现价)	(万元)	20872741	21558410	-3.2
工业销售产值(现价)	(万元)	20501765	21132485	-3.0
#出口交货值	(万元)	6662052	8825585	-24.5
总收入	(万元)	32127206	34844686	-7.8
#技术收入	(万元)	1972342	1796988	9.8
利润总额	(万元)	2909723	3300256	-11.8
#高新技术企业	(万元)	2909723	3300256	-11.8
应缴税金总额	(万元)	2248658	2475861	-9.2
固定资产投资	(万元)			
#基础设施投资	(万元)			
年末从业人员	(人)	181097	176887	2.4

6–3 续表6 德胜园主要指标

项目		2011	2010	增长速度(%)
规划总面积	(公顷)	564.0	564.0	
累计土地开发施工面积	(公顷)			
累计土地开发完工面积	(公顷)			
累计建成区土地面积	(公顷)			
投产(开业)企业个数	(个)	378	298	26.8
#高新技术企业	(个)	378	298	26.8
#工业企业	(个)	50	43	16.3
#三资企业	(个)	24	20	20.0
总投资	(万元)			
#工业企业	(万元)			
#三资企业	(万元)			
注册资本	(万元)			
合同外资金额	(万美元)			
外商实际投资	(万美元)			
工业总产值(现价)	(万元)	897571	319366	181.0
工业销售产值(现价)	(万元)	960424	308927	210.9
#出口交货值	(万元)	264812	36064	634.3
总收入	(万元)	3691046	1643881	124.5
#技术收入	(万元)	1196009	509314	134.8
利润总额	(万元)	566667	234860	141.3
#高新技术企业	(万元)	566667	234860	141.3
应缴税金总额	(万元)	224558	91026	146.7
固定资产投资	(万元)	70281	70281	持平
#基础设施投资	(万元)	6425	6425	持平
年末从业人员	(人)	45065	24798	81.7

6-3 续表7 雍和园主要指标

项　　目		2011	2010	增长速度(%)
规划总面积	(公顷)	290.3	290.3	
累计土地开发施工面积	(公顷)			
累计土地开发完工面积	(公顷)			
累计建成区土地面积	(公顷)			
投产(开业)企业个数	(个)	113	96	17.7
#高新技术企业	(个)	113	96	17.7
#工业企业	(个)	4	3	33.3
#三资企业	(个)	9	11	-18.2
总投资	(万元)	24561	46808	-47.5
#工业企业	(万元)	5198		
#三资企业	(万元)		14675	
注册资本	(万元)	24561	46808	-47.5
合同外资金额	(万美元)		1043	
外商实际投资	(万美元)		1043	
工业总产值(现价)	(万元)	51592	91793	-43.8
工业销售产值(现价)	(万元)	52024	91621	-43.2
#出口交货值	(万元)	1927	871	121.2
总收入	(万元)	3034565	2518174	20.5
#技术收入	(万元)	449810	322464	39.5
利润总额	(万元)	84371	44996	87.5
#高新技术企业	(万元)	84371	44996	87.5
应缴税金总额	(万元)	86379	64853	33.2
固定资产投资	(万元)	405710	376603	7.7
#基础设施投资	(万元)	399596	367646	8.7
年末从业人员	(人)	19310	16044	20.4

6-3 续表8　石景山园主要指标

项　目		2011	2010	增长速度(%)
规划总面积	(公顷)	345.0	345.0	
累计土地开发施工面积	(公顷)	56.0	56.0	
累计土地开发完工面积	(公顷)	56.0	56.0	
累计建成区土地面积	(公顷)	56.0	56.0	
投产(开业)企业个数	(个)	566	523	8.2
#高新技术企业	(个)	566	523	8.2
#工业企业	(个)	84	83	1.2
#三资企业	(个)	34	28	21.4
总投资	(万元)	188471	450125	-58.1
#工业企业	(万元)			
#三资企业	(万元)		35336	
注册资本	(万元)	248195	451224	-45.0
合同外资金额	(万美元)		5436	
外商实际投资	(万美元)		5436	
工业总产值(现价)	(万元)	451137	381701	18.2
工业销售产值(现价)	(万元)	436919	356180	22.7
#出口交货值	(万元)	105364	116154	-9.3
总收入	(万元)	7162006	4650562	54.0
#技术收入	(万元)	585101	424996	37.7
利润总额	(万元)	445042	290759	53.1
#高新技术企业	(万元)	445042	290759	53.1
应缴税金总额	(万元)	206451	118906	73.6
固定资产投资	(万元)	35033	8608	307.0
#基础设施投资	(万元)	593		
年末从业人员	(人)	35719	20862	71.2

6-3 续表9 通州园主要指标

项目		2011	2010	增长速度(%)
规划总面积	(公顷)	1451.5	1451.5	
累计土地开发施工面积	(公顷)	951.8	961.1	
累计土地开发完工面积	(公顷)	924.4	954.0	
累计建成区土地面积	(公顷)	924.6	984.0	
投产(开业)企业个数	(个)	72	51	41.2
#高新技术企业	(个)	72	51	41.2
#工业企业	(个)	63	45	40.0
#三资企业	(个)	15	12	25.0
总投资	(万元)	123871	405200	-69.4
#工业企业	(万元)	123871	385200	-67.8
#三资企业	(万元)	24613		
注册资本	(万元)	110607	13200	737.9
合同外资金额	(万美元)			
外商实际投资	(万美元)	3913		
工业总产值(现价)	(万元)	1446452	1331456	8.6
工业销售产值(现价)	(万元)	1393674	1300707	7.1
#出口交货值	(万元)	188408	323682	-41.8
总收入	(万元)	2049431	2014545	1.7
#技术收入	(万元)	19921	6124	225.3
利润总额	(万元)	104727	120663	-13.2
#高新技术企业	(万元)	104727	120663	-13.2
应缴税金总额	(万元)	101237	68230	48.4
固定资产投资	(万元)		57901	
#基础设施投资	(万元)			
年末从业人员	(人)	16370	10485	56.1

6-3 续表10 大兴生物工程与医药产业基地主要指标

项　　目		2011	2010	增长速度(%)
规划总面积	(公顷)	1106.3	963.0	
累计土地开发施工面积	(公顷)	485.4	436.4	
累计土地开发完工面积	(公顷)	436.4	436.4	
累计建成区土地面积	(公顷)	469.9	429.9	
投产(开业)企业个数	(个)	47	44	6.8
#高新技术企业	(个)	47	44	6.8
#工业企业	(个)	38	34	11.8
#三资企业	(个)	8	7	14.3
总投资	(万元)	4900	29188	-83.2
#工业企业	(万元)	4900	27188	-82.0
#三资企业	(万元)		6500	
注册资本	(万元)	4900	29188	-83.2
合同外资金额	(万美元)		245	
外商实际投资	(万美元)		245	
工业总产值(现价)	(万元)	481982	332522	44.9
工业销售产值(现价)	(万元)	458896	333059	37.8
#出口交货值	(万元)	22645	20187	12.2
总收入	(万元)	487269	330846	47.3
#技术收入	(万元)	6453	8997	-28.3
利润总额	(万元)	67944	43150	57.5
#高新技术企业	(万元)	67944	43150	57.5
应缴税金总额	(万元)	36787	25183	46.1
固定资产投资	(万元)	99585	24116	312.9
#基础设施投资	(万元)	58189	200	
年末从业人员	(人)	7673	5966	28.6

6-4 北京天竺综合保税区主要指标

项　　目		2011	2010	增长速度(%)
规划总面积	(公顷)	594.4	594.4	
累计土地开发施工面积	(公顷)	349.5	349.5	
累计土地开发完工面积	(公顷)	349.5	349.5	
累计建成区土地面积	(公顷)	349.5	349.5	
投产(开业)企业个数	(个)	64	47	36.2
#高新技术企业	(个)			
#工业企业	(个)	20	17	17.6
#三资企业	(个)	24	21	14.3
总投资	(万元)	642453	233949	174.6
#工业企业	(万元)	34900	53914	-35.3
#三资企业	(万元)	202552	96049	110.9
注册资本	(万元)	270607	95249	184.1
合同外资金额	(万美元)	28775	4975	478.4
外商实际投资	(万美元)	1095	3100	-64.7
工业总产值(现价)	(万元)	189506	141358	34.1
工业销售产值(现价)	(万元)	179262	140845	27.3
#出口交货值	(万元)	172855		
总收入	(万元)	754206	206549	265.1
#技术收入	(万元)	3852		
利润总额	(万元)	73398	335916	-78.1
#高新技术企业	(万元)			
应缴税金总额	(万元)	44655	5581	700.1
固定资产投资	(万元)	75528	15476	388.0
#基础设施投资	(万元)		8730	
年末从业人员	(人)	12285	4212	191.7

注：北京天竺综合保税区为国务院2010年最新批复设立的国家级综合保税区，范围包含了北京天竺出口加工区和北京空港保税物流中心。

6-5 北京石龙经济开发区主要指标

项　　目		2011	2010	增长速度(%)
规划总面积	(公顷)	150.0	150.0	
累计土地开发施工面积	(公顷)	150.0	110.0	
累计土地开发完工面积	(公顷)	150.0	110.0	
累计建成区土地面积	(公顷)	150.0	110.0	
投产(开业)企业个数	(个)	3308	1528	116.5
#高新技术企业	(个)	27	23	17.4
#工业企业	(个)	485	485	
#三资企业	(个)		39	
总投资	(万元)	680000	202700	235.5
#工业企业	(万元)			
#三资企业	(万元)		3591	
注册资本	(万元)	680000	202700	235.5
合同外资金额	(万美元)			
外商实际投资	(万美元)			
工业总产值(现价)	(万元)	491700	458766	7.2
工业销售产值(现价)	(万元)	583700	500055	16.7
#出口交货值	(万元)	46672	47028	-0.8
总收入	(万元)	957100	283585	237.5
#技术收入	(万元)	239275	54654	337.8
利润总额	(万元)	254073	39134	549.2
#高新技术企业	(万元)	20099	27003	-25.6
应缴税金总额	(万元)	274500	130449	110.4
固定资产投资	(万元)	43020	94998	-54.7
#基础设施投资	(万元)	43020	28699	49.9
年末从业人员	(人)	49520	31469	57.4

6-6 北京良乡经济开发区主要指标

项目		2011	2010	增长速度(%)
规划总面积	(公顷)	240.0	240.0	
累计土地开发施工面积	(公顷)	118.0	118.0	
累计土地开发完工面积	(公顷)	91.9	91.9	
累计建成区土地面积	(公顷)	91.9	91.9	
投产(开业)企业个数	(个)	1277	1176	8.6
#高新技术企业	(个)	3	3	
#工业企业	(个)	95	95	
#三资企业	(个)	13	16	-18.8
总投资	(万元)	177650	151448	17.3
#工业企业	(万元)		17900	
#三资企业	(万元)		40000	
注册资本	(万元)	177650	151448	17.3
合同外资金额	(万美元)		5882	
外商实际投资	(万美元)		5882	
工业总产值(现价)	(万元)	171422	161135	6.4
工业销售产值(现价)	(万元)	192186	192387	-0.1
#出口交货值	(万元)	36793	39958	-7.9
总收入	(万元)	2081457	1950972	6.7
#技术收入	(万元)	217994	192735	13.1
利润总额	(万元)	37324	35821	4.2
#高新技术企业	(万元)	5611	7479	-25.0
应缴税金总额	(万元)	117744	107177	9.9
固定资产投资	(万元)		13006	
#基础设施投资	(万元)			
年末从业人员	(人)	23500	22956	2.4

6-7 北京大兴经济开发区主要指标

项 目		2011	2010	增长速度(%)
规划总面积	(公顷)	412.0	416.0	
累计土地开发施工面积	(公顷)	236.0	236.0	
累计土地开发完工面积	(公顷)	232.8	232.8	
累计建成区土地面积	(公顷)	183.0	183.0	
投产(开业)企业个数	(个)	353	352	0.3
#高新技术企业	(个)	16	14	14.3
#工业企业	(个)	114	117	-2.6
#三资企业	(个)	27	22	22.7
总投资	(万元)			
#工业企业	(万元)			
#三资企业	(万元)			
注册资本	(万元)			
合同外资金额	(万美元)			
外商实际投资	(万美元)			
工业总产值(现价)	(万元)	375005	310929	20.6
工业销售产值(现价)	(万元)	361286	316254	14.2
#出口交货值	(万元)	18666	16145	15.6
总收入	(万元)	1512390	1311946	15.3
#技术收入	(万元)	23034	42352	-45.6
利润总额	(万元)	42434	28563	48.6
#高新技术企业	(万元)	24561	15379	59.7
应缴税金总额	(万元)	50471	43858	15.1
固定资产投资	(万元)	21121	2846	642.1
#基础设施投资	(万元)	3000	118	
年末从业人员	(人)	24738	31221	-20.8

6-8 北京通州经济开发区主要指标

项 目		2011	2010	增长速度(%)
规划总面积	(公顷)	762.0	762.0	
累计土地开发施工面积	(公顷)	357.0	357.0	
累计土地开发完工面积	(公顷)	293.9	268.1	
累计建成区土地面积	(公顷)	245.1	228.1	
投产(开业)企业个数	(个)	158	153	3.3
#高新技术企业	(个)	15	12	25.0
#工业企业	(个)	83	80	3.8
#三资企业	(个)	26	27	-3.7
总投资	(万元)	308200	1348700	-77.1
#工业企业	(万元)	143200	1339000	-89.3
#三资企业	(万元)		16700	
注册资本	(万元)	68550	95347	-28.1
合同外资金额	(万美元)		1637	
外商实际投资	(万美元)	2732		
工业总产值(现价)	(万元)	633133	581136	8.9
工业销售产值(现价)	(万元)	636514	574524	10.8
#出口交货值	(万元)	67644	60145	12.5
总收入	(万元)	1370076	1025751	33.6
#技术收入	(万元)			
利润总额	(万元)	50009	26813	86.5
#高新技术企业	(万元)	25517	9030	182.6
应缴税金总额	(万元)	70565	46115	53.0
固定资产投资	(万元)	64096	55159	16.2
#基础设施投资	(万元)	1270		
年末从业人员	(人)	9707	9205	5.5

6-9 北京雁栖经济开发区主要指标

项目		2011	2010	增长速度(%)
规划总面积	(公顷)	1096.0	1096.0	
累计土地开发施工面积	(公顷)	733.8	696.3	
累计土地开发完工面积	(公顷)	733.8	696.3	
累计建成区土地面积	(公顷)	749.2	749.2	
投产(开业)企业个数	(个)	270	355	-23.9
#高新技术企业	(个)	40	37	8.1
#工业企业	(个)	240	313	-23.3
#三资企业	(个)	67	82	-18.3
总投资	(万元)	115160	567370	-79.7
#工业企业	(万元)	115160	125000	-7.9
#三资企业	(万元)			
注册资本	(万元)	19684	93878	-79.0
合同外资金额	(万美元)			
外商实际投资	(万美元)			
工业总产值(现价)	(万元)	1910609	1576038	21.2
工业销售产值(现价)	(万元)	1893076	1555881	21.7
#出口交货值	(万元)	98992	80669	22.7
总收入	(万元)	2278208	1762003	29.3
#技术收入	(万元)			
利润总额	(万元)	203610	131639	54.7
#高新技术企业	(万元)	93200	72260	29.0
应缴税金总额	(万元)	173910	119333	45.7
固定资产投资	(万元)	85530	164244	-47.9
#基础设施投资	(万元)	6885	997	590.6
年末从业人员	(人)	21099	22430	-5.9

6-10 北京兴谷经济开发区主要指标

项 目		2011	2010	增长速度(%)
规划总面积	(公顷)	978.8	978.8	
累计土地开发施工面积	(公顷)	299.8	299.8	
累计土地开发完工面积	(公顷)	257.9	257.9	
累计建成区土地面积	(公顷)	391.9	391.9	
投产(开业)企业个数	(个)	168	160	5.0
#高新技术企业	(个)	6	6	
#工业企业	(个)	77	75	2.7
#三资企业	(个)	37	36	2.8
总投资	(万元)	50150	40500	23.8
#工业企业	(万元)	49150	40500	21.4
#三资企业	(万元)	13520		
注册资本	(万元)	9358	2900	222.7
合同外资金额	(万美元)	2534	712	255.9
外商实际投资	(万美元)	2100		
工业总产值(现价)	(万元)	1710197	1498119	14.2
工业销售产值(现价)	(万元)	1643686	1463793	12.3
#出口交货值	(万元)	82112	68762	19.4
总收入	(万元)	2087070	1932816	8.0
#技术收入	(万元)			
利润总额	(万元)	178783	181899	-1.7
#高新技术企业	(万元)	9968	8900	12.0
应缴税金总额	(万元)	114452	108521	5.5
固定资产投资	(万元)	72860	74099	-1.7
#基础设施投资	(万元)	2089	10634	-80.4
年末从业人员	(人)	32962	29896	10.3

6-11 北京密云经济开发区主要指标

项　　目		2011	2010	增长速度(%)
规划总面积	(公顷)	1240.2	1240.2	
累计土地开发施工面积	(公顷)	920.9	839.0	
累计土地开发完工面积	(公顷)	839.0	697.0	
累计建成区土地面积	(公顷)	1113.7	973.1	
投产(开业)企业个数	(个)	161	160	0.6
#高新技术企业	(个)	14	14	
#工业企业	(个)	98	105	-6.7
#三资企业	(个)	31	31	
总投资	(万元)	714000	109800	550.3
#工业企业	(万元)	699000	109800	536.6
#三资企业	(万元)	31000		
注册资本	(万元)	64995	14500	348.2
合同外资金额	(万美元)			
外商实际投资	(万美元)	4607	4548	1.3
工业总产值(现价)	(万元)	1288039	1000292	28.8
工业销售产值(现价)	(万元)	1259622	958513	31.4
#出口交货值	(万元)	90079	74438	21.0
总收入	(万元)	2326667	1710725	36.0
#技术收入	(万元)			
利润总额	(万元)	96666	105420	-8.3
#高新技术企业	(万元)	55580	42912	29.5
应缴税金总额	(万元)	154045	94545	62.9
固定资产投资	(万元)	211874	163023	30.0
#基础设施投资	(万元)	1322	2114	-37.5
年末从业人员	(人)	30060	25168	19.4

6-12 北京林河经济开发区主要指标

项　目		2011	2010	增长速度(%)
规划总面积	(公顷)	416.0	416.0	
累计土地开发施工面积	(公顷)	157.0	157.0	
累计土地开发完工面积	(公顷)	157.0	157.0	
累计建成区土地面积	(公顷)	132.3	132.3	
投产(开业)企业个数	(个)	87	83	4.8
#高新技术企业	(个)	11	9	22.2
#工业企业	(个)	51	47	8.5
#三资企业	(个)	26	25	4.0
总投资	(万元)	17143	26892	-36.3
#工业企业	(万元)	3	16182	
#三资企业	(万元)	792	4372	-81.9
注册资本	(万元)	16716	26892	-37.8
合同外资金额	(万美元)	41	609	-93.3
外商实际投资	(万美元)	1004	10	
工业总产值(现价)	(万元)	785556	624640	25.8
工业销售产值(现价)	(万元)	722539	589057	22.7
#出口交货值	(万元)	65912	61021	8.0
总收入	(万元)	1582630	1421612	11.3
#技术收入	(万元)			
利润总额	(万元)	98167	42288	132.1
#高新技术企业	(万元)	73875	50841	45.3
应缴税金总额	(万元)	59984	41727	43.8
固定资产投资	(万元)	60217	21323	182.4
#基础设施投资	(万元)	10879	4041	169.2
年末从业人员	(人)	8700	7871	10.5

6-13 北京天竺空港经济开发区主要指标

项　目		2011	2010	增长速度(%)
规划总面积	(公顷)	965.1	965.1	
累计土地开发施工面积	(公顷)	559.6	559.6	
累计土地开发完工面积	(公顷)	559.6	559.6	
累计建成区土地面积	(公顷)	649.2	649.2	
投产(开业)企业个数	(个)	263	273	-3.7
#高新技术企业	(个)	26	22	18.2
#工业企业	(个)	145	153	-5.2
#三资企业	(个)	96	97	-1.0
总投资	(万元)	254955	65452	289.5
#工业企业	(万元)	17217	5860	193.8
#三资企业	(万元)	11720	31352	-62.6
注册资本	(万元)	235555	57342	310.8
合同外资金额	(万美元)	1252	12789	-90.2
外商实际投资	(万美元)	10087	11608	-13.1
工业总产值(现价)	(万元)	3475990	3328423	4.4
工业销售产值(现价)	(万元)	3495986	3332825	4.9
#出口交货值	(万元)	2331790	2189449	6.5
总收入	(万元)	8138475	7712636	5.5
#技术收入	(万元)	86229	34092	152.9
利润总额	(万元)	339200	464368	-27.0
#高新技术企业	(万元)	38891	33532	16.0
应缴税金总额	(万元)	272009	414682	-34.4
固定资产投资	(万元)	171534	646787	-73.5
#基础设施投资	(万元)	4687	19693	-76.2
年末从业人员	(人)	57507	54069	6.4

6-14 北京八达岭经济开发区主要指标

项　目		2011	2010	增长速度(%)
规划总面积	(公顷)	480.8	480.8	
累计土地开发施工面积	(公顷)	234.4	234.4	
累计土地开发完工面积	(公顷)	234.4	234.4	
累计建成区土地面积	(公顷)	234.4	234.4	
投产(开业)企业个数	(个)	438	368	19.0
#高新技术企业	(个)	8	6	33.3
#工业企业	(个)	48	44	9.1
#三资企业	(个)	8	7	14.3
总投资	(万元)	48922	56931	-14.1
#工业企业	(万元)		17370	
#三资企业	(万元)	1010		
注册资本	(万元)	48922	56931	-14.1
合同外资金额	(万美元)			
外商实际投资	(万美元)			
工业总产值(现价)	(万元)	259030	218444	18.6
工业销售产值(现价)	(万元)	300945	320573	-6.1
#出口交货值	(万元)			
总收入	(万元)	831467	773746	7.5
#技术收入	(万元)			
利润总额	(万元)	50131	49350	1.6
#高新技术企业	(万元)	7074	27984	-74.7
应缴税金总额	(万元)	48687	41720	16.7
固定资产投资	(万元)	58433	50794	15.0
#基础设施投资	(万元)			
年末从业人员	(人)	15707	13664	15.0

6-15 北京永乐经济开发区主要指标

项　目		2011	2010	增长速度(%)
规划总面积	(公顷)	444.1	459.8	
累计土地开发施工面积	(公顷)	235.1	82.4	
累计土地开发完工面积	(公顷)	70.2	57.6	
累计建成区土地面积	(公顷)	57.6	57.6	
投产(开业)企业个数	(个)	16	16	
#高新技术企业	(个)	4	4	
#工业企业	(个)	9	16	-43.8
#三资企业	(个)	3	6	-50.0
总投资	(万元)	21269	32000	-33.5
#工业企业	(万元)		26786	
#三资企业	(万元)			
注册资本	(万元)	11000	1000	
合同外资金额	(万美元)			
外商实际投资	(万美元)			
工业总产值(现价)	(万元)	42393	32400	30.8
工业销售产值(现价)	(万元)	39094	32400	20.7
#出口交货值	(万元)	2356	1860	26.7
总收入	(万元)	44064	35165	25.3
#技术收入	(万元)			
利润总额	(万元)	2522	2207	14.3
#高新技术企业	(万元)	2787	1623	71.7
应缴税金总额	(万元)	9300	4010	131.9
固定资产投资	(万元)			
#基础设施投资	(万元)			
年末从业人员	(人)	960	960	

6-16 北京延庆经济开发区主要指标

项　目		2011	2010	增长速度(%)
规划总面积	(公顷)	303.5	303.5	
累计土地开发施工面积	(公顷)	112.0	112.0	
累计土地开发完工面积	(公顷)	112.0	112.0	
累计建成区土地面积	(公顷)	81.8	81.8	
投产(开业)企业个数	(个)	498	374	33.2
#高新技术企业	(个)	12	7	71.4
#工业企业	(个)	50	43	16.3
#三资企业	(个)	10	7	42.9
总投资	(万元)	92896	120379	-22.8
#工业企业	(万元)	58216	51702	12.6
#三资企业	(万元)			
注册资本	(万元)	35930	70878	-49.3
合同外资金额	(万美元)			
外商实际投资	(万美元)			
工业总产值(现价)	(万元)	367435	236106	55.6
工业销售产值(现价)	(万元)	367022	257140	42.7
#出口交货值	(万元)	160911		
总收入	(万元)	1228322	953795	28.8
#技术收入	(万元)			
利润总额	(万元)	56246	23555	138.8
#高新技术企业	(万元)	18371	5407	239.8
应缴税金总额	(万元)	68518	60876	12.6
固定资产投资	(万元)	1881	5740	-67.2
#基础设施投资	(万元)	1881	5740	-67.2
年末从业人员	(人)	10660	9842	8.3

6–17 北京昌平小汤山工业园区主要指标

项目		2011	2010	增长速度(%)
规划总面积	(公顷)	257.3	257.3	
累计土地开发施工面积	(公顷)	111.2	111.2	
累计土地开发完工面积	(公顷)	111.2	111.2	
累计建成区土地面积	(公顷)	134.6	134.6	
投产(开业)企业个数	(个)	29	29	
#高新技术企业	(个)			
#工业企业	(个)	24	24	
#三资企业	(个)	2	2	
总投资	(万元)			
#工业企业	(万元)			
#三资企业	(万元)			
注册资本	(万元)	803	600	33.8
合同外资金额	(万美元)			
外商实际投资	(万美元)			
工业总产值(现价)	(万元)	271123	251739	7.7
工业销售产值(现价)	(万元)	271123	251739	7.7
#出口交货值	(万元)	320	308	3.9
总收入	(万元)	271863	252900	7.5
#技术收入	(万元)			
利润总额	(万元)	6881	3822	80.0
#高新技术企业	(万元)			
应缴税金总额	(万元)	4444	3386	31.2
固定资产投资	(万元)			
#基础设施投资	(万元)			
年末从业人员	(人)	1510	1512	-0.1

6-18 北京采育经济开发区主要指标

项 目		2011	2010	增长速度(%)
规划总面积	(公顷)	355.0	355.0	
累计土地开发施工面积	(公顷)	300.2	300.2	
累计土地开发完工面积	(公顷)	300.2	300.2	
累计建成区土地面积	(公顷)	300.2	300.2	
投产(开业)企业个数	(个)	35	31	12.9
#高新技术企业	(个)	8	6	33.3
#工业企业	(个)	35	31	12.9
#三资企业	(个)	3	3	
总投资	(万元)	137000	54118	153.2
#工业企业	(万元)	137000	54118	153.2
#三资企业	(万元)			
注册资本	(万元)	14700	22100	-33.5
合同外资金额	(万美元)		95	
外商实际投资	(万美元)		95	
工业总产值(现价)	(万元)	229204	145662	57.4
工业销售产值(现价)	(万元)	236325	136457	73.2
#出口交货值	(万元)	6428	3835	67.6
总收入	(万元)	246406	143611	71.6
#技术收入	(万元)			
利润总额	(万元)	6312	358	
#高新技术企业	(万元)	4341	-179	
应缴税金总额	(万元)	3493	2755	26.8
固定资产投资	(万元)	33630	42240	-20.4
#基础设施投资	(万元)	17800	10000	78.0
年末从业人员	(人)	3531	3058	15.5

6-19 北京房山工业园区主要指标

项　　目		2011	2010	增长速度(%)
规划总面积	(公顷)	218.5	218.5	
累计土地开发施工面积	(公顷)	141.9	141.9	
累计土地开发完工面积	(公顷)	141.9	141.9	
累计建成区土地面积	(公顷)	92.1	92.1	
投产(开业)企业个数	(个)	8	7	14.3
#高新技术企业	(个)	1	1	
#工业企业	(个)	7	7	
#三资企业	(个)			
总投资	(万元)	2786	67094	-95.8
#工业企业	(万元)	2786	49566	-94.4
#三资企业	(万元)			
注册资本	(万元)	2786	25694	-89.2
合同外资金额	(万美元)			
外商实际投资	(万美元)			
工业总产值(现价)	(万元)	102680	89778	14.4
工业销售产值(现价)	(万元)	105028	80918	29.8
#出口交货值	(万元)		640	
总收入	(万元)	109215	82467	32.4
#技术收入	(万元)	2458		
利润总额	(万元)	1890	-4070	
#高新技术企业	(万元)	6346	1109	472.2
应缴税金总额	(万元)	4309	1862	131.4
固定资产投资	(万元)	28561	9106	213.7
#基础设施投资	(万元)	12487	5306	135.3
年末从业人员	(人)	2008	1866	7.6

6-20 北京马坊工业园区主要指标

项　　目		2011	2010	增长速度(%)
规划总面积	(公顷)	345.6	345.6	
累计土地开发施工面积	(公顷)	145.0	128.8	
累计土地开发完工面积	(公顷)	108.1	91.9	
累计建成区土地面积	(公顷)	132.0	116.8	
投产(开业)企业个数	(个)	40	35	14.3
#高新技术企业	(个)	8	8	
#工业企业	(个)	33	30	10.0
#三资企业	(个)	4	5	-20.0
总投资	(万元)	93659	33000	183.8
#工业企业	(万元)	50625	33000	53.4
#三资企业	(万元)	43034		
注册资本	(万元)	18065	1100	
合同外资金额	(万美元)			
外商实际投资	(万美元)	2350		
工业总产值(现价)	(万元)	176785	127091	39.1
工业销售产值(现价)	(万元)	167945	120736	39.1
#出口交货值	(万元)	21725	9197	136.2
总收入	(万元)	166822	123090	35.5
#技术收入	(万元)			
利润总额	(万元)	9357	3247	188.2
#高新技术企业	(万元)	3703	805	360.0
应缴税金总额	(万元)	3048	2551	19.5
固定资产投资	(万元)	58841	82996	-29.1
#基础设施投资	(万元)			
年末从业人员	(人)	3400	3125	8.8

2012
北京区域统计年鉴

第七篇

BEIJING AREA
STATISTICAL YEARBOOK

北京特色经济区

BEIJING TESE JINGJIQU

北京西单现代商业区

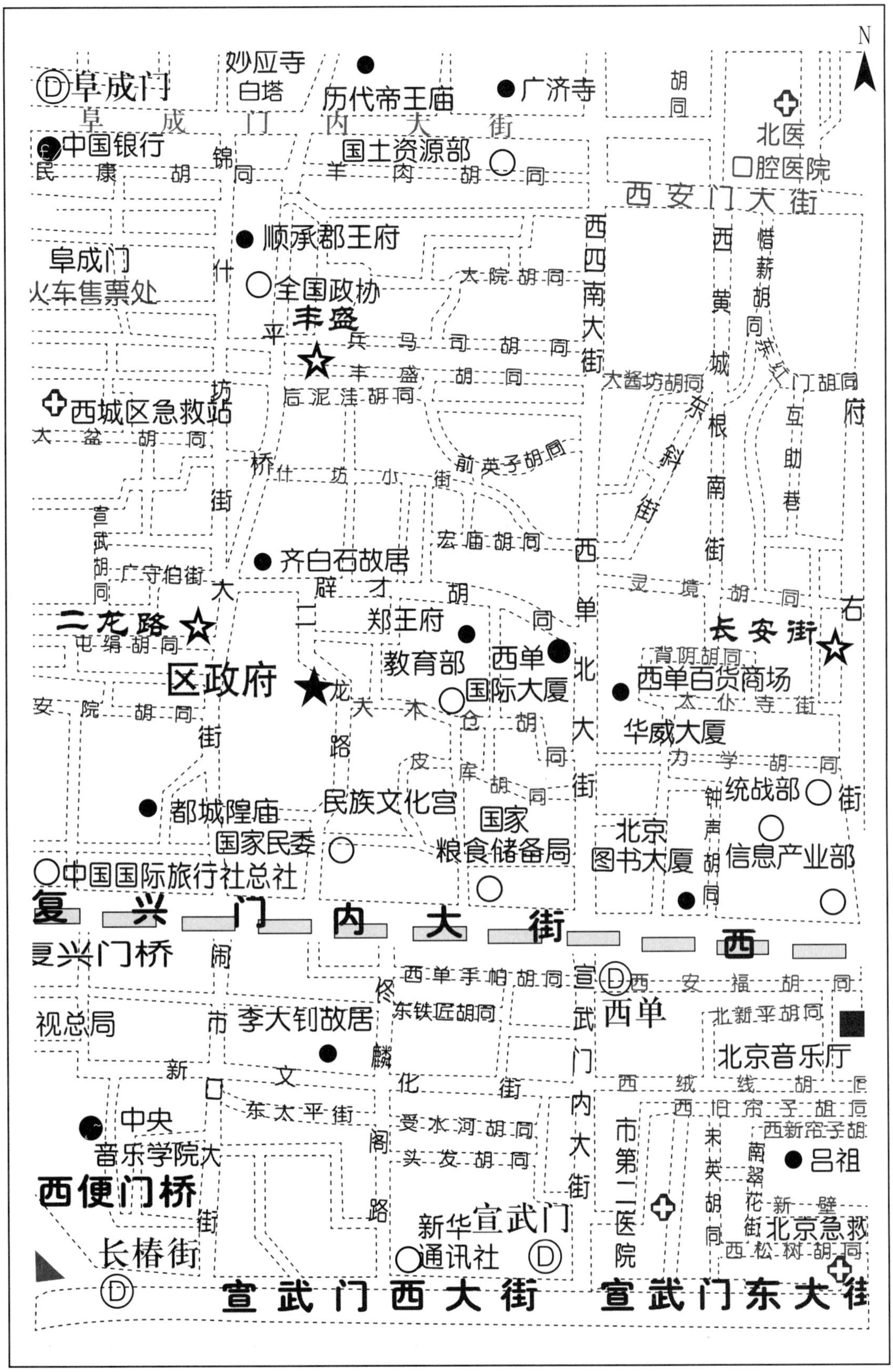

北京西单现代商业区示意图

7-1 北京西单现代商业区主要指标

项　目		2011	2010
自然状况与基础设施			
面　积	(公顷)	80	80
#绿化面积	(公顷)	3.1	3.1
道路面积	(公顷)	14.7	14.7
建筑面积	(万平方米)	80	80
营业面积	(万平方米)	21	21
区内单位状况			
法人单位数	(个)	514	541
#批发与零售业	(个)	154	165
租赁和商务服务业	(个)	115	125
住宿和餐饮业	(个)	57	58
星级宾馆(饭店)	(个)	3	3
营业情况			
资产总计	(亿元)	2530.3	2845.7
实收资本	(亿元)	1867.5	1878.4
营业收入	(亿元)	369.7	752.5
利润总额	(亿元)	26.8	50.3
从业人员情况			
年末从业人员	(人)	22458	16236
#女　性	(人)	10430	6900
全年劳动报酬总额	(亿元)	20.7	17.0
从业人员人均劳动报酬	(元)	93468	103106

注：营业情况为规模以上单位数据；从业人员情况为规模以上城镇单位(不含私营)法人单位数据。

北京西单现代商业区简介

作为打造北京市和西城区经济支柱、现代化城市中心的形象代表，西单商业区一直是西城区重点发展的特色街区之一，更是区委区政府关注的重点。根据最新划分的四至范围，西单商业区南起宣武门内大街，北至灵境胡同西口，东至西单横二条东侧，西至华远街西侧，占地面积0.8平方公里。因东西边界由各项目的纵深决定，所以呈非直线型的空间区域。西单商业区作为具有悠久历史和深厚文化底蕴的商贾云集之地，与王府井大街、前门大栅栏并称为三大传统商业区，是国内知名的标志性现代商业中心区之一。

西单商业区的形成开始于20世纪50年代末。新中国成立后，北京城市规模成倍扩大，并且主要是向西发展，随着长安街的开发建设，以及城市人口的大量西移，西单商业区开始一步步的发展并繁荣起来。改革开放后的十几年间，商品的丰富，流通的活跃，使西单商业区迅速发展起来，商业网点增多，使街区网点密度加大，商业延伸性和连续性增强，商品品种丰富，服务项目齐全，顾客的选择范围增大，逗留时间加长。特别是此期间区政府对东侧进行了改造，使硬件设施水平和总体功能有了质的飞跃，促进了西单商业区的繁荣。

随着西单地区城市改造的展开，区政府越来越意识到必须对西单商业区进行整体的、超前的、切实可行的规划建设，经过多方论证，统一规划，分布实施，并于1992年提出繁荣西单、发展西城的战略，全面规划了西单商业区的发展蓝图，在战略实施策略上，将旧城改造与道路拓宽，房地产开发与商业重建相结合，以商业建设为龙头，带动其他工程建设。截止到2000年10月，西单这一倾注北京市民极大关注的黄金地带，实现了由传统商业区向现代商业区的转变；实现了由单一商业业态向多种业态；由单一交通干线向多元立体化交通系统；由单一购物场所向精神文明载体建设的转变。

近年来，西单商业街不断加强城市建设，完善区域发展环境。2008年西单北大街主街两侧和宣武门内大街东侧项目建设基本完成，包括西西4#地项目、安福大厦项目、浩洋大厦项目等，完成并投入使用70.56万平方米建筑面积。以奥运会为契机，西单北大街市政基础设施得到全面改造更新，增设了自动扶梯，建成相对封闭的步行系统；更新了道路铺装，优化路面环境；改造支路、胡同道路，改善人流、车流通行环境；同时进一步深化景观建设，完善西单文化广场的更新设计改造、设施二层连廊灯光亮丽工程和绿化美化工程、更新休闲花园设计，创造休闲和谐的人文景观。此外，随着西单外观整治工程的逐步展开，以及辟才路的改造，横二条的完善，大木仓、国家教委直至太平桥大街的贯通和西单北大街11条支路、胡同的整治，相信西单商业街将会更加亮丽、时尚和繁荣。同时，西单商业区环境综合整治工程于2007年4月全面启动。在改造中，西城区政府重新设计了西单文化广场的使用功能，完成了广场的中央水景和舞台的建造，布置了绿化树阵。其中，西单牌楼的复建，是西单文化广场改造的一大亮点。通过复建，消失了85年的瞻云牌坊楼重回故地，在长安街上形成了与东单牌楼遥相对应的新景观。环境整治的同时，西单市级商业中心的功能也在不断提升和完善，以四大地块的业态产业空间布局为基础，引导拆迁改造后新增商业的高品质和多元化定位，促进百货业提升商品档次，大力引进著名娱乐品牌、旗舰店、专卖店，并开设婚纱影楼一条街，调整不符合区域功能定位和产业布局要求的业态，从而实现产业能级的提升，使西单成为特色突出、业态丰富、环境良好、管理有序的现代化大型综合商业中心区。

目前，西单商业规模不断扩大，商业街内逐步形成了业态丰富、结构合理的商业发展模式。特别是在西单商场、中友百货、君太百货这些龙头企业的带动下，西单商业区的零售业将对全区的经济增长发挥越来越大的作用。今天的西单商业区依旧位于北京的繁华地区，规模不断拓展，新建的商业设施丰富了西单地区的商业业态形式，提升了西单商业区的综合竞争力。“十二五”规划中，西单商业区在未来将建成国内外知名的商业中心和旅游地区，以现代技术整体提升传统商业，加快发展以购物中心、品牌专卖、电子商贸等为主要形式的现代商贸业，完善旅游服务体系，推动旅游产业优化升级，努力建设品牌突出、功能完善、环境优美、购物方便、品位高雅的国际旅游目的地和首都时尚商业之都。作为北京重要的商业中心，西单将会在不断的完善中，延续老北京的繁华，引领现代商业的气息。

北京金融街商业区

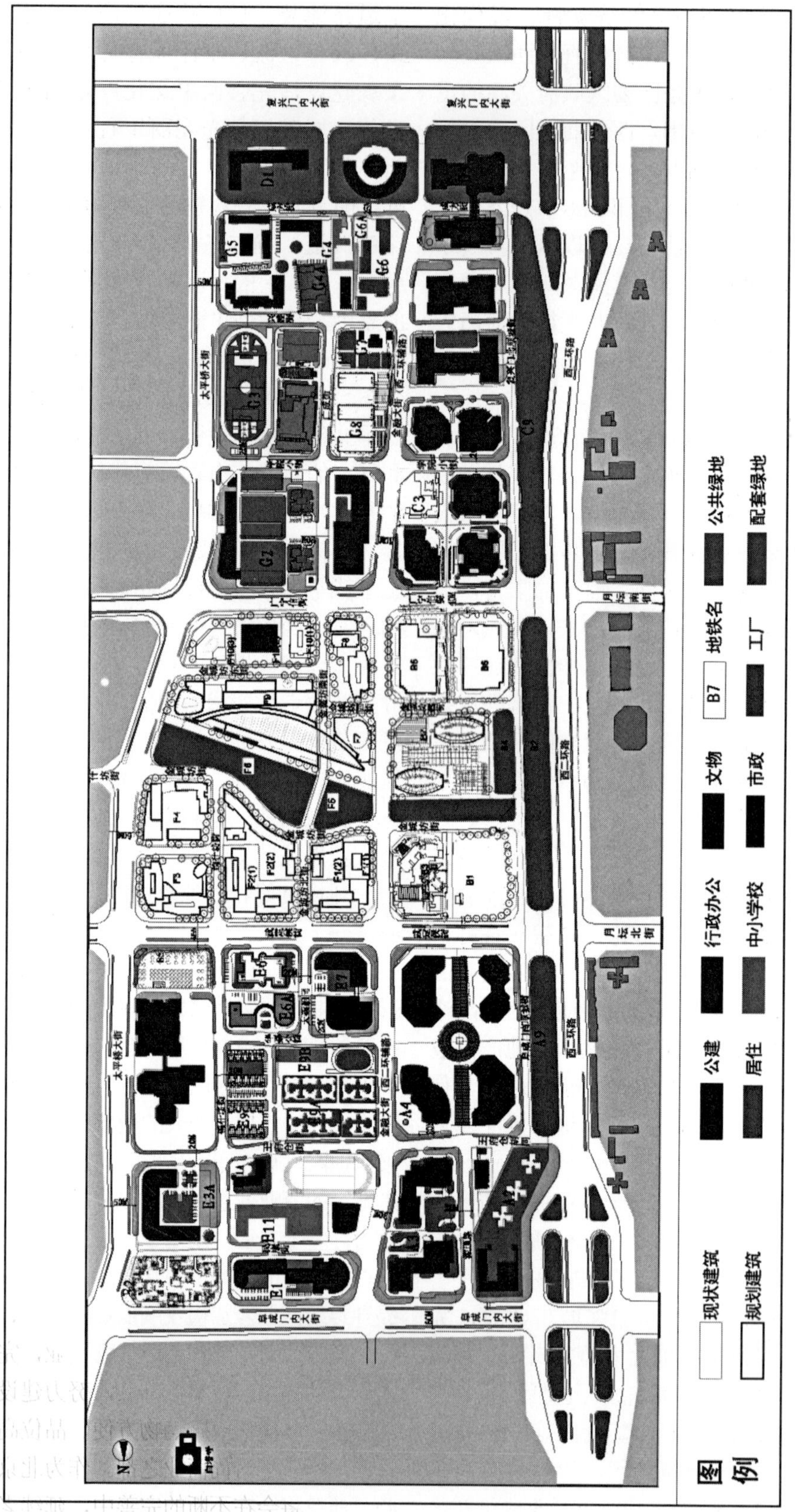

北京金融街商业区示意图

7-2 北京金融街商业区主要指标

项 目		2011	2010
自然状况与基础设施			
面 积	(公顷)	259	259
#绿化面积	(公顷)	26	26
道路面积	(公顷)	32.4	32.4
建筑面积	(万平方米)	340	340
区内单位状况			
法人单位数	(个)	853	807
#租赁和商务服务业	(个)	366	365
批发与零售业	(个)	99	101
金融业	(个)	111	72
保险业	(个)	28	20
房地产业	(个)	51	48
营业情况			
资产总计	(亿元)	246553.1	163320.3
实收资本	(亿元)	14208.3	13305.3
收入合计	(亿元)	4463.6	2333.3
利润总额	(亿元)	2117.2	1168.0
从业人员情况			
年末从业人员	(人)	81979	64668
#女 性	(人)	33858	25624
全年劳动报酬总额	(亿元)	141.9	113.1
从业人员人均劳动报酬	(元)	174215	192960

注：营业情况为规模以上单位数据；从业人员情况为规模以上城镇单位(不含私营)法人单位数据。

北京金融街简介

北京金融街，作为北京首个大规模整体定向开发的金融产业功能区，经过10多年的建设，目前已发展成较为成熟的国家级金融中心。金融街史称“金城坊”，在明、清两代，遍布金坊、银号，是现代金融业的萌芽。至清末民初，户部银行、大清银行、中国银行先后在此更迭。其后，又有大陆、金城、中国实业等各银行先后在此设立总部，欲做成“银行街”。新中国成立后，金融街周围长期成为中国金融、财政的决策机构所在地。源远流长的金融文化为金融街区域所独有，也成为金融商务区的历史基础。

1992年7月，北京市计划发展委员会批准恢复在西二环东侧建设金融一条街。1993年10月，国务院批复了新的《北京城市总体规划》，高屋建瓴地提出：在西二环阜成门至复兴门一带，建设国家级金融管理中心，集中安排国家级银行总行和非银行金融机构总部。

经过十几年的建设与发展，金融街已经成为集决策监管、资产管理、支付结算、信息交流、标准制订为一体的国家金融管理中心，聚集了中国人民银行、中国银监会、中国证监会、中国保监会等国家金融决策和监管机构，已经成为国家金融政策的发源地；聚集着中国工商银行、中国建设银行、中国银行、国家开发银行等全国性商业银行总部；中国进出口银行、中国农业发展银行等国家政策性银行总部；中国民生银行、中国光大银行等股份制银行，以及上海银行、天津银行、浙商银行、大连银行等城市商业银行分支机构；聚集着中国人寿保险公司、中国再保险（集团）公司等保险公司总部，中国移动、中国联通、中国电信等电信集团总部，以及电力、石油、天然气、建筑等行业的大型企业总部。近年来，还先后吸引高盛集团、摩根大通银行、法国兴业银行、瑞银证券等世界顶尖级外资金融机构和国际组织入驻。

随着金融产业的快速发展、金融街吸引力的不断增强，国内外金融机构争相入驻。鉴于金融企业的发展需求，北京市委、市政府批准对金融街地区实施拓展计划，进一步增强产业发展的承载能力。2006年11月，北京市委常委会做出对金融街适度拓展的决定；2007年10月，《关于对金融街拓展和功能完善的意见》经市长办公会讨论通过，决定在金融街核心区现有基础上增加东、南、西三个拓展区，面积扩大至2.59平方公里。其中，西拓展区南至复兴门外大街，北至阜成门外大街，东至西二环，西至南礼士路，面积0.53平方公里;东拓展区南至复兴门内大街，北至阜成门内大街，西至太平桥大街，面积0.59平方公里；南拓展区南至铁匠胡同，北至复兴门内大街，东至宣武门内大街，西至西二环，面积0.29平方公里。2008年5月5日，北京市委、市政府《关于促进首都金融业发展的意见》正式对外公布。在这份文件中，北京率先对一个城市金融业的发展环境、空间布局、人才聚集和市场体系建设进行了详细规划和阐述，将北京定位为国家金融决策中心、金融管理中心、金融信息中心和金融服务中心；同时第一次明确提出，将北京建设成为具有国际影响力的金融中心城市。按照《意见》，北京未来的金融业将以金融街作为主中心区，以CBD作为副中心区。根据现状，6个拓展项目计划先期启动，其中包括月坛北街地块、月坛南街地块、复兴门地块3个西拓区项目，三十五中地块东拓区项目，以及中行住宅楼地块和华嘉小区地块两个核心区项目。2009年，金融街西扩工程破土动工，拓展后的金融街功能将更加完善，为提高金融产业聚集度，完善金融产业链条，提升金融街品牌和国际化程度创造条件。区划调整和资源整合后，未来金融街规划面积将达到8平方公里。

今后，随着北京建设世界城市步伐的加快，金融街将迎来前所未有的发展机遇。西城区将力争进一步拓展金融街区域面积，满足国际国内金融机构及相关企业发展需求。未来的金融街将发展债券、信托等金融产品市场，培育多品种货币交易市场体系，壮大金融资讯、中介等商务服务业，进一步完善商务、文化等服务设施，将金融街建设成为具有国际影响力的金融中心，使金融街真正成为推动发展方式转变、促进生产性服务业发展的重要支撑，为提高首都国际化大都市的竞争力不断做出新的贡献。

北京马连道采购中心区

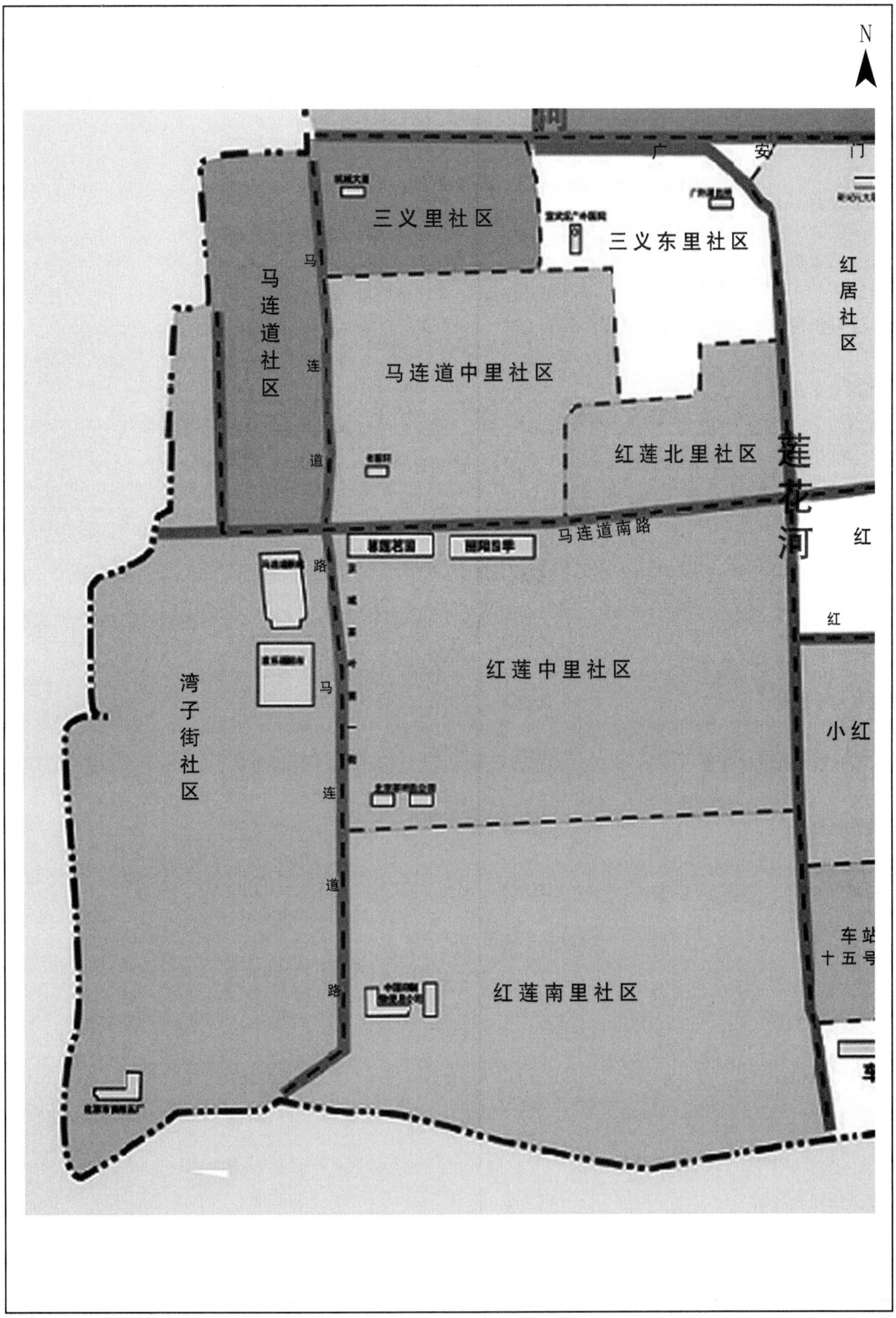

北京马连道采购中心区示意图

7-3 北京马连道采购中心区主要指标

项　　目		2011	2010
区内单位状况			
法人单位数	(个)	1533	1252
#批发与零售企业数	(个)	859	633
#茶叶批发与零售企业数	(个)	231	153
餐饮业企业数	(个)	14	17
服务业单位数	(个)	530	484
营业情况			
资产总计	(亿元)	121.0	105.2
主营业务收入	(亿元)	99.5	53.7
#批发与零售业	(亿元)	32.2	29.7
#茶叶批发与零售企业	(亿元)	0.9	1.3
服务业企业	(亿元)	5.3	4.4
利润总额	(亿元)	1.9	1.3
税金总额	(亿元)	5.7	2.8
从业人员情况			
年末从业人员	(人)	6756	7057
#女　性	(人)	2785	2516
全年劳动报酬总额	(亿元)	3.3	2.6
从业人员人均劳动报酬	(元)	49660	37058

注：营业情况为规模以上单位数据；从业人员情况为规模以上城镇单位(不含私营)法人单位数据。

马连道茶叶特色商业区简介

马连道茶叶特色商业区北靠北京西客站，东临广安门货运站，西接六里桥交通枢纽。是北京城区重要的仓储、货运区、集茶叶、图书、音像、医药、建材等产业发展的新型物流港。“十二五”规划中，马连道茶叶特色商业区重点提升文化品位，延伸产业链条，完善基础设施，建设集茶叶集中交易、茶文化展示和休闲、娱乐为一体的茶文化商贸区。

20世纪50年代，马连道街只有一家北京茶叶总公司。随着国家农产品政策的放开，各地的茶商看到了北方茶叶市场发展的良好势头，也看中马连道的地理位置，开始在附近租房开店，这个自发聚集阶段一直持续到90年代末。1999年开始，随着茶商的集聚，马连道开始具备茶叶一条街的雏形。原宣武区区委、区政府看准这里的茶叶经营特色，开始整治周边环境、修葺道路并开通公交车，全力打造“马连道茶叶一条街”。凭借地理优势，马连道茶叶一条街快速发展。目前，在马连道1500多米的商业街上，拥有多家大型茶城，云集了全国各地的近千家，汇集了中国六大茶系的各种名茶，吸引着国内外的茶商来此进行贸易，是华北地区三大茶叶集散地之一。2000年，马连道茶叶一条街被北京市评为“北京特色商业街”。自2001年开始，这里每年举办一届不同特色的茶叶节，通过主题论坛、贸易洽谈、展演展示等活动，积极推介马连道品牌，使中国各地名茶从这里走向国际市场，使中华茶文化得到弘扬发展。2005年，被中国城市商业网点建设管理联合会和中国步行商业街工作委员会授予“中国特色商业街”称号。一店(张一元)、一馆(老舍茶馆)、一街(马连道茶叶一条街)，也成为2008年北京奥运会的外事接待场所。

目前，马连道茶叶特色商业区正在与有关部门合作，拟按照国际市场通用的交易方式，成立中国茶叶拍卖市场，还将成立茶文化传播中心、茶产品拍卖委员会、电子商务系统等机构。旨在将已经形成的以专门卖茶批发茶为主的马连道茶叶特色商业区商圈，逐步打造成茶文化氛围浓厚的现代创意商圈。希望通过茶文化展览、茶叶表演和茶叶科技等各种茶文化形式，与现有的茶叶交易市场形成互补。未来以博物馆、拍卖市场、电子交易平台为代表的高科技服务业市场开始形成。

北京商务中心区(CBD)

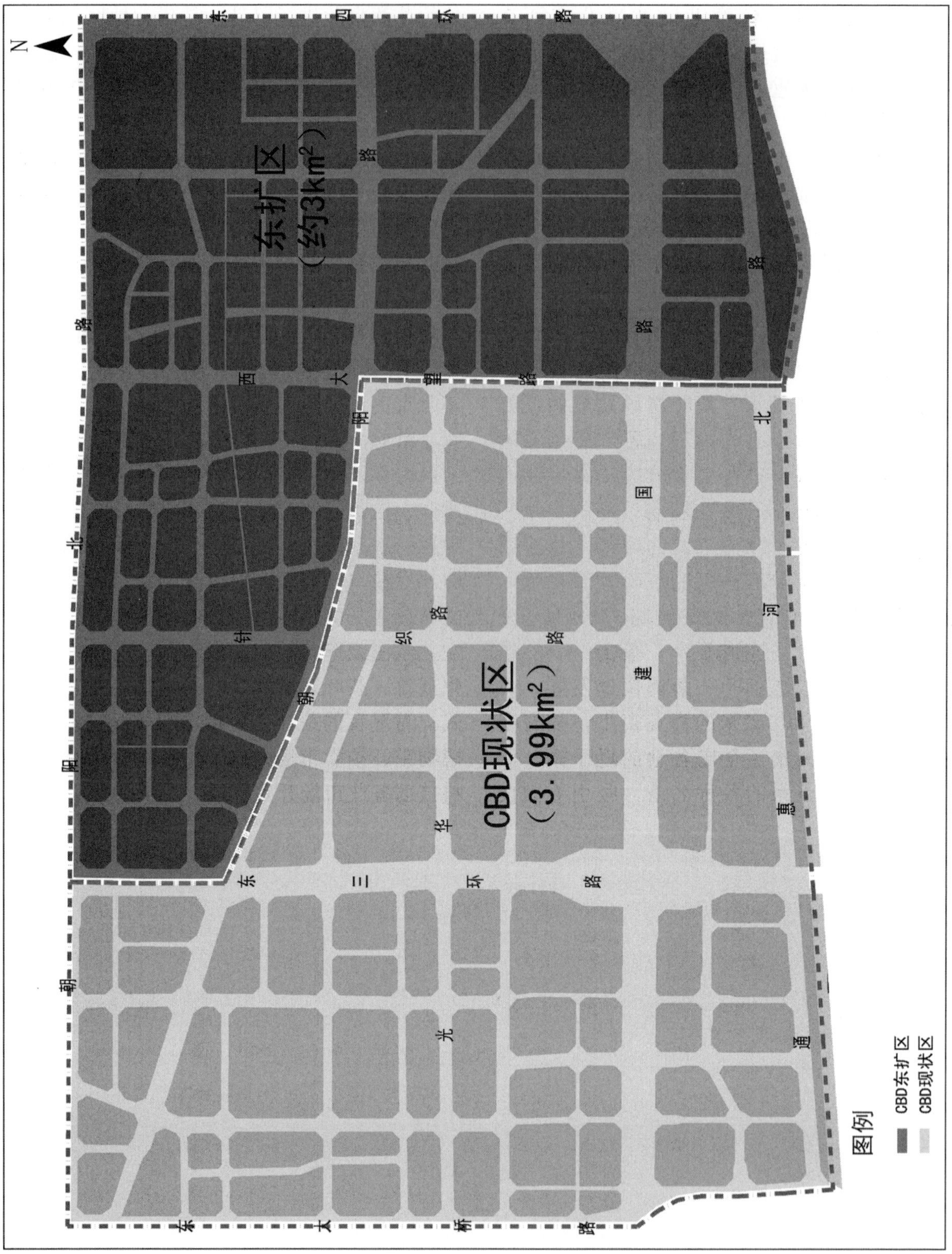

北京商务中心区（CBD）示意图

7-4 北京商务中心区(CBD)主要指标

项　　目		2011	2010
自然状况与基础设施			
面　积	(公顷)	699	699
四星级以上宾馆	(个)	12	12
区内单位状况			
法人单位数	(个)	11777	11401
#外商及港澳台	(个)	2090	1920
#金融业	(个)	147	123
咨询业	(个)	1823	1637
房地产业	(个)	623	613
餐饮业	(个)	397	393
营业情况			
资产总计	(亿元)	18287.6	14921.0
#内　资	(亿元)	11400.0	9722.0
外商及港澳台	(亿元)	6887.6	5199.0
主营业务收入	(亿元)	4968.1	4334.3
从业人员情况			
年末从业人员	(人)	235038	221447
#女　性	(人)	110571	101144
全年劳动报酬总额	(亿元)	265.6	220.7
从业人员人均劳动报酬	(元)	115476	102662

注：营业情况为规模以上单位数据；从业人员情况为规模以上城镇单位(不含私营)法人单位数据。

北京商务中心区(CBD)简介

北京商务中心区（CBD）是首都六大高端产业功能区之一，位于北京市朝阳区中部，北至朝阳北路，南临通惠河，西至东大桥路，东至东四环，面积7平方公里，规划建筑总面积近2000万平方米。1993年在《北京城市总体规划》（1991—2010）中首次提出建设商务中心区的构想，进入新世纪，北京CBD进入了快速发展期。项目建设快速推进，产业形态、空间形态初具规模，现代商务功能日益完备，国际影响力逐年提升，已经成为首都国际化的窗口、高端产业的载体、集约高效的示范及城市形象的名片。

CBD（不包括东扩区）建设项目、道路等均已完成规划的80%，形成了国贸三期、中央电视台、北京电视中心、银泰中心、环球金融中心等一批标志性建筑，建筑总体量达到850万平方米，5A和超5A级的高品质写字楼超过370万平方米，集中了全市50%以上的甲级写字楼和星级酒店，已经成为首都现代化大都市地标性建筑的展示区，汇集了全市各个发展时期的地标性建筑。区域内道路长度达36.6公里，基本形成区内外主次干路、内部交通微循环、地下人行系统相结合的立体网状交通格局。2009年5月，北京市政府批准实施CBD东扩方案，区域面积由3.99平方公里增至7平方公里，为高端产业的有序集聚和辐射发展提供了空间载体。

区域内企业总数超过2万家，规模以上企业吸纳就业人数达27万人，具有海外留学经历的人才2万余人。基本形成了以总部经济为特征，以国际金融为龙头、高端商务为主导、文化传媒聚集发展的产业格局。拥有70余家跨国公司地区总部及投资性公司、170余家世界500强投资企业、100多家国际组织及代表处，聚集了169家国际传媒机构、200多家世界级高端服务业企业、250多家外资金融机构，形成了国贸中心、华贸中心、环球金融中心三大国际金融聚集区。2011年，CBD功能区税收达803亿元，占全市的10%；实际利用外资22.47亿元，占全市的32%；CBD中心区实现税收收入240亿元，占全市的3%。税收过亿的楼宇28座，其中超过20亿元的2座，10亿元—20亿元的3座；新注册企业4622家，其中注册资本过亿元企业48家。CBD已成为朝阳区乃至全市经济社会发展的重要支撑。

CBD核心区位于国贸桥东北角，总用地面积约30公顷。2010年，北京CBD以核心区的开发建设为契机，探索出规划设计、土地入市与产业发展对接的新机制。一是实现“三标合一”，即整合国有土地使用权、规划设计方案和产业项目三项招标；二是提出“三项原则”，即“竞方案、竞实力、限价格”，强调综合实力最强者胜出；三是明确产业导向，指定各地块鼓励产业类型，综合评审后择优选取符合产业定位的投标企业。截至目前，核心区14个地块成功上市交易，吸引了中信集团等41家总部型企业及国际金融机构入驻，公共配套设施工程进展顺利，项目建设全面启动。建成后的核心区最高建筑将超过500米，300米以上的建筑3座，200米—300米的建筑8座，密集连续的高层建筑群将进一步丰富北京的城市天际线。预计每年带来的税收将超过500亿元，为首都建设高端总部聚集之都创造了良好条件。

与区内主要企业联合共建了北京CBD金融商会、传媒产业商会、物业管理及地产开发企业协会三大商协会体系，通过举办各种国际性、高端化、常态式的交流活动，为成员间、企业与政府间搭建了沟通桥梁，提高了区域的协同力、凝聚力和影响力。北京CBD国际商务节自2000年创办至今，已经成功举办12届，不仅充分展示了北京CBD的实力和魅力，而且凭借其国际化、专业化和商务化的特点，成为国际商务交流综合平台，是北京市最重要的商务品牌活动之一。“名节效应”推动了高端产业的快速发展，也提升了北京CBD的国际影响。2008年，北京CBD作为亚洲商务区代表与巴黎拉德芳斯CBD等发起成立世界商务区联盟，2010年顺利当选为世界商务区联盟第二任轮值主席；在连续举办两届中国城市CBD圆桌会的基础上，与天津、深圳、重庆等CBD共同成立了中国商务区联盟，并当选为首任轮值主席，充分发挥CBD的管理、集散、交往、服务功能，卓有成效地扩大了国际影响力。

调整完善了CBD建设管理机制，行政、事业、企业等“三位一体”式管理模式和工商所、地税所、国税所、统计所、劳动保障所、警务工作站等“五所一站”式区域服务管理体系逐步完善。在促进经济发展的同时，注重提升环境、文化、公共服务等功能，完成了CBD现代艺术中心公园、体育文化广场、中航集中绿地、通惠河两侧滨河绿化带等城市绿地建设，庆丰公园建成开放，中轴路景观轴线“都市绿廊”雏形显现；开通了免费商务班车，智能交通停车诱导系统投入使用，地下停车场实现共享；CBD城市管理调度指挥中心开始运行；综合资源管理系统投入使用，为区域相关部门和企业互动提供有力支撑；无线网络项目完工，成为北京首个24小时免费向公众提供无线网络服务的公共区域。

2012
北京区域统计年鉴

第八篇

BEIJING AREA
STATISTICAL YEARBOOK

华北五省市经济社会发展比较

HUABEI WUSHENGSHI
JINGJI SHEHUI FAZHAN BIJIAO

8-1 华北五省市主要指标对比 (2011年)

项　　目		北　京	天　津	河　北	山　西	内蒙古
土地面积	(平方公里)	16411	11917	187693	156698	1183000
人口与就业						
总人口(常住人口)	(万人)	2018.6	1354.6	7240.5	3593.3	2481.7
户籍人口	(万人)	1277.9	996.4	7344.8		
从业人员	(万人)	1069.7	763.2	3962.4	1738.9	1249.3
第一产业	(万人)	59.1	73.2	1439.6	649.4	573.0
第二产业	(万人)	219.2	316.0	1319.8	468.0	221.5
第三产业	(万人)	791.4	374.0	1203.0	621.5	454.8
城镇单位在岗职工人数	(万人)	640.3	252.1	507.4	398.6	257.2
城镇单位在岗职工平均工资	(元)	75834	55636	36166	39903	41481
城镇登记失业率	(%)	1.39	3.60	3.75	3.50	3.80
综合经济						
地区生产总值	(亿元)	16251.9	11307.3	24515.8	11237.6	14359.9
第一产业	(亿元)	136.3	159.7	2905.7	641.4	1306.3
第二产业	(亿元)	3752.5	5928.3	13126.9	6635.3	8037.7
第三产业	(亿元)	12363.1	5219.2	8483.2	3960.9	5015.9
人均地区生产总值	(元)	81658	85213	33969	31357	57974
全社会固定资产投资	(亿元)	5910.6	7510.7	16389.3	7373.1	10899.8
#城镇固定资产投资	(亿元)	5463.9	7057.2			10595.0
#房地产开发投资	(亿元)	3036.3	1080.0	3054.6	790.2	1623.8
地方财政收入	(亿元)	4359.1	3260.9	3020.1	2260.5	2261.8
#地方公共财政预算收入	(亿元)	3006.3	1455.1	1737.8	1213.4	1356.7
地方财政支出	(亿元)	4574.9	2681.2			2989.2
#地方公共财政预算支出	(亿元)	3245.2	1796.3	3537.4	2363.8	
居民消费价格总指数	(上年＝100)	105.6	104.9	105.7	105.2	105.6
实际利用外商直接投资	(亿美元)	70.5	130.6	46.8	20.7	38.4
产　业						
工业总产值(规模以上)	(亿元)	14513.6	20862.7	39698.8	16013.8	17317.6
工业利润总额(规模以上)	(亿元)	1129.5	1933.7	2639.0	1283.0	2157.7
社会消费品零售额	(亿元)	6900.3	3395.1	8035.5	3903.4	3991.7
海关出口总值	(亿美元)	590.0	445.0	285.8	54.3	46.9
海关进口总值	(亿美元)	3305.9	588.9	250.2	93.3	72.5
旅游外汇收入	(亿美元)	54.2	17.6	4.5	5.7	6.7
接待入境旅游人数	(万人次)	520.4	200.4	114.1	155.3	151.5
中资金融机构人民币存款余额	(亿元)	70985.1	16910.5	29563.8	20920.4	12063.7
中资金融机构人民币贷款余额	(亿元)	32434.6	14897.7	18144.0	11169.4	9727.7
人民生活						
城镇(市)居民人均可支配收入	(元)	32903	26921	18292	18124	20408
农村居民人均纯收入	(元)	14736	11891	7120	5601	6642
城乡居民储蓄存款余额(人民币)	(亿元)	18924.6	6072.7	17824.3	10455.5	5423.1

注：1. 河北省土地面积的口径为地表总面积。
2. 山西省地方财政收入为财政总收入。
3. 山西省、河北省的中资金融机构人民币存贷款余额的口径为金融机构人民币存贷款余额；内蒙古城乡居民储蓄存款余额为个人存款储蓄存款余额。

2012

北京区域统计年鉴

第九篇

BEIJING AREA STATISTICAL YEARBOOK

四大直辖市经济社会发展比较

SIDA ZHIXIASHI JINGJI SHEHUI FAZHAN BIJIAO

9-1 京津沪渝主要指标比较（2011年）——自然情况

项　目		北　京	天　津	上　海	重　庆
土地面积	（平方公里）	16411	11917	6341	82403
平均气温	（摄氏度）	13.4	14.2	17.2	17.7
平均相对湿度	（%）	49	49	69	74
降水量	（毫米）	720.6	621.5	902.9	992.8
日照时数	（小时/年）	2486	2047	1392	1270
湿地面积	（千公顷）	34.4	171.8	319.7	43.2
自然保护区个数	（个）	20	8	4	58
自然保护区面积	（万公顷）	13.41	9.11	9.38	87.58

9-2 京津沪渝主要指标比较（2011年）
——经济

项目		北京	天津	上海	重庆
地区生产总值	(亿元)	16251.9	11307.3	19195.7	10011.4
第一产业	(亿元)	136.3	159.7	124.9	844.5
第二产业	(亿元)	3752.5	5928.3	7927.9	5543.0
第三产业	(亿元)	12363.1	5219.2	11142.9	3623.8
地区生产总值构成	(%)	100	100	100	100
第一产业	(%)	0.8	1.4	0.7	8.4
第二产业	(%)	23.1	52.4	41.3	55.4
第三产业	(%)	76.1	46.2	58.0	36.2
人均地区生产总值	(元)	81658	85213	82560	34500
全社会固定资产投资	(亿元)	5910.6	7510.7	5067.1	7685.9
#城镇固定资产投资	(亿元)	5463.9	7057.2	4689.8	7099.0
#房地产开发投资	(亿元)	3036.3	1080.0	2170.3	2015.1
地方公共财政预算收入	(亿元)	3006.3	1455.1	3429.8	1488.3
地方公共财政预算支出	(亿元)	3245.2	1796.3	3914.9	2570.2
居民消费价格总指数	(上年=100)	105.6	104.9	105.2	105.3
城镇单位在岗职工工资总额	(亿元)	4778.6	1394.0	4478.5	1156.5
城镇单位在岗职工平均工资	(元)	75834	55636	77031	40042
城镇登记失业率	(%)	1.39	3.60	4.20	3.50
社会消费品零售额	(亿元)	6900.3	3395.1	6814.8	3487.8
地区进出口总额	(亿美元)	3895.8	1033.9	4374.4	292.2
实际利用外商直接投资	(亿美元)	70.5	130.6	126.0	105.3
接待入境旅游者人数	(万人次)	520.4	200.4	817.6	186.4
金融机构(含外资)本外币存款余额	(亿元)	75001.9	17586.9	58186.5	16128.9

9-3 京津沪渝主要指标比较（2011年）——社 会

项 目		北 京	天 津	上 海	重 庆
常住人口	（万人）	2018.6	1354.6	2347.5	2919.0
户籍人口	（万人）	1277.9	996.4	1419.4	3329.8
从业人员	（万人）	1069.7	763.2	1104.3	1585.2
第一产业	（万人）	59.1	73.2	37.3	604.4
第二产业	（万人）	219.2	316.0	445.1	390.8
第三产业	（万人）	791.4	374.0	622.0	590.0
普通高等学校在校学生数	（万人）	57.9	45.0	51.1	61.3
普通中学在校学生数	（万人）	49.7	44.7	59.2	183.9
小学在校学生数	（万人）	68.0	51.9	73.1	195.5
科技活动人员	（万人）	60.6	17.4	37.5	
研究与试验发展经费支出	（亿元）	936.6	297.8	597.7	128.4
图书总藏量	（万册）	2577.0	1354.0	2604.7	1149.0
期刊总印数	（亿册）	10.3	0.4	1.8	0.5
报纸总印数	（亿份）	79.9	9.3	15.6	6.6
电影放映场次	（万场次）	97.4	35.8	76.0	
电视节目套数	（套）	25	36	25	45
城镇（市）居民平均每户家庭人口	（人）	2.70	2.84	2.90	2.88
农村居民平均每户家庭人口	（人）	3.19	3.27	2.97	3.82
登记结婚对数	（万对）	17.3	10.4	14.9	30.5
离婚登记对数	（万对）	4.4	3.2	9.6	10.6
城市居民人均住房面积	（平方米）	29.40	32.77	17.00	31.77
农村居民人均居住面积	（平方米）	48.63	30.22	58.90	40.18
城镇（市）居民人均可支配收入	（元）	32903	26921	36230	20250
农村居民人均纯收入	（元）	14736	11891	15644	6480
医院个数	（个）	569	296	308	433
执业医师人数	（万人）	6.95	2.98	5.21	4.96
医院床位数	（万张）	8.76	4.08	8.75	7.48
城市绿化覆盖率	（%）	45.6	34.5	38.2	40.3

注：1. 北京市、天津市、重庆市的城镇居民人均住房面积为建筑面积，上海市的城镇居民人均住房面积为居住面积。
2. 上海市农村居民人均纯收入指标为农村居民人均可支配收入口径。
3. 天津、重庆城市绿化覆盖率为建成区绿化覆盖率。
4. 北京离婚登记对数含法院调离、判离的对数。

2012 北京区域统计年鉴

第十篇

BEIJING AREA STATISTICAL YEARBOOK

三大都市圈发展比较

SANDA DUSHIQUAN FAZHAN BIJIAO

10-1 中国内地沿海三大都市圈主要城市指标对比
——土地、人口

城　市	土地面积（平方公里）	常住人口（万人）		
		2011	2010	增长速度（%）
全　国	**9600000**	**134735**	**134091**	**0.5**
京津冀经济区				
北　京	16411	2018.6	1961.9	2.9
天　津	11917	1354.6	1299.3	4.3
河北省	**187693**	**7240.5**	**7193.6**	**0.7**
石家庄	15848	1028.0	1017.5	1.0
唐　山	13472	762.7	758.2	0.6
廊　坊	6429	440.0	436.4	0.8
秦皇岛	7523	300.6	299.0	0.5
承　德	39548	348.9	347.6	0.4
张家口	36873	437.4	434.9	0.6
保　定	20584	1127.2	1120.8	0.6
沧　州	14053	719.8	714.3	0.8
长江三角洲经济区				
上　海	6341	2347.5	2302.7	1.9
江苏省	**102600**	**7898.8**	**7869.3**	**0.4**
南　京	6587	810.9	800.8	1.3
无　锡	4627	643.2	637.6	0.9
常　州	4372	465.0	459.3	1.2
苏　州	8488	1051.9	1046.9	0.5
南　通	8001	728.9	728.2	0.1
扬　州	6591	446.3	446.1	0.05
镇　江	3847	313.4	311.5	0.6
泰　州	5787	462.6	462.1	0.1
浙江省	**101800**	**5463.0**	**5446.5**	**0.3**
杭　州	16596	873.8	870.5	0.4
宁　波	9816	762.8	761.1	0.2
嘉　兴	3915	453.1	450.5	0.6
湖　州	5820	289.9	289.4	0.2
绍　兴	8256	493.4	491.3	0.4
舟　山	1440	113.7	112.1	1.5
台　州	9411	599.9	597.4	0.4
珠江三角洲经济区				
广东省	**179813**	**10505.0**	**10440.9**	**0.6**
广　州	7287	1275.1	1271.0	0.3
深　圳	1953	1046.7	1037.2	0.9
珠　海	1654	156.8	156.2	0.4
佛　山	3848	723.1	719.9	0.4
惠　州	11356	463.4	460.1	0.7
东　莞	2472	825.5	822.5	0.4
中　山	1800	314.2	312.3	0.6
江　门	9541	446.6	445.1	0.3
肇　庆	14822	395.1	392.2	0.7

注：土地面积为2008年数据。
资料来源：《中国统计年鉴》、《北京统计年鉴》、《天津统计年鉴》、《河北经济年鉴》、《上海统计年鉴》、《江苏统计年鉴》、《浙江统计年鉴》、《广东统计年鉴》、《中国区域经济统计年鉴》。

10-1 续表1

城市	户籍人口(万人)			#非农业人口(万人)		
	2011	2010	增长速度(%)	2011	2010	增长速度(%)
全 国						
京津冀经济区						
北 京	1277.9	1257.8	1.6	1013.8	989.5	2.5
天 津	996.4	984.9	1.2	613.9	604.4	1.6
河北省	**7344.8**	**7298.0**	**0.6**			
石家庄	997.3	989.2	0.8			
唐 山	737.1	735.0	0.3			
廊 坊	424.9	419.0	1.4			
秦皇岛	289.8	288.3	0.5			
承 德	374.3	373.0	0.4			
张家口	467.4	466.0	0.3			
保 定	1160.7	1161.0	-0.03			
沧 州	734.8	730.9	0.5			
长江三角洲经济区						
上 海	1419.4	1412.3	0.5	1267.8	1255.0	1.0
江苏省	**7514.3**	**7466.6**	**0.6**			
南 京	636.4	632.4	0.6			
无 锡	468.0	466.6	0.3			
常 州	362.9	360.8	0.6			
苏 州	642.3	637.7	0.7			
南 通	764.9	762.9	0.3			
扬 州	460.1	459.1	0.2			
镇 江	271.9	270.7	0.4			
泰 州	507.1	504.7	0.5			
浙江省	**4781.3**	**4748.0**	**0.7**	**1501.9**	**1468.9**	**2.2**
杭 州	695.7	689.1	1.0	376.0	365.2	3.0
宁 波	576.4	574.1	0.4	208.2	205.2	1.4
嘉 兴	343.1	341.6	0.4	156.4	146.9	6.5
湖 州	261.1	260.0	0.4	85.2	82.9	2.7
绍 兴	440.0	438.9	0.3	152.1	148.5	2.4
舟 山	97.0	96.8	0.2	36.9	36.5	1.2
台 州	586.8	583.1	0.6	106.8	105.7	1.0
珠江三角洲经济区						
广东省	**8637.2**	**8521.6**	**1.4**	**4505.7**	**4444.0**	**1.4**
广 州	814.6	806.1	1.0	732.3	724.1	1.1
深 圳	279.4	259.9	7.5	279.4	259.9	7.5
珠 海	106.0	104.7	1.2	106.0	104.7	1.2
佛 山	374.8	370.9	1.0	374.8	370.9	1.0
惠 州	343.0	337.3	1.7	203.5	199.0	2.3
东 莞	184.8	181.8	1.6	94.1	91.8	2.5
中 山	150.7	149.2	1.0	80.1	78.4	2.1
江 门	393.7	392.3	0.4	221.2	219.0	1.0
肇 庆	426.9	422.4	1.1	119.6	118.8	0.7

10-2 中国内地沿海三大都市圈主要城市指标对比

——地区生产总值

单位：亿元

城市	地区生产总值			第一产业			第二产业		
	2011	2010	增长速度(%)	2011	2010	增长速度(%)	2011	2010	增长速度(%)
全　国	**472881.6**	**401512.8**	**9.3**	**47486.2**	**40533.6**	**4.3**	**220412.8**	**187383.2**	**10.3**
京津冀经济区									
北　京	16251.9	14113.6	8.1	136.3	124.4	0.9	3752.5	3388.4	6.7
天　津	11307.3	9224.5	16.4	159.7	145.6	3.8	5928.3	4840.2	18.3
河北省	**24515.8**	**20394.3**	**11.3**	**2905.7**	**2562.8**	**4.2**	**13126.9**	**10707.7**	**13.4**
石家庄	4082.7	3401.0	12.0	415.0	369.6	4.3	2031.9	1653.8	13.6
唐　山	5442.5	4469.2	11.7	486.5	421.9	5.0	3269.9	2598.4	13.1
廊　坊	1611.4	1351.1	11.5	174.3	157.5	2.4	875.5	723.8	13.7
秦皇岛	1070.1	930.5	12.0	139.9	126.7	5.2	419.5	367.8	16.2
承　德	1104.2	889.0	12.1	165.6	139.4	8.0	605.4	453.7	14.0
张家口	1118.6	966.4	11.5	180.3	152.9	8.4	494.4	415.2	14.5
保　定	2449.9	2050.3	12.0	343.0	303.7	5.5	1338.5	1057.9	14.1
沧　州	2585.2	2203.1	12.3	295.8	252.6	5.3	1358.7	1115.2	13.4
长江三角洲经济区									
上　海	19195.7	17166.0	8.2	124.9	114.2	-0.7	7927.9	7218.3	6.3
江苏省	**49110.3**	**41425.5**	**11.0**	**3064.8**	**2540.1**	**4.0**	**25203.3**	**21753.9**	**11.7**
南　京	6145.5	5130.7	12.0	164.3	142.3	4.1	2760.8	2327.9	12.3
无　锡	6880.2	5793.3	11.6	123.0	104.9	4.4	3728.1	3208.8	11.6
常　州	3581.0	3044.9	12.2	111.8	99.8	3.9	1950.8	1683.7	12.2
苏　州	10717.0	9228.9	12.0	177.8	155.8	4.1	5957.7	5253.8	11.5
南　通	4080.2	3465.7	12.1	287.2	266.2	3.7	2221.5	1908.6	12.4
扬　州	2630.3	2229.5	12.2	184.5	161.4	4.0	1427.9	1229.3	12.6
镇　江	2311.5	1987.6	12.3	100.8	81.5	5.5	1272.4	1120.6	12.7
泰　州	2422.6	2048.7	12.1	175.1	151.7	4.3	1308.2	1125.9	12.5
浙江省	**32318.9**	**27722.3**	**9.0**	**1583.0**	**1360.6**	**3.6**	**16555.6**	**14297.9**	**9.2**
杭　州	7019.1	5949.2	10.5	236.8	208.4	3.9	3323.8	2844.1	10.1
宁　波	6059.2	5163.0	10.0	255.2	219.1	3.8	3349.5	2870.7	9.7
嘉　兴	2677.1	2300.2	10.6	142.8	127.0	1.5	1537.3	1339.6	10.5
湖　州	1520.1	1301.7	10.8	116.2	104.2	3.4	817.7	715.0	9.8
绍　兴	3332.0	2795.2	10.5	172.1	149.7	3.9	1834.3	1566.6	10.1
舟　山	772.8	644.3	11.3	76.0	62.0	5.5	349.2	293.3	10.9
台　州	2794.9	2426.5	8.0	188.9	160.4	3.1	1444.0	1254.3	6.4
珠江三角洲经济区									
广东省	**53210.3**	**46013.1**	**10.0**	**2665.2**	**2287.0**	**4.2**	**26447.4**	**23014.5**	**10.5**
广　州	12423.4	10748.3	11.3	204.5	188.6	3.0	4577.0	4002.3	11.7
深　圳	11505.5	9581.5	10.0	6.6	6.5	-6.5	5343.3	4523.4	11.8
珠　海	1404.9	1208.6	11.3	36.6	32.4	1.1	764.4	662.0	11.5
佛　山	6210.2	5651.5	11.4	118.9	105.4	4.0	3871.0	3542.5	11.9
惠　州	2093.1	1730.0	14.6	116.5	102.4	3.9	1223.3	1019.6	14.7
东　莞	4735.4	4246.5	8.0	17.9	16.6	0.5	2366.2	2160.8	7.0
中　山	2193.2	1850.7	13.1	58.5	50.7	2.4	1223.3	1074.1	13.7
江　门	1830.6	1570.4	13.0	138.4	117.0	4.5	997.3	872.2	16.2
肇　庆	1324.4	1085.9	14.7	226.4	190.3	6.0	587.3	456.7	21.4

注：地区生产总值绝对值按现价计算，增长速度按可比价格计算。

10-2 续表1

单位：亿元

城市	#工业			第三产业			人均地区生产总值(元)		
	2011	2010	增长速度(%)	2011	2010	增长速度(%)	2011	2010	增长速度(%)
全国	**188470.2**	**160722.2**	**10.4**	**204982.5**	**173596.0**	**9.4**	**35181.2**	**30015.0**	**8.8**
京津冀经济区									
北京	3048.8	2764.0	7.5	12363.1	10600.8	8.7	81658	73856	3.8
天津	5430.8	4410.9	19.3	5219.2	4238.7	14.7	85213	72994	10.9
河北省	**11770.4**	**9554.0**	**14.1**	**8483.2**	**7123.8**	**10.5**	**33969**	**28668**	**9.7**
石家庄	1808.7	1469.9	13.5	1635.8	1377.7	12.1	39919	33915	9.8
唐山	3057.9	2395.2	14.4	1686.0	1448.9	10.9	71565	59389	10.5
廊坊	744.7	614.3	14.2	561.6	469.8	11.3	36773	31844	8.0
秦皇岛	354.7	319.8	14.3	510.7	436.0	10.4	35691	31182	11.5
承德	541.8	398.9	14.9	333.2	295.9	11.1	31705	25698	11.3
张家口	415.5	352.5	14.9	444.0	398.3	9.5	25649	22517	9.7
保定	1122.9	877.0	14.9	768.4	688.8	11.4	21796	18451	10.7
沧州	1229.5	1007.0	13.8	930.7	835.3	12.8	36053	31091	10.9
长江三角洲经济区									
上海	7208.6	6536.2	7.4	11142.9	9833.5	9.6	82560	76074	5.0
江苏省	**22280.6**	**19277.7**	**12.3**	**20842.2**	**17131.5**	**11.1**	**62290**	**52840**	**10.3**
南京	2390.5	2005.2	12.9	3220.4	2660.5	12.3	76263	65273	9.3
无锡	3463.1	2986.5	11.7	3029.1	2479.6	11.8	107437	92167	9.5
常州	1768.9	1530.9	12.6	1518.4	1261.4	12.8	77485	67327	9.8
苏州	5555.3	4916.5	11.7	4581.5	3819.3	12.9	102129	93043	
南通	1840.4	1568.5	12.9	1571.5	1290.9	13.2	56005	48083	10.9
扬州	1240.9	1074.6	13.0	1017.9	838.8	13.2	58950	49786	12.6
镇江	1175.6	1039.8	13.0	938.3	785.5	12.6	73981	64284	11.2
泰州	1132.3	981.0	12.9	939.3	771.2	13.1	52396	44118	12.6
浙江省	**14683.0**	**12657.8**	**10.1**	**14180.2**	**12063.8**	**9.5**	**59249**	**51711**	**7.2**
杭州	2944.0	2502.1	10.4	3458.5	2896.7	12.0	101370	86691	9.0
宁波	3019.0	2586.2	10.3	2454.5	2073.2	11.1	105334	90175	7.5
嘉兴	1378.2	1193.0	12.1	997.0	833.6	12.3	78202	67534	8.0
湖州	729.5	637.6	10.7	586.1	482.5	14.1	58349	50149	9.9
绍兴	1632.4	1398.1	10.4	1325.6	1078.9	12.0	75820	63770	9.0
舟山	267.3	218.5	15.3	347.6	289.0	13.0	79765	66581	8.8
台州	1306.7	1135.8	6.6	1162.0	1011.7	10.8	47779	41777	6.3
珠江三角洲经济区									
广东省	**24649.6**	**21462.7**	**10.8**	**24097.7**	**20711.6**	**10.0**	**50807**	**44736**	**8.0**
广州	4140.6	3645.0	11.5	7641.9	6557.5	11.3	97588	87458	7.5
深圳	4995.1	4233.2	12.0	6155.7	5051.7	8.5	110421	94296	7.3
珠海	714.3	619.4	11.6	604.0	514.2	11.6	89794	77888	10.3
佛山	3735.3	3419.2	12.2	2220.4	2003.6	10.8	86073	80313	8.6
惠州	1147.8	960.8	14.4	753.3	608.0	16.1	45331	38650	11.1
东莞	2288.4	2078.4	7.7	2351.3	2069.1	9.0	57470	52798	5.4
中山	1164.6	1022.0	14.2	911.5	725.8	13.0	70014	60797	9.9
江门	953.2	833.3	16.7	695.0	581.2	9.9	41062	35622	11.7
肇庆	535.4	411.9	23.0	510.7	438.9	11.4	33642	27987	13.0

注：人均地区生产总值按常住人口计算。

10-3 中国内地沿海三大都市圈主要城市指标对比
——财政、金融

单位：亿元

城 市	地方公共财政预算收入			地方公共财政预算支出		
	2011	2010	增长速度(%)	2011	2010	增长速度(%)
全 国	**52547.1**	**40613.0**	**29.4**	**92733.7**	**73884.4**	**25.5**
京津冀经济区						
北 京	3006.3	2353.9	27.7	3245.2	2717.3	19.4
天 津	1455.1	1068.8	36.1	1796.3	1376.8	28.2
河北省	**1737.8**	**1331.9**	**30.5**	**3537.4**	**2820.2**	**25.4**
石家庄	221.2	163.6	35.2	403.5	305.2	32.2
唐 山	255.6	195.8	30.5	441.7	332.4	32.9
廊 坊	140.3	105.9	32.5	228.0	179.6	26.9
秦皇岛	86.6	72.0	20.3	168.6	135.7	24.2
承 德	71.1	54.8	29.7	192.4	155.9	23.4
张家口	83.0	62.4	32.9	231.5	181.7	27.4
保 定	128.6	91.0	41.3	332.7	268.9	23.7
沧 州	116.5	91.3	27.6	264.4	213.1	24.0
长江三角洲经济区						
上 海	3429.8	2873.6	19.4	3914.9	3302.9	18.5
江苏省	**5148.9**	**4079.9**	**26.2**	**6221.7**	**4914.1**	**26.6**
南 京	635.0	518.8	22.4	666.2	542.2	22.9
无 锡	615.0	511.9	20.1	592.7	488.7	21.3
常 州	350.9	286.2	22.6	361.8	281.4	28.6
苏 州	1100.9	900.6	22.2	1002.6	825.7	21.4
南 通	373.7	290.8	28.5	419.5	316.8	32.4
扬 州	218.1	167.8	30.0	264.4	201.7	31.1
镇 江	181.9	138.1	31.7	202.9	159.1	27.6
泰 州	218.0	170.8	27.6	262.0	215.7	21.5
浙江省	**3150.8**	**2608.5**	**20.8**	**3842.6**	**3207.9**	**19.8**
杭 州	785.2	671.3	17.0	747.5	616.6	21.2
宁 波	657.6	530.9	23.8	750.7	600.7	25.0
嘉 兴	226.4	176.8	28.0	240.6	199.1	20.9
湖 州	122.1	97.3	25.5	151.7	127.1	19.4
绍 兴	239.7	193.2	24.0	253.3	222.0	14.1
舟 山	76.5	61.0	25.3	148.1	105.0	41.0
台 州	200.1	164.9	21.4	265.5	222.8	19.2
珠江三角洲经济区						
广东省	**5514.8**	**4517.0**	**22.1**	**6712.4**	**5421.5**	**23.8**
广 州	979.5	872.7	12.2	1181.3	977.3	20.9
深 圳	1339.6	1106.8	21.0	1590.6	1266.1	25.6
珠 海	143.4	124.5	15.2	190.4	166.4	14.4
佛 山	341.7	306.1	11.7	388.7	363.4	7.0
惠 州	162.8	131.2	24.1	227.2	185.4	22.5
东 莞	313.1	277.8	12.7	351.9	289.8	21.4
中 山	183.2	139.4	31.5	192.7	145.9	32.1
江 门	119.2	104.3	14.3	165.3	133.0	24.3
肇 庆	92.2	76.8	20.1	157.0	127.7	23.0

注：1. 全国财政收入、支出为31个省市(自治区)一般预算收入合计数。
2. 上海市地方公共财政预算收支为地方财政收支口径，包括机场建设费、文教部门基金等。

10-3 续表1

单位：亿元

城　市	中资金融机构人民币存款余额			中资金融机构人民币贷款余额		
	2011	2010	增长速度(%)	2011	2010	增长速度(%)
全　国	**809368.0**	**718238.0**	**12.7**	**547947.0**	**479196.0**	**14.3**
京津冀经济区						
北　京	70985.1	63025.2	12.6	32434.6	28748.1	12.8
天　津	16910.5	15912.2	6.3	14897.7	12864.8	15.8
河北省	**29563.8**	**26099.0**	**13.3**	**18144.0**	**15755.7**	**15.2**
石家庄	6715.3	6115.5	9.8	3659.8	3272.1	11.8
唐　山	4748.3	4188.2	13.4	3088.5	2716.1	13.7
廊　坊	2267.2	1981.9	14.4	1535.7	1322.1	16.2
秦皇岛	1663.8	1504.1	10.6	1039.4	896.0	16.0
承　德	1193.4	1087.6	9.7	853.5	766.2	11.4
张家口	1459.2	1300.3	12.2	1063.0	918.3	15.8
保　定	3231.7	2856.4	13.1	1344.1	1158.3	16.0
沧　州	2300.1	2026.6	13.5	1088.4	894.6	21.7
长江三角洲经济区						
上　海	51315.1	46678.1	9.9	30644.6	27970.2	9.6
江苏省	**65723.6**	**58984.1**	**11.4**	**47868.3**	**42121.0**	**13.6**
南　京	13945.9	12649.5	10.2	11132.1	10384.8	7.2
无　锡	9372.7	8545.1	9.7	6883.4	6160.6	11.7
常　州	4902.2	4550.5	7.7	3406.4	3011.7	13.1
苏　州	15180.8	13570.4	11.9	11873.9	10133.2	17.2
南　通	5502.1	4857.9	13.3	3285.4	2843.1	15.6
扬　州	2818.3	2430.6	16.0	1718.0	1486.1	15.6
镇　江	2431.8	2203.2	10.4	1787.4	1563.3	14.3
泰　州	2593.0	2320.3	11.7	1725.3	1460.7	18.1
浙江省	**59727.9**	**53441.5**	**11.8**	**51276.6**	**45288.1**	**13.2**
杭　州	18244.4	17084.4	6.8	16421.7	15078.7	8.9
宁　波	10659.3	9755.5	9.3	10676.8	9414.2	13.4
嘉　兴	4168.2	3590.8	16.1	3212.7	2753.6	16.7
湖　州	2102.1	1805.6	16.4	1712.2	1461.3	17.2
绍　兴	5510.1	4948.3	11.4	4463.1	3934.3	13.4
舟　山	1315.0	1143.3	15.0	1162.7	1017.7	14.2
台　州	3998.9	3588.5	11.4	3470.8	3055.8	13.6
珠江三角洲经济区						
广东省	**86849.3**	**78285.9**	**10.9**	**52167.3**	**46099.3**	**13.2**
广　州	25048.6	22775.5	10.0	15904.7	14597.7	9.0
深　圳	22782.4	20210.8	12.7	15719.0	13708.2	14.7
珠　海	2734.5	2542.6	7.5	1396.0	1203.9	16.0
佛　山	8925.5	8293.0	7.6	5430.9	4729.6	14.8
惠　州	2314.9	2038.6	13.6	1289.7	1096.2	17.7
东　莞	6568.7	5915.5	11.0	3689.9	3302.5	11.7
中　山	2906.2	2596.9	11.9	1528.1	1324.7	15.4
江　门	2486.8	2215.0	12.3	1133.2	973.8	16.4
肇　庆	1194.6	1057.4	13.0	752.9	642.0	17.3

注：全国、河北省及各市、江苏省、浙江省为金融机构人民币存贷款数据；江苏省的各市、浙江省的各市为金融机构存贷款数据。

10–3 续表2

单位：亿元

城　市	城乡居民人民币储蓄存款余额		
	2011	2010	增长速度(%)
全　国	**343635.9**	**303302.5**	**13.3**
京津冀经济区			
北　京	18924.6	16876.3	12.1
天　津	6072.7	5525.3	9.9
河北省	**17824.3**	**15678.4**	**13.7**
石家庄	3243.6	2920.4	11.1
唐　山	2841.2	2515.1	13.0
廊　坊	1354.6	1164.9	16.3
秦皇岛	992.1	865.1	14.7
承　德	764.6	657.3	16.3
张家口	965.4	848.1	13.8
保　定	2282.6	2018.9	13.1
沧　州	1549.7	1353.3	14.5
长江三角洲经济区			
上　海	16727.3	15498.7	7.9
江苏省	**25914.7**	**23334.5**	**11.1**
南　京	3910.2	3511.9	11.3
无　锡	3312.4	3080.3	7.5
常　州	2157.4	2009.2	7.4
苏　州	5078.6	4655.6	9.1
南　通	3052.3	2678.6	14.0
扬　州	1427.9	1252.4	14.0
镇　江	1108.8	993.6	11.6
泰　州	1307.8	1160.6	12.7
浙江省	**23470.3**	**20612.2**	**13.9**
杭　州	5519.2	4991.0	10.6
宁　波	3696.3	3312.2	11.6
嘉　兴	1880.5	1629.7	15.4
湖　州	954.4	821.7	16.2
绍　兴	2227.7	1945.7	14.5
舟　山	461.3	410.8	12.3
台　州	2068.8	1730.7	19.5
珠江三角洲经济区			
广东省	**39725.2**	**36219.2**	**9.7**
广　州	9912.0	9013.2	10.0
深　圳	7251.4	6717.1	8.0
珠　海	1066.4	957.6	11.4
佛　山	4653.7	4406.3	5.6
惠　州	1172.9	1031.6	13.7
东　莞	3697.3	3384.5	9.2
中　山	1582.2	1442.2	9.7
江　门	1644.9	1462.0	12.5
肇　庆	744.6	650.2	14.5

注：全国、河北省及各市、江苏省、浙江省为金融机构人民币储蓄存款余额；北京、天津、上海、广东省及各市为中资金融机构人民币储蓄存款余额；南京、无锡、常州、苏州、南通、扬州、镇江、泰州、杭州、宁波、嘉兴、湖州、绍兴、舟山、台州为金融机构储蓄存款余额。

10-4 中国内地沿海三大都市圈主要城市指标对比

——投资、消费

单位：亿元

城市	全社会固定资产投资额			#房地产开发		
	2011	2010	增长速度(%)	2011	2010	增长速度(%)
全　国	**311485.1**	**278121.9**	**23.8**	**61796.9**	**48259.4**	
京津冀经济区						
北　京	5910.6	5493.5	13.3	3036.3	2901.1	10.1
天　津	7510.7	6511.4	15.3	1080.0	866.6	24.6
河北省	**16389.3**	**15083.4**	**24.2**	**3054.6**	**2264.9**	**34.9**
石家庄	3106.6	2958.0	26.5	789.1	538.0	
唐　山	2545.1	2665.8	6.2	506.3	338.4	
廊　坊	1088.7	909.0	30.7	294.2	249.1	
秦皇岛	614.7	505.7	25.5	164.4	120.3	
承　德	829.6	751.3	29.9	143.4	92.7	
张家口	987.4	903.8	28.5	208.6	173.1	
保　定	1656.8	1472.1	28.5	353.8	273.9	
沧　州	1597.8	1448.1	26.2	152.8	112.6	
长江三角洲经济区						
上　海	5067.1	5317.7	0.3	2170.3	1980.7	9.6
江苏省	**26693.8**	**22020.7**	**21.2**	**5567.9**	**4299.4**	**29.5**
南　京	3757.3	3064.1	22.6	871.4	748.3	16.4
无　锡	3169.2	2725.6	16.3	877.8	611.8	43.5
常　州	2223.3	1828.2	21.6	567.5	409.9	38.5
苏　州	4280.0	3521.7	21.5	1199.1	935.8	28.1
南　通	2378.4	1954.7	21.7	380.0	272.8	39.3
扬　州	1475.4	1210.8	21.9	197.7	165.2	19.7
镇　江	1226.9	1001.4	22.5	141.5	114.9	23.2
泰　州	1197.7	948.7	26.2	228.3	152.2	50.0
浙江省	**14077.3**	**11452.0**	**22.9**	**4474.4**	**3025.4**	
杭　州	3100.0	2753.1		1302.7	956.2	
宁　波	1630.6	2193.3		754.9	557.3	
嘉　兴	1488.3	1488.3		383.4	270.4	
湖　州	804.7	720.0		184.7	143.1	
绍　兴	1426.3	1245.6		403.2	297.8	
舟　山	476.1	413.8		116.8	59.0	
台　州	1007.8	950.2		319.2	196.1	
珠江三角洲经济区						
广东省	**16843.8**	**16113.2**		**4809.9**	**3659.7**	**31.4**
广　州	3412.2	3263.6		1305.4	983.7	
深　圳	2060.9	1944.7		514.7	458.5	
珠　海	637.4	501.5		255.6	179.5	
佛　山	1934.0	1719.6		596.9	485.5	
惠　州	1024.2	894.0		376.5	267.9	
东　莞	1079.3	1115.0		373.3	299.0	
中　山	767.0	660.4		310.4	241.8	
江　门	741.8	631.8		146.9	111.7	
肇　庆	710.0	625.2		143.1	91.1	

注：1. 从2011年起，根据国家统计局相关规定，固定资产投资起点由50万元调整至500万元，增速按可比口径计算。
2. 江苏省为全社会固定资产投资，江苏省的个市为固定资产投资；浙江省及各市、广东省及各市2011年为固定资产投资。

10-4 续表1

单位：亿元

城 市	社会消费品零售额		
	2011	2010	增长速度(%)
全 国	**183918.6**	**156998.4**	**17.1**
京津冀经济区			
北 京	6900.3	6229.3	10.8
天 津	3395.1	2902.6	18.7
河北省	**8035.5**	**6821.8**	**17.8**
石家庄	1663.0	1409.9	18.0
唐 山	1334.8	1134.5	17.7
廊 坊	493.1	419.1	17.7
秦皇岛	394.4	335.0	17.8
承 德	303.9	258.1	17.8
张家口	382.0	324.5	17.8
保 定	1018.5	864.2	17.9
沧 州	683.8	580.7	17.8
长江三角洲经济区			
上 海	6814.8	6070.5	12.3
江苏省	**15988.4**	**13606.8**	**17.5**
南 京	2697.1	2288.7	17.8
无 锡	2142.0	1825.8	17.3
常 州	1236.1	1054.4	17.2
苏 州	2829.6	2402.0	17.8
南 通	1493.3	1277.1	16.9
扬 州	853.7	726.1	17.6
镇 江	664.1	564.7	17.6
泰 州	651.2	555.4	17.3
浙江省	**11930.6**	**10163.2**	**17.4**
杭 州	2548.4	2146.1	18.7
宁 波	2018.9	1704.5	18.4
嘉 兴	948.6	799.4	18.7
湖 州	609.9	516.1	18.2
绍 兴	1006.8	852.9	18.0
舟 山	251.7	212.5	18.4
台 州	1132.4	960.5	17.9
珠江三角洲经济区			
广东省	**20246.7**	**17414.7**	**16.3**
广 州	5243.0	4500.3	16.5
深 圳	3520.9	3000.8	17.3
珠 海	567.9	486.0	16.8
佛 山	1931.4	1687.1	14.5
惠 州	684.7	582.5	17.5
东 莞	1266.3	1108.1	14.3
中 山	756.1	648.1	16.7
江 门	759.2	655.9	15.7
肇 庆	389.7	332.9	17.1

注：北京社会消费品零售额2011年数据是按产业在地原则核算，2010年数据是按法人在地原则核算，增长速度为可比口径计算。

10-5 中国内地沿海三大都市圈主要城市指标对比
——对外经济贸易

单位：亿美元

城 市	地方出口总额			地方进口总额		
	2011	2010	增长速度(%)	2011	2010	增长速度(%)
全 国	**18983.8**	**15777.5**	**20.3**	**17434.8**	**13962.4**	**24.9**
京津冀经济区						
北 京	590.0	554.4	6.4	3305.9	2462.2	34.3
天 津	445.0	375.2	18.7	588.9	446.8	32.0
河北省	**285.8**	**225.7**	**26.6**	**250.2**	**193.6**	**29.2**
石家庄	70.8	57.9	22.2	70.9	51.8	36.8
唐 山	38.9	29.2	33.1	69.7	46.1	51.1
廊 坊	27.1	22.1	22.9	25.8	25.9	-0.4
秦皇岛	22.2	18.8	17.9	21.3	16.2	30.9
承 德	1.6	2.3	-30.8	0.3	0.8	-69.1
张家口	2.5	1.8	36.5	0.6	1.0	-38.6
保 定	53.6	43.3	24.0	19.9	15.3	29.5
沧 州	18.8	13.9	35.2	2.7	2.9	-7.3
长江三角洲经济区						
上 海	2097.9	1807.8	16.0	2276.5	1880.9	21.0
江苏省	**3126.2**	**2705.5**	**15.6**	**2271.4**	**1952.4**	**16.3**
南 京	308.7	248.9	24.0	264.8	207.2	27.8
无 锡	423.1	362.7	16.6	301.5	249.5	20.8
常 州	193.6	155.6	24.4	92.7	67.2	38.0
苏 州	1672.3	1531.1	9.2	1336.3	1209.7	10.5
南 通	180.1	140.9	27.9	77.6	69.9	11.1
扬 州	73.2	60.6	20.9	28.2	21.9	29.1
镇 江	56.2	47.5	18.3	44.6	34.0	30.9
泰 州	74.8	58.8	27.2	36.1	27.1	33.3
浙江省	**2163.5**	**1804.6**	**19.9**	**930.3**	**730.7**	**27.3**
杭 州	415.2	353.4	17.5	224.5	170.2	31.9
宁 波	608.3	519.7	17.1	373.6	309.4	20.7
嘉 兴	192.7	160.4	20.1	92.1	67.8	35.9
湖 州	73.6	58.6	25.5	13.1	10.7	22.4
绍 兴	259.9	210.9	23.2	75.2	59.3	26.9
舟 山	74.7	69.4	7.7	57.9	38.0	52.6
台 州	170.4	139.6	22.0	34.7	30.4	14.1
珠江三角洲经济区						
广东省	**5317.9**	**4531.9**	**17.3**	**3815.4**	**3317.1**	**15.0**
广 州	564.7	483.8	16.7	596.9	553.8	7.8
深 圳	2454.0	2041.8	20.2	1685.8	1425.8	18.2
珠 海	239.8	208.6	14.9	276.5	226.2	22.2
佛 山	390.9	330.4	18.3	218.0	186.2	17.1
惠 州	231.2	202.3	14.3	156.9	140.0	12.1
东 莞	783.3	696.0	12.5	569.1	519.6	9.5
中 山	245.5	225.0	9.1	96.4	86.1	12.0
江 门	122.5	104.1	17.7	54.4	39.2	38.5
肇 庆	33.1	26.0	27.4	24.0	17.9	34.0

注：各地区进出口数据按经营单位所在地统计。

10-5 续表1

单位：亿美元

城市	实际利用外商直接投资		
	2011	2010	增长速度(%)
全国	**1160.11**	**1057.35**	**9.7**
京津冀经济区			
北京	70.54	63.64	10.9
天津	130.56	108.49	20.4
河北省	**46.81**	**38.31**	**22.2**
石家庄	3.67	2.44	50.4
唐山	10.81	8.74	23.7
廊坊	5.75	4.91	17.2
秦皇岛	5.99	4.97	20.5
承德	0.52	0.70	-25.2
张家口	1.37	1.00	36.2
保定	4.34	4.75	-8.6
沧州	2.89	2.33	24.4
长江三角洲经济区			
上海	126.01	111.21	13.3
江苏省	**321.32**	**284.98**	**12.8**
南京	35.66	26.76	33.3
无锡	35.05	33.00	6.2
常州	30.52	24.43	24.9
苏州	90.16	85.35	5.6
南通	21.66	20.61	5.1
扬州	21.03	20.56	2.3
镇江	18.08	16.15	12.0
泰州	14.17	13.63	4.0
浙江省	**116.66**	**110.02**	**6.0**
杭州	47.22	43.56	8.4
宁波	28.09	23.23	20.9
嘉兴	17.21	16.10	6.9
湖州	9.40	9.19	2.3
绍兴	8.05	9.53	-15.6
舟山	1.08	0.67	60.6
台州	1.43	1.32	8.3
珠江三角洲经济区			
广东省	**218.0**	**202.6**	**7.6**
广州	42.71	39.79	7.4
深圳	45.99	42.97	7.0
珠海	13.38	12.24	9.3
佛山	21.54	19.68	9.5
惠州	15.68	14.38	9.1
东莞	30.51	27.32	11.7
中山	7.30	6.68	9.2
江门	7.89	11.08	-28.8
肇庆	10.29	9.34	10.2

10-6 中国内地沿海三大都市圈主要城市指标对比
——旅 游

城 市	入境旅游者人数(万人次)			旅游创汇(亿美元)		
	2011	2010	增长速度(%)	2011	2010	增长速度(%)
全 国	**13542.4**	**13376.2**	**1.2**	484.6	**458.1**	**5.8**
京津冀经济区						
北 京	520.4	490.1	6.2	54.16	50.44	7.4
天 津	200.4	166.1	20.7	17.56	14.20	23.7
河北省	**114.1**	**97.7**	**16.8**	**4.48**	**3.51**	**27.6**
石家庄	13.6	11.7	15.9	0.49	0.44	12.7
唐 山	6.5	5.8	11.8	0.34	0.26	31.7
廊 坊	10.6	9.6	10.1	0.36	0.05	616.8
秦皇岛	26.4	24.2	9.1	1.38	1.20	14.5
承 德	31.2	25.8	21.0	1.11	0.79	40.5
张家口	7.5	5.3	41.6	0.17	0.10	76.8
保 定	10.5	9.1	15.0	0.39	0.28	38.5
沧 州	2.2	1.7	28.2	0.07	0.26	-73.8
长江三角洲经济区						
上 海	817.6	851.1	-3.9	58.35	64.05	-8.9
江苏省	**737.3**	**653.5**	**12.8**	**56.53**	**47.83**	**18.2**
南 京	150.7	130.9	15.1	12.00	9.81	22.3
无 锡	90.8	79.2	14.7	5.98	4.81	24.3
常 州	41.3	35.9	15.0	4.21	3.47	21.4
苏 州	232.6	207.5	12.1	14.70	12.51	17.5
南 通	40.5	35.5	14.0	3.99	3.61	10.7
扬 州	62.2	56.0	11.1	5.23	4.60	13.8
镇 江	65.0	61.3	6.0	5.22	4.70	11.1
泰 州	9.2	7.9	16.0	0.94	0.79	19.0
浙江省	773.7	684.7	13.0	45.42	39.30	15.6
杭 州	306.3	275.7	11.1	19.87	16.90	17.6
宁 波	107.4	95.2	12.8	6.55	5.91	10.8
嘉 兴	72.1	66.4	8.6	2.59	2.26	14.2
湖 州	39.8	33.2	20.1	1.48	1.26	17.3
绍 兴	60.4	52.3	15.4	2.20	1.85	19.1
舟 山	27.7	25.7	8.1	1.41	1.31	8.0
台 州	12.3	10.3	19.9	0.63	0.56	12.5
珠江三角洲经济区						
广东省	**3309.6**	**3141.1**	**5.4**	**139.1**	**124.3**	**11.9**
广 州	778.7	814.8	-4.4	48.53	46.89	3.5
深 圳	1104.6	1020.6	8.2	37.45	31.81	17.7
珠 海	320.8	325.1	-1.3	10.67	12.23	-12.8
佛 山	125.1	103.1	21.4	9.73	7.29	33.5
惠 州	174.7	160.2	9.1	5.77	5.02	14.9
东 莞	286.1	261.9	9.3	9.10	6.76	34.6
中 山	60.8	48.0	26.6	2.47	2.76	-10.4
江 门	129.2	119.0	8.5	6.02	4.77	26.3
肇 庆	158.9	139.4	13.9	3.27	1.24	163.1

注：广东省及各市的入境旅游者人数为入境过夜旅游者人数。另外，2011年广东省入境旅游者人数为11085.8万人次。

10-7 中国内地沿海三大都市圈主要城市指标对比
——物 价

（上年=100）

城 市	居民消费价格指数		工业生产者出厂价格指数		工业生产者购进价格指数	
	2011	2010	2011	2010	2011	2010
全 国	**105.4**	**103.3**	**106.0**	**105.5**	**109.1**	**109.6**
京津冀经济区						
北 京	105.6	102.4	102.3	102.2	108.4	110.5
天 津	104.9	103.5	103.8	105.1	109.7	110.0
河北省	**105.7**	**103.1**	**107.7**	**109.0**	**110.9**	**110.9**
石家庄	105.7	103.0	107.7	108.0	110.4	110.7
唐 山	105.4	103.1	108.3	114.6		
廊 坊	105.4	103.2	104.1	104.8		
秦皇岛	106.6	102.7	107.9	107.2		
承 德	105.1	102.3				
张家口	105.2	103.4				
保 定	105.8	103.2				
沧 州	105.3	103.2				
长江三角洲经济区						
上 海	105.2	103.1	102.9	102.3	107.5	111.2
江苏省	**105.3**	**103.8**	**106.2**	**107.3**	**108.9**	**112.8**
南 京	105.4	104.2				
无 锡	105.1	103.4				
常 州	105.0	103.4				
苏 州	105.1	103.4				
南 通	105.0	103.7				
扬 州	105.1	103.4				
镇 江	105.0	103.7				
泰 州	105.1	103.8				
浙江省	**105.4**	**103.8**	**105.0**	**106.2**	**108.3**	**112.0**
杭 州	104.8	103.9	104.7	104.9	110.8	112.1
宁 波	105.3	103.7	105.9	108.9	108.6	113.1
嘉 兴	105.5	104.0	103.9	105.1	106.3	109.3
湖 州	104.8	104.0	104.1	105.1	108.5	108.7
绍 兴	105.4	104.0	106.4	109.2	108.5	111.8
舟 山	105.8	104.1	98.8	104.9		
台 州	106.3	104.6				
珠江三角洲经济区						
广东省	**105.3**	**103.1**	**103.7**	**103.2**	**107.3**	**107.3**
广 州	105.5	103.2	103.1	102.4	109.1	110.9
深 圳	105.4	103.5	101.8	101.4	105.9	104.7
珠 海	105.0	103.0	103.3	102.2		
佛 山	105.5	103.1	104.0	102.8		
惠 州	104.9	103.2	104.0	104.0		
东 莞	104.9	102.8	102.9	102.6		
中 山	105.4	103.0	103.1	102.6		
江 门	104.8	103.2	104.4	103.6		
肇 庆	105.4	102.8	105.7	105.9		

注：石家庄、南京、无锡、常州、苏州、南通、扬州、镇江、泰州居民消费价格指数为市区数。

10-8 中国内地沿海三大都市圈主要城市指标对比
——从业人员

单位：万人

城市	从业人员			第一产业		
	2011	2010	增长速度(%)	2011	2010	增长速度(%)
全　国	**76420**	**76105**	**0.4**	**26594**	**27931**	**-4.8**
京津冀经济区						
北　京	1069.7	1031.6	3.7	59.1	61.4	-3.7
天　津	763.2	728.7	4.7	73.2	73.9	-0.9
河北省	**3962.4**	**3865.1**	**2.5**	**1439.6**	**1464.2**	**-1.7**
石家庄	519.7	514.5	1.0	146.0	146.8	-0.6
唐　山	440.2	434.6	1.3	125.3	128.4	-2.4
廊　坊	249.3	238.8	4.4	81.7	81.1	0.8
秦皇岛	161.6	160.8	0.5	70.7	70.6	0.1
承　德	217.6	214.5	1.4	96.8	96.6	0.2
张家口	269.2	261.9	2.8	124.2	124.7	-0.4
保　定	646.2	642.6	0.6	324.0	321.5	0.8
沧　州	409.6	396.1	3.4	106.7	110.5	-3.4
长江三角洲经济区						
上　海	1104.3	1090.8	1.2	37.3	37.1	0.5
江苏省	**4758.2**	**4754.7**	**0.1**	**1023.0**	**1060.3**	**-3.5**
南　京	468.3	457.8	2.3	44.5	51.3	-13.3
无　锡	386.0	382.3	1.0	20.1	22.8	-12.0
常　州	277.7	323.4	-14.1	22.3	28.3	-21.2
苏　州	609.3	589.1	3.4	26.0	27.8	-6.5
南　通	464.9	463.7	0.3	76.5	81.0	-5.5
扬　州	303.8	296.8	2.3	35.2	38.5	-8.6
镇　江	190.3	182.1	4.5	25.6	33.9	-24.4
泰　州	286.7	284.3	0.8	64.9	67.1	-3.2
浙江省	**3674.1**	**3636.0**	**1.0**	**535.3**	**581.9**	**-8.0**
杭　州	637.8	626.3	1.8	72.2	75.7	-4.6
宁　波	493.8	476.5	3.6	32.5	32.2	1.0
嘉　兴	321.4	317.6	1.2	33.5	35.0	-4.2
湖　州	180.1	179.9	0.1	30.4	34.8	-12.7
绍　兴	343.3	341.8	0.4	51.5	51.5	0.1
舟　山	69.0	66.7	3.5	10.9	10.9	-0.4
台　州	370.8	367.6	0.9	75.6	75.3	0.5
珠江三角洲经济区						
广东省	**5960.7**	**5870.5**	**1.5**	**1427.3**	**1434.9**	**-0.5**
广　州	743.2	711.1	4.5	62.9	59.0	6.6
深　圳	764.5	758.1	0.8	0.3	0.4	-13.5
珠　海	104.1	103.0	1.0	6.4	6.3	1.1
佛　山	445.1	443.5	0.4	26.4	26.4	-0.2
惠　州	267.9	260.1	3.0	52.6	55.1	-4.6
东　莞	628.5	626.3	0.4	5.9	6.1	-2.8
中　山	208.6	207.3	0.6	10.0	10.0	0.2
江　门	253.0	249.6	1.4	76.5	77.5	-1.3
肇　庆	215.1	213.1	1.0	116.8	119.3	-2.1

注：广东省及其各市2010年从业人员数根据第六次全国人口普查资料作了相应调整。

10-8 续表1

单位：万人

城市	第二产业			第三产业		
	2011	2010	增长速度(%)	2011	2010	增长速度(%)
全 国	**22544**	**21842**	**3.2**	**27282**	**26332**	**3.6**
京津冀经济区						
北 京	219.2	202.7	8.1	791.4	767.5	3.1
天 津	316.0	302.3	4.5	374.0	352.5	6.1
河北省	**1319.8**	**1250.9**	**5.5**	**1203.0**	**1150.1**	**4.6**
石家庄	185.5	184.7	0.4	188.2	182.9	2.9
唐 山	179.9	165.2	8.9	135.0	141.1	-4.3
廊 坊	98.1	90.7	8.1	69.5	67.0	3.7
秦皇岛	40.1	39.9	0.3	50.8	50.2	1.2
承 德	59.7	58.1	2.8	61.2	59.9	2.2
张家口	61.5	57.9	6.3	83.5	79.3	5.3
保 定	206.8	191.3	8.1	115.3	129.8	-11.2
沧 州	174.8	165.1	5.9	128.2	120.5	6.3
长江三角洲经济区						
上 海	445.1	443.7	0.3	622.0	609.9	2.0
江苏省	**2017.5**	**1997.0**	**1.0**	**1717.7**	**1697.4**	**1.2**
南 京	175.6	174.8	0.5	248.2	231.7	7.1
无 锡	211.5	210.4	0.5	154.4	149.1	3.5
常 州	153.2	179.6	-14.7	102.3	115.5	-11.5
苏 州	335.9	330.1	1.7	247.4	231.2	7.0
南 通	215.7	215.8	-0.03	172.7	167.0	3.4
扬 州	156.3	151.8	2.9	112.4	106.5	5.5
镇 江	95.9	90.2	6.3	68.7	58.0	18.5
泰 州	119.0	118.6	0.4	102.7	98.7	4.1
浙江省	**1868.8**	**1810.4**	**3.2**	**1270.0**	**1243.8**	**2.1**
杭 州	289.1	286.3	1.0	276.4	264.4	4.6
宁 波	273.7	266.4	2.7	187.6	177.9	5.5
嘉 兴	196.9	193.4	1.8	91.0	89.2	2.0
湖 州	90.9	88.9	2.3	58.9	56.3	4.6
绍 兴	180.8	180.6	0.1	111.0	109.8	1.1
舟 山	26.4	26.5	-0.3	31.7	29.3	8.4
台 州	161.9	160.3	1.0	133.3	132.0	1.0
珠江三角洲经济区						
广东省	**2526.5**	**2487.7**	**1.6**	**2006.9**	**1947.9**	**3.0**
广 州	282.9	273.6	3.4	397.3	378.4	5.0
深 圳	382.9	390.4	-1.9	381.3	367.4	3.8
珠 海	46.3	45.9	1.0	51.4	50.9	1.0
佛 山	265.2	263.7	0.6	153.5	153.4	0.1
惠 州	133.1	127.0	4.8	82.3	78.0	5.4
东 莞	478.9	476.9	0.4	143.8	143.3	0.4
中 山	141.5	140.6	0.7	57.1	56.8	0.6
江 门	110.4	105.9	4.2	66.1	66.1	持平
肇 庆	51.9	49.2	5.5	46.4	44.6	4.2

10-9 中国内地沿海三大都市圈主要城市指标对比
——生活质量

城市	城镇单位在岗职工人数(万人)			城镇单位在岗职工平均工资(元)		
	2011	2010	增长速度(%)	2011	2010	增长速度(%)
全　国	**14413.3**	**13051.5**	**10.4**	**42452**	**37147**	**14.3**
京津冀经济区						
北　京	640.3	587.7	9.0	75834	65683	15.5
天　津	252.1	185.0	36.3	55636	52963	5.0
河北省	**507.4**	**480.2**	**5.7**	**36166**	**32306**	**11.9**
石家庄	80.9	80.5	0.4	35132	31460	11.7
唐　山	79.3	77.2	2.7	42029	37232	12.9
廊　坊	37.1	31.8	16.6	39976	37224	7.4
秦皇岛	26.9	27.2	-0.9	40518	35825	13.1
承　德	23.6	24.3	-2.8	34134	29960	13.9
张家口	33.9	31.7	6.9	33437	30592	9.3
保　定	70.0	61.8	13.2	32277	28089	14.9
沧　州	44.1	39.7	11.3	36201	33015	9.7
长江三角洲经济区						
上　海	840.2	617.7	36.0	77031	71874	7.2
江苏省	**774.4**	**710.6**	**9.0**	**45987**	**40505**	**13.5**
南　京	133.7	116.7	14.6	54713	48780	12.2
无　锡	80.6	68.9	16.9	51518	47006	9.6
常　州	48.3	36.7	31.7	49755	44214	12.5
苏　州	129.8	127.0	2.3	51657	45566	13.4
南　通	63.0	59.0	6.9	44574	39448	13.0
扬　州	40.7	38.2	6.6	40289	35429	13.7
镇　江	37.8	35.7	5.9	42659	37675	13.2
泰　州	36.7	34.1	7.6	38328	34488	11.1
浙江省	**882.5**	**812.1**	**8.7**	**46660**	**41505**	**12.4**
杭　州	214.4	194.1	10.5	54408	48772	11.6
宁　波	151.8	131.1	15.8	49755	43476	14.4
嘉　兴	74.0	76.6	-3.4	42990	36319	18.4
湖　州	38.1	36.0	5.8	41107	36485	12.7
绍　兴	113.6	103.0	10.3	39810	35125	13.3
舟　山	14.7	16.1	-8.7	52915	43642	21.2
台　州	79.9	64.8	23.3	42199	40562	4.0
珠江三角洲经济区						
广东省	**1206.2**	**1090.4**	**10.6**	**45152**	**40358**	**11.9**
广　州	296.8	236.2	25.7	57473	54807	4.9
深　圳	261.4	251.1	4.1	55143	50456	9.3
珠　海	65.3	61.6	6.1	40925	34405	18.9
佛　山	58.2	54.7	6.3	40663	37079	9.7
惠　州	83.4	78.6	6.0	35719	29599	20.7
东　莞	24.6	22.6	8.7	50398	46576	8.2
中　山	30.6	28.0	9.1	48415	40578	19.3
江　门	53.5	43.8	22.1	31913	27497	16.1
肇　庆	29.2	26.7	9.0	34113	30114	13.3

注：全国在岗职工人数为城镇单位就业人员数。

10-9 续表1

单位：元

城市	城镇居民人均可支配收入			农村居民人均纯收入		
	2011	2010	增长速度(%)	2011	2010	增长速度(%)
全　国	**21810**	**19109**	**14.1**	**6977**	**5919**	**17.9**
京津冀经济区						
北　京	32903	29073	13.2	14736	13262	13.6
天　津	26921	24293	10.8	11891	11801	15.5
河北省	**18292**	**16263**	**12.5**	**7120**	**5958**	**19.5**
石家庄	20534	18290	12.3	7822	6577	18.9
唐　山	21785	19556	11.4	9460	8310	13.8
廊　坊	21991	19576	12.3	9102	7589	19.9
秦皇岛	19552	17203	13.7	7365	6214	18.5
承　德	16638	14668	13.4	4935	4382	12.6
张家口	16401	14649	12.0	4854	4119	17.8
保　定	16912	15048	12.4	6656	5446	22.2
沧　州	18375	16116	14.0	6540	5528	18.3
长江三角洲经济区						
上　海	36230	31838	13.8	15644	13746	13.8
江苏省	**26341**	**22944**	**14.8**	**10805**	**9118**	**18.5**
南　京	31100	27383	13.6	13108	11128	17.8
无　锡	31638	27750	14.0	16438	14002	17.4
常　州	29559	25875	14.2	14838	12637	17.4
苏　州	34617	30366	14.0	17226	14657	17.5
南　通	25094	21825	15.0	11730	9914	18.3
扬　州	22835	19537	16.9	11217	9462	18.5
镇　江	26637	23224	14.7	12825	10874	17.9
泰　州	23597	20255	16.5	11046	9324	18.5
浙江省	**30971**	**27359**	**13.2**	**13071**	**11303**	**15.6**
杭　州	32434	29139	11.3	15245	13186	15.6
宁　波	34321	29977	14.5	16518	14261	15.8
嘉　兴	31520	27487	14.7	16707	14365	16.3
湖　州	29367	25729	14.1	15381	13288	15.8
绍　兴	33273	30164	10.3	15861	13651	16.2
舟　山	30496	26242	16.2	16608	14265	16.4
台　州	30490	27212	12.0	13108	11307	15.9
珠江三角洲经济区						
广东省	**26897**	**23898**	**12.6**	**9372**	**7890**	**18.8**
广　州	34438	30658	12.3	14818	12676	16.9
深　圳	36505	32381	12.7			
珠　海	28731	25382	13.2	11858	10187	16.4
佛　山	30718	27245	12.7	13862	12202	13.6
惠　州	26609	23565	12.9	10938	9077	20.5
东　莞	39513	35690	10.7	22842	20486	11.5
中　山	27700	25357	9.2	17182	14928	15.1
江　门	23924	21153	13.1	9996	8589	16.4
肇　庆	19040	16832	13.1	9014	7524	19.8

注：1. 杭州城镇居民人均可支配收入为市区人均可支配收入。
2. 2011年农村居民人均纯收入及其分组数据按国家统计局方案进行了口径调整，北京、天津2011年增长速度为同口径增速。
3. 表内增长速度均为名义增速。

第十一篇

北京与全国对比

BEIJING YU QUANGUO DUIBI

11-1 北京与全国主要指标对比
——经 济

项 目		2011			2010		
		北 京	全 国	北京占全国(%)	北 京	全 国	北京占全国(%)
地区生产总值	(亿元)	16251.9	472881.6	3.4	14113.6	401512.8	3.5
第一产业	(亿元)	136.3	47486.2	0.3	124.4	40533.6	0.3
第二产业	(亿元)	3752.5	220412.8	1.7	3388.4	187383.2	1.8
第三产业	(亿元)	12363.1	204982.5	6.0	10600.8	173596.0	6.1
人均地区生产总值	(元)	81658	35181		73856	30015	
地方财政收入(一般预算)	(亿元)	3006.3	52547.1	5.7	2353.9	40613.0	5.8
地方财政支出(一般预算)	(亿元)	3245.2	92733.7	3.5	2717.3	73884.4	3.7
工业总产值(现价，规模以上)	(亿元)	14513.6	844268.8	1.7	13699.8	698590.5	2.0
全社会固定资产投资	(亿元)	5910.6	311485.1	1.9	5493.5	278121.9	2.0
社会消费品零售额	(亿元)	6900.3	183918.6	3.8	6229.3	156998.4	4.0
海关出口总额	(亿美元)	590.0	18983.8	3.1	554.4	15777.5	3.5
海关进口总额	(亿美元)	3305.9	17434.8	19.0	2462.2	13962.4	17.6
实际利用外商直接投资	(亿美元)	70.5	1160.1	6.1	63.6	1057.4	6.0
入境旅游人数	(万人次)	520.4	13542.4	3.8	490.1	13376.2	3.7
金融机构(含外资)人民币存款余额	(亿元)	72655.4	809368.0	9.0	64453.9	718238.0	9.0
#城乡居民储蓄存款余额	(亿元)	18924.6	343635.9	5.5	16876.3	303303.0	5.6
金融机构(含外资)人民币贷款余额	(亿元)	33367.0	547947.0	6.1	29563.8	479196.0	6.2

注:1.部分数据取自《北京统计年鉴》、《中国统计年鉴》。
2.全国地方财政收入和财政支出均为全国31个省市合计数。
3.北京城乡居民储蓄存款余额为中资金融机构人民币储蓄存款余额。
4.全社会固定资产投资口径：2010年投资起点为50万元，2011年投资起点为500万元。

11-2 北京与全国主要指标对比
——社 会

项 目		2011			2010		
		北 京	全 国	北京占全国(%)	北 京	全 国	北京占全国(%)
年底人口数(年末常住人口)	(万人)	2018.6	134735	1.5	1961.9	134091	1.5
城镇人口	(万人)	1740.7	69079	2.5	1686.4	66978	2.5
乡村人口	(万人)	277.9	65656	0.4	275.5	67113	0.4
从业人员	(万人)	1069.7	76420	1.4	1031.6	76105	1.4
城镇居民人均可支配收入	(元)	32903	21810		29073	19109	
农村居民人均纯收入	(元)	14736	6977		13262	5919	
登记结婚对数	(万对)	17.3	1302.4	1.3	13.8	1241.0	1.1
登记离婚对数	(万对)	4.4	287.4	1.5	4.4	267.8	1.6
普通高等学校在校学生数	(万人)	57.9	2308.5	2.5	57.8	2231.8	2.6
普通中学在校学生数	(万人)	49.7	7519.0	0.7	50.8	7703.2	0.7
小学在校学生数	(万人)	68.0	9926.4	0.7	65.3	9940.7	0.7
城市排水管道长度	(万公里)	1.1	41.4	2.7	1.0	37.0	2.7
客运出租小轿车	(万辆)	6.7	100.2	6.6	6.7	98.6	6.8

注：1. 全国人口数中不包括香港特别行政区、澳门特别行政区和台湾地区的人口数据。
2. 北京登记离婚对数包括在民政部门登记的对数及经法院调离和判离的对数。

2012
北京区域统计年鉴

第十二篇

BEIJING AREA
STATISTICAL YEARBOOK

港澳台地区
及世界主要国家
统计资料

GANGAOTAI DIQU
JI SHIJIE ZHUYAO GUOJIA
TONGJIZILIAO

12-1 香港特别行政区主要统计指标①

项目		2007	2008	2009	2010	2011
人口及生命统计						
年中人口	（万人）	691.6	695.8	697.3	702.4	707.2
粗出生率	（‰）	10.2	11.3	11.8	12.6	13.5
粗死亡率	（‰）	5.7	6.0	5.9	6.0	5.9
婴儿死亡率	（‰）	1.8	1.8	1.7	1.7	1.2
（按每千名登记活产婴儿计算）						
劳动、就业						
劳动人口	（万人）	362.2	363.7	366.0	363.1	370.3
劳动人口参与率	（%）	61.2	60.9	60.8	59.6	60.1
失业率	（%）	4.0	3.5	5.3	4.3	3.4
就业人数	（万人）	347.7	350.9	346.8	347.4	357.6
选定行业的就业人数②						
制　造	（万人）		16.6	15.0	13.3	13.3
建　筑	（万人）		26.5	26.2	26.5	27.7
进出口贸易及批发	（万人）		58.9	56.2	54.7	53.9
零售、住宿③及膳食服务	（万人）		55.2	54.5	55.8	57.8
运输、仓库、邮政及速递服务、资讯及通讯	（万人）		43.4	42.3	42.2	43.4
金融、保险、地产、专业及商用服务	（万人）		63.9	63.7	64.1	67.6
公共行政、社会及个人服务	（万人）		84.3	86.7	88.5	91.5
实际工资指数④（1992年9月=100）		115.8	115.3	113.5	113.5	117.9
对外商品贸易						
进　口	（亿港元）	28680	30253	26924	33648	37646
港产品出口	（亿港元）	1091	908	577	695	657
转　口	（亿港元）	25784	27334	24113	29615	32716
对外服务贸易						
服务出口	（亿港元）	6608	7186	6698	8248	9455
服务进口	（亿港元）	3322	3665	3406	3963	4350
工业生产						
工业生产指数　（2008年=100）		107.2	100.0	91.7	95.0	95.7
工业电力消费量	（万亿焦耳）	13104	12182	11143	11080	11104
工业煤气消费量	（万亿焦耳）	895	905	902	917	1086
土地、楼宇、建造及地产						
新落成私人楼宇数目	（栋）	358	755	669	278	397
实用楼面面积						
住　宅	（万平方米）	45.1	43.4	44.3	61.2	47.2
非住宅	（万平方米）	57.8	66.3	37.2	52.8	51.9
获批准可动工兴建私人楼宇						
初次呈交	（栋）	313	273	403	512	228
重大修改	（栋）	853	111	182	254	186

12-1 续表1

项　　目		2007	2008	2009	2010	2011
房屋及物业						
永久性房屋单位						
公营租住房屋⑤	（万个）	71.74	72.16	74.12	74.46	74.71
资助出售单位⑥	（万个）	39.76	39.70	39.58	39.29	39.12
私人房屋⑥⑦	（万个）	138.61	139.87	140.94	142.34	145.49
总　计	（万个）	250.12	251.73	254.64	256.10	259.32
运输、通讯、旅游						
进出香港货物						
总卸下	（万吨）	16317	16571	15567	17282	17519
总装上	（万吨）	12229	12916	11745	12882	13291
集装箱吞吐量	（万标准集装箱）	2400	2449	2104	2370	2438
电话服务	（万条操作线路）	409	411	419	426	425
访港旅客⑧	（万人次）	2816.9	2950.7	2959.1	3603.0	4192.1
政府收支、货币、金融						
政府储备结余⑨	（亿港元）	4929	4944	5203	5954	6691
政府收入总额⑨⑩	（亿港元）	3585	3166	3184	3765	4377
政府开支总额⑨⑩	（亿港元）	2348	3124	2890	3014	3640
货币供应量M_3						
港　元⑪	（亿港元）	33005	32613	36048	38782	40554
外　币⑫	（亿港元）	28393	30394	30220	32781	40257
总　计	（亿港元）	61398	63008	66268	71563	80811
港汇指数（贸易总值（进口及整体出口）加权）（2010年1月=100）⑬		106.3	100.7	101.9	99.5	94.6
消费价格指数						
（2009年10月至2010年9月=100）						
综合消费价格指数		93.8	97.8	98.4	100.7	106.0
甲类消费价格指数		94.4	97.8	98.3	100.8	106.4
乙类消费价格指数		93.5	97.8	98.4	100.6	105.8
丙类消费价格指数		93.5	97.9	98.5	100.6	105.8
教　育						
小学学生人数	（人）	385949	365056	344748	331112	322881
中学学生人数⑭	（人）	492410	489362	481188	458131	472532
大专院校学生人数⑮	（人）	143473	147364	158043	166018	168692

12-1 续表2

项　　目		2007	2008	2009	2010	2011
卫　生						
医　生	（人）	11961	12215	12424	12620	12818
注册中医	（人）	5540	5860	6048	6241	6414
病　床	（张）	34928	35048	35062	35522	36121
社会保障						
综合社会保障援助⑨						
个案数目⑯	（个）	285773	289469	287822	282732	275383
发放款项	（亿港元）	180	186	190	185	195
公共福利金⑨						
个案数目⑯	（个）	594341	612128	627816	642979	663237
发放款项	（亿港元）	60	88	89	91	97
交通意外伤亡援助⑨						
获批个案数目	（个）	7841	7224	7350	7203	7139
本地生产总值						
按2009年环比物量计算						
年增长率	（%）	6.4	2.3	-2.6	7.1	5.0
本地生产总值	（亿港元）	16291	16666	16225	17376	18250
人均本地生产总值	（港元）	235539	239534	232692	247376	258074
按当年价格计算						
年增长率	（%）	9.5	3.8	-3.2	7.3	8.9
本地生产总值	（亿港元）	16156	16770	16225	17416	18967
人均本地生产总值	（港元）	233589	241026	232692	247938	268213
本地居民生产总值						
按当年价格计算						
本地居民生产总值	（亿港元）	16600	17603	16654	17699	19535
人均本地居民生产总值	（港元）	240014	252999	238840	251966	276250
国外净要素收入	（亿港元）	444	833	429	283	568
国际收支平衡表						
经常账户	（亿港元）	1992.8	2295.1	1392.5	962.2	1004.8
资本及金融账户	（亿港元）	-2592.5	-2311.6	-1553.7	-1525.0	-1395.3
净误差及遗漏	（亿港元）	599.7	16.6	161.2	562.8	390.5
整体的国际收支	（亿港元）	1145.0 （盈余）	2638.7 （盈余）	5492.6 （盈余）	710.9 （盈余）	1116.1 （盈余）
国际投资头寸⑰						
国际投资头寸净值⑱	（亿港元）	37736	48267	55844	51355	54568
对外金融资产	（亿港元）	211941	175213	198115	222774	232280
对外金融负债	（亿港元）	174205	126946	142271	171419	177712

12-1 续表3

注：①在2011年6—8月期间进行的人口普查提供一个基准，用作修订自2006年中期人口统计以来编制的人口数字。上表由2007—2010年与人口有关的数字已作出相应修订。

②由2009年开始，数字是按《香港标准行业分类2.0版》编制，其数列已向前估计至2008年。

③住宿服务包括酒店、宾馆、旅舍及其他提供短期住宿服务的机构单位。

④实际工资指数是以名义工资指数扣除以2009—2010年为基期的甲类消费价格指数而计算出来。工资统计数字是按《香港标准行业分类2.0版》编制。

⑤房屋委员会售出的公营租住房屋单位归类为资助出售单位。

⑥资助出售单位包括房屋委员会及香港房屋协会售出而不可在公开市场买卖的屋宇单位，可在公开市场买卖的资助出售单位则归类为私人永久性房屋。

⑦数字包括作住宿用途的非住宅屋宇单位。

⑧访港旅客数字包括经澳门访港的非澳门居民。

⑨数字以相应的财政年度为根据，例如2011年的数字代表2011—2012财政年度数字。

⑩2011年的数字有待审计署署长核实。

⑪所列数字已包括外币掉期存款。

⑫所列数字已扣除外币掉期存款。《中华人民共和国香港特别行政区基本法》说明，港元是香港特别行政区的法定货币。外币指港元以外的其他货币，因而人民币亦视作外币。

⑬由2012年1月3日起公布的新系列。

⑭数字涵盖日、夜校。

⑮指香港城市大学、香港浸会大学、岭南大学、香港中文大学、香港教育学院、香港理工大学、香港科技大学和香港大学就读学生。数字包括大学教育资助委员会(教资会)资助课程及教资会资助院校本部和辖下持续进修部门开办的本地经评审自资课程的学生人数。

⑯于财政年度终结时的数字。除特别注明外，财政年度是由4月1日至翌年3月31日。

⑰数字为期末头寸。

⑱国际投资头寸净值是对外金融资产总值与对外金融负债总值之差。

12-2 澳门特别行政区主要统计指标

项　目		2007	2008	2009	2010	2011
人口及生命统计						
年中人口	(万人)	52.6	54.1	53.5	53.7	55.0
出生率	(‰)	8.6	8.7	8.9	9.5	10.6
死亡率	(‰)	2.9	3.2	3.1	3.3	3.4
婴儿死亡率	(‰)	2.4	3.2	2.1	2.9	2.9
(按每千名出生登记活产婴儿计算)						
劳动、就业						
劳动人口	(万人)	31.0	32.7	32.3	32.4	33.6
劳动力参与率	(%)	69.2	70.7	72.3	72.0	72.5
失业率	(%)	3.1	3.0	3.5	2.8	2.6
就业不足率	(%)	1.0	1.6	1.8	1.7	1.1
就业人口	(万人)	30.0	31.7	31.2	31.5	32.8
建筑业	(万人)	3.9	3.8	3.2	2.7	2.8
批发及零售业	(万人)	3.8	3.9	4.1	4.1	4.3
酒店及饮食业	(万人)	3.5	4.1	4.3	4.3	4.6
团体、社会及个人的其他服务	(万人)	6.9	7.7	7.4	7.5	8.2
对外商品贸易						
出　口	(亿澳门元)	204	160	77	70	70
本地产品出口	(亿澳门元)	135	96	30	24	24
再出口	(亿澳门元)	69	64	47	46	46
进　口	(亿澳门元)	431	430	369	441	623
贸易价格比率(2006=100)		96.2	93.5	93.7	93.1	94.1
工业生产						
工业电力消耗量	(亿千瓦小时)	2.4	2.1	1.6	1.6	1.7
私人建筑						
新建楼宇						
单位数目	(个)	2051	1177	3251	4527	1387
总建筑面积	(万平方米)	193	58	141	127	116
新动工楼宇						
单位数目	(个)	4390	2046	1547	870	2159
总建筑面积	(万平方米)	220	53	23	18	37
楼宇单位买卖数目	(个)	32250	21516	17310	29617	27624
不动产买卖契约数目	(宗)	14558	9712	9111	12707	10935
不动产按揭贷款数目	(宗)	13250	11847	8965	15127	14447
运输、通讯、旅游						
进出澳门重型货运车	(万次)	67.4	56.4	40.3	35.8	33.4
进出澳门的客船班	(万次)	10.5	10.5	13.2	14.7	14.6
澳门国际机场的商业航班	(万次)	4.9	4.6	3.7	3.5	3.5
登记车辆	(万辆)	17.6	18.3	18.9	19.7	20.6
电话线	(万条)	97.2	110.9	120.9	129.1	152.0
访澳旅客	(万人次)	2700	2293	2175	2497	2800
酒店平均入住率	(%)	77	74	71	80	84

12-2 续表1

项　目		2007	2008	2009	2010	2011
财政收支、货币、金融						
财政总收入	(亿澳门元)	537	623	699	885	1127
财政总支出	(亿澳门元)	233	304	355	384	490
货币供应（广义货币供应量M_2）						
总　计	(亿澳门元)	1855	1898	2122	2431	2977
澳门元	(亿澳门元)	510	541	597	680	773
港　元	(亿澳门元)	1015	992	1138	1328	1624
其他货币	(亿澳门元)	331	365	387	422	579
本地/私人部门贷款及垫款	(亿澳门元)	683	889	973	1268	1619
消费物价指数						
(2008年4月至2009年3月=100)						
综合消费价格指数		92.3	100.2	101.4	104.3	110.3
甲类消费价格指数		92.3	100.7	101.5	103.8	109.5
乙类消费价格指数		92.3	100.1	101.4	104.4	110.6
房　屋(期末)						
公共房屋	(套)	6681	6253	7165	8174	8376
教　育						
幼儿教育学生	(人)	9149	9270	9923	10898	
小学生	(人)	29995	27481	25475	23833	
中学生	(人)	41124	39463	38315	38582	
高等教育学生	(人)	18743	20917	22289	24156	
医　疗						
医　生	(人)	1323	1261	1292	1330	1438
护　士	(人)	1335	1415	1491	1536	1606
病　床	(张)	1014	1030	1109	1172	1221
社会保障						
受益人数目	(人)	228125	250476	259280	276348	337115
供款单位数目	(个)	15278	17175	34260	34294	19373
总发放援助次数	(万次)	23.7	40.8	45.4	52.3	60.7
总发放金额	(万澳门元)	31753	43616	66815	74840	110225
治　安						
罪案数目	(宗)	12921	13864	12406	11649	12512
囚犯数目	(期末)	812	912	930	929	1030
本地生产总值						
按以环比物量(2010年)计算						
实际增长率	(%)	14.5	3.3	1.7	27.0	20.7
本地生产总值	(亿澳门元)	1618.8	1750.6	1780.7	2262.2	2731.4
人均本地生产总值	(万澳门元)	30.8	32.4	33.2	42.1	49.7
当年价格						
名义增长率	(%)	24.6	14.5	2.4	32.9	29.1
本地生产总值	(亿澳门元)	1448.2	1662.4	1701.6	2262.2	2920.9
人均本地生产总值	(万澳门元)	27.5	30.8	31.8	42.1	53.2

12-3 台湾省面积和人口主要指标

项 目		2007	2008	2009	2010	2011
土地面积	（万平方公里）	3.6	3.6	3.6	3.6	3.6
户籍登记人口数	（万人）	2295.8	2303.7	2312.0	2316.2	2322.5
男	（万人）	1160.9	1162.6	1163.7	1163.5	1164.6
女	（万人）	1135.0	1141.1	1148.3	1152.7	1157.9
粗出生率	（‰）	8.92	8.64	8.29	7.21	8.48
粗死亡率	（‰）	6.16	6.25	6.22	6.30	6.59
人口自然增长率	（‰）	2.76	2.40	2.07	0.91	1.88
一般生育率	（‰）	32	31	31	27	32
结婚率	（对/千人）	5.89	6.73	5.07	6.00	7.13
离婚率	（对/千人）	2.55	2.43	2.48	2.51	2.46
期望寿命						
男	（岁）	75.46	75.59	75.88		
女	（岁）	81.72	81.94	82.46		
人口的年龄分布						
0—14岁	（%）	17.56	16.95	16.34	15.65	15.08
15—64岁	（%）	72.24	72.62	73.03	73.61	74.04
65岁及以上	（%）	10.21	10.43	10.63	10.74	10.89
性别比	（女=100）	102.28	101.89	101.34	100.94	100.57
人口密度	（人/平方公里）	634.4	636.6	638.8	640.0	641.7

资源来源：台湾省《统计月报》（以下各表同）。

12-4 台湾省劳动力和就业状况

项目		2007	2008	2009	2010	2011
劳动力总计	(万人)	1071.3	1085.3	1091.7	1107.0	1120.0
男	(万人)	611.6	617.3	618.0	624.2	630.4
女	(万人)	459.7	468.0	473.7	482.8	489.6
就业人数	(万人)	1029.4	1040.3	1027.9	1049.3	1070.9
男	(万人)	586.8	590.2	577.6	588.0	600.6
女	(万人)	442.6	450.1	450.2	461.3	470.2
就业者行业构成	(%)	100.0	100.0	100.0	100.0	100.0
农、林、渔、牧业	(%)	5.3	5.1	5.3	5.2	5.1
工　业	(%)	36.8	36.8	35.8	35.9	36.3
矿业及土石采取业	(%)	0.06	0.06	0.05	0.04	0.04
制造业	(%)	27.6	27.7	27.1	27.3	27.5
电力及燃气供应业	(%)	0.3	0.3	0.3	0.3	0.3
用水供应及污染整治业	(%)	0.6	0.7	0.7	0.7	0.7
建筑业	(%)	8.2	8.1	7.7	7.6	7.8
服务业	(%)	57.9	58.0	58.9	58.8	58.6
批发及零售业	(%)	17.3	17.0	16.9	16.6	16.5
运输及仓储业	(%)	4.0	4.0	3.9	3.9	3.8
金融及保险业	(%)	3.9	4.0	4.0	4.1	4.0
咨讯及通讯传播	(%)	2.0	2.0	2.0	2.0	2.0
住宿及餐饮业	(%)	6.6	6.6	6.7	6.9	6.8
教育服务业	(%)	5.7	5.8	6.0	5.9	5.9
公共行政	(%)	3.2	3.3	3.7	3.7	3.6
失业人数	(万人)	41.9	45.0	63.8	57.7	49.1
失业率	(%)	3.9	4.1	5.8	5.2	4.4

12-5 台湾省本地居民生产总值

年份	本地居民生产总值			人均本地居民生产总值	
	新台币亿元	实际年增长率(%)	亿美元①	新台币元	美元①
2004	117374	6.4	3511	518280	15503
2005	120311	3.8	3739	529313	16449
2006	125552	5.5	3860	550099	16911
2007	132433	6.0	4033	577869	17596
2008	129348	0.5	4101	562439	17833
2009	128951	-1.1	3901	558751	16901
2010	140439	10.5	4437	606885	19175
2011	141331	3.6	4797	609590	20690

注：①按当年汇率折算。

12-6 中国与世界主要国家(地区)对比资料
——2010年国土面积和人口

国家和地区	国土面积（万平方公里）	年中人口数（万人）	人口增长率（%）	人口密度（人/平方公里）
世界总计	**13427.0**	**689459**	**1.15**	**53**
中　　国	960.0	133830	0.52	143
中国香港	0.1	707	0.91	6783
中国澳门		54	2.32	19429
孟加拉国	14.4	14869	1.12	1142
文　　莱	0.6	40	1.79	76
柬 埔 寨	18.1	1414	1.14	80
印　　度	328.7	122462	1.39	412
印度尼西亚	190.5	23987	1.03	132
伊　　朗	174.5	7397	1.14	45
以 色 列	2.2	762	1.83	352
日　　本	37.8	12745	-0.08	350
哈萨克斯坦	272.5	1632	1.42	6
韩　　国	10.0	4888	0.26	503
老　　挝	23.7	620	1.44	27
马来西亚	33.1	2840	1.60	86
蒙　　古	156.4	276	1.62	2
缅　　甸	67.7	4796	0.76	73
巴基斯坦	79.6	17359	1.80	225
菲 律 宾	30.0	9326	1.68	313
新 加 坡	0.1	508	1.77	7253
斯里兰卡	6.6	2086	0.92	333
泰　　国	51.3	6912	0.60	135
越　　南	33.1	8693	1.04	280
埃　　及	100.2	8112	1.75	81
尼日利亚	92.4	15842	2.52	174
南　　非	121.9	4999	1.35	41
加 拿 大	998.5	3413	1.17	4
墨 西 哥	196.4	11342	1.23	58
美　　国	983.2	30935	0.84	34
阿 根 廷	278.0	4041	0.87	15
巴　　西	851.5	19495	0.88	23
委内瑞拉	91.2	2883	1.57	33
捷　　克	7.9	1052	0.31	136
法　　国	54.9	6490	0.55	119
德　　国	35.7	8178	-0.15	235
意 大 利	30.1	6048	0.48	206
荷　　兰	4.2	1662	0.51	493
波　　兰	31.3	3818	0.08	126
俄罗斯联邦	1709.8	14175	-0.07	9
西 班 牙	50.5	4607	0.35	92
土 耳 其	78.4	7275	1.25	95
乌 克 兰	60.4	4587	-0.40	79
英　　国	24.4	6223	0.68	257
澳大利亚	774.1	2230	1.57	3
新 西 兰	26.8	437	1.20	17

资料来源：世界银行数据库。

12-7 中国与世界主要国家(地区)对比资料
——按三次产业分就业人员构成

单位：%

国家和地区	第一产业		第二产业		第三产业	
	2005	2009	2005	2009	2005	2009
中　　国	44.8	39.6①	23.8	27.2①	31.3	33.2①
中国香港	0.3	0.2	15.1	12.4	84.7	87.4
中国澳门	0.1		25.0	16.0	74.7	84.0
孟加拉国	48.1		14.5		37.4	
柬 埔 寨		72.2①		8.6①		19.2①
印　　度	55.8		19.0		25.2	
印度尼西亚	44.0	39.7	18.7	18.8	37.2	41.5
伊　　朗	24.7	21.2①	30.3	32.2①	44.8	46.5①
以 色 列	2.0	1.7	21.4	20.4	75.7	77.1
日　　本	4.4	3.9	27.9	25.9	66.4	69.0
哈萨克斯坦	32.4	29.4	18.0	18.9	49.6	51.7
韩　　国	7.9	7.0	26.8	16.4	65.2	76.6
马来西亚	14.6	13.5	29.7	27.0	55.6	59.5
蒙　　古	39.9	40.0	16.8	14.9	43.3	45.0
巴基斯坦	43.0	44.7①	20.3	20.1①	36.6	35.2①
菲 律 宾	36.0	35.2	15.6	14.6	48.5	50.3
新 加 坡	1.1	1.1	21.7	21.8	77.3	77.1
斯里兰卡	30.7	32.6	25.6	25.1	38.4	39.6
泰　　国	42.6	41.5	20.2	19.5	37.1	38.9
越　　南		51.7②		20.2②		28.2②
埃　　及	30.9	31.6①	21.5	23.0①	47.5	45.3①
南　　非	7.5	5.1	25.6	25.0	66.6	69.8
加 拿 大	2.7	2.4①	22.0	21.5①	75.3	76.5①
墨 西 哥	14.9	13.5	25.5	25.7	59.0	60.1
美　　国	1.6	1.5	20.6	17.1	77.8	80.9
阿 根 廷	1.1	1.2	23.5	23.1	75.1	75.2
巴　　西	20.5	17.0	21.4	22.1	57.9	60.7
委内瑞拉	9.7	8.5①	20.8	23.0①	68.7	68.3①
捷　　克	4.0	3.1	39.5	38.6	56.5	58.3
法　　国	3.6	2.9	23.7	22.6	72.4	74.1
德　　国	2.3	1.7	29.7	28.7	67.9	69.6
意 大 利	4.2	3.7	30.8	29.3	65.0	67.0
荷　　兰	3.2	2.5	19.6	16.6	72.4	72.8
波　　兰	17.4	13.3	29.2	31.1	53.4	55.6
俄罗斯联邦	10.2	9.7	29.8	27.9	60.0	62.3
西 班 牙	5.3	4.2	29.7	24.7	65.0	71.1
土 耳 其	29.5	22.9	24.8	25.3	45.8	51.7
乌 克 兰	19.4	15.8①	24.2	23.4①	56.4	60.7①
英　　国	1.3	1.1	22.2	19.5	76.3	78.7
澳大利亚	3.6	3.3	21.3	21.1	75.1	75.5
新 西 兰	7.1	6.6	22.0	20.9	70.7	72.5

注：①2007年数据。②2006年数据。
资料来源：世界银行数据库。

12-8 中国与世界主要国家(地区)对比资料
——国内生产总值及其增长率

国家和地区	2011 国内生产总值① (亿美元)	国内生产总值增长率（%）				
		2005	2008	2009	2010	2011
世　界	**696596**	**4.54②**	**2.76②**	**-0.61②**	**5.27②**	**3.85②**
中　国	72982	11.31	9.64	9.21	10.45	9.24
中国香港	2433	7.08	2.31	-2.65	7.04	4.97
孟加拉国	1130	6.30	5.96	5.91	6.38	6.06
文　莱	155	0.39	-1.94	-1.76	2.60	1.89
柬埔寨	129	13.25	6.69	0.09	5.96	6.09
印　度	16761	9.03	6.19	6.58	10.62	7.24
印度尼西亚	8457	5.69	6.01	4.63	6.20	6.46
伊　朗	4824	4.66	0.58	3.95	5.90	1.98
以色列	2429	4.94	4.03	0.84	4.85	4.71
日　本	58695	1.30	-1.04	-5.53	4.43	-0.75
哈萨克斯坦	1783	9.70	3.20	1.18	7.25	7.50
韩　国	11163	3.96	2.30	0.32	6.32	3.63
老　挝	79	6.77	7.79	7.59	7.93	8.26
马来西亚	2787	5.33	4.81	-1.64	7.19	5.14
蒙　古	85	7.25	8.90	-1.27	6.37	17.26
缅　甸	519	13.57	3.60	5.14	5.35	5.46
巴基斯坦	2106	8.96	3.69	1.72	3.76	2.39
菲律宾	2131	4.78	4.15	1.15	7.63	3.72
新加坡	2598	7.37	1.70	-0.98	14.76	4.89
斯里兰卡	591	6.24	5.95	3.54	8.01	8.20
泰　国	3456	4.60	2.56	-2.35	7.78	0.07
越　南	1227	8.44	6.31	5.32	6.78	5.89
埃　及	2357	4.47	7.16	4.67	5.15	1.78
尼日利亚	2389	5.39	5.98	6.96	7.98	7.19
南　非	4081	5.28	3.62	-1.54	2.89	3.15
加拿大	17369	3.02	0.69	-2.77	3.22	2.46
墨西哥	11548	3.18	1.19	-6.27	5.54	3.97
美　国	150940	3.07	-0.34	-3.49	3.03	1.74
阿根廷	4476	9.18	6.76	0.85	9.16	8.87
巴　西	24929	3.16	5.17	-0.33	7.53	2.73
委内瑞拉	3158	10.32	5.28	-3.20	-1.49	4.18
捷　克	2153	6.75	3.10	-4.69	2.74	1.66
法　国	27763	1.87	-0.20	-2.63	1.38	1.72
德　国	35770	0.83	0.81	-5.08	3.56	3.06
意大利	21987	0.93	-1.16	-5.49	1.80	0.43
荷　兰	8404	2.05	1.80	-3.48	1.63	1.27
波　兰	5138	3.62	5.13	1.61	3.94	4.35
俄罗斯联邦	18504	6.39	5.25	-7.80	4.30	4.30
西班牙	14935	3.59	0.89	-3.74	-0.07	0.71
土耳其	7781	8.40	0.66	-4.83	9.01	8.46
乌克兰	1650	2.70	2.30	-14.80	4.10	5.21
英　国	24176	2.09	-1.10	-4.37	2.09	0.66
澳大利亚	14882	3.11	2.50	1.37	2.54	2.04
新西兰	1619	3.27	-0.07	-2.07	1.22	1.44

注：①按汇率法计算。②按购买力平价法加权。
资料来源：国际货币基金组织WEO数据库。

12-9 中国与世界主要国家(地区)对比资料
——居民消费价格指数

(2000年=100)

国家和地区	总指数			其中：食品和非酒精饮料		
	2008	2009	2010	2008	2009	2010
中　　国	120.4	119.6	123.5	152.8	153.9	165.2
中国香港	101.4	101.9	104.4	114.9	116.4	119.3
中国澳门	119.4	120.8	124.1	133.2	140.6	147.2
孟加拉国	160.7	169.4	183.2	168.7	177.9	195.9
文　　莱	103.8	104.7	105.1	109.9	111.6	112.7
柬 埔 寨	151.4	159.0	165.4	100.0	64.1	104.0
印　　度	143.0	160.9	180.1	152.3	173.1	194.2
印度尼西亚	207.2	216.1	227.2	210.9	225.7	247.0
伊　　朗	309.1	350.7	386.2	131.0	146.5	164.8
以 色 列	116.6	120.5	123.7	133.2	135.2	138.6
日　　本	99.5	98.1	97.4	101.8	101.9	101.7
哈萨克斯坦	197.5			223.1		
韩　　国	109.7	112.8	116.1	108.2	116.3	123.8
老　　挝	195.9	195.9	207.6	210.7	214.7	231.3
马来西亚	121.5	122.3	124.4	126.1	131.4	134.5
蒙　　古	197.3	151.0		158.2	160.9	
缅　　甸	610.3	515.3	555.1	638.3	524.0	562.0
巴基斯坦	180.8	205.5	234.0	202.6	229.6	268.0
菲 律 宾	155.0	160.0	166.1	152.3	161.1	166.1
新 加 坡	113.4	113.6	116.8	117.8	120.5	122.2
斯里兰卡	199.9	206.8	219.1	213.3	219.2	234.2
泰　　国	126.1	125.0	129.2	139.4	145.6	153.5
越　　南	177.0	188.9		221.4	239.9	
埃　　及	186.4	208.4	231.6	162.0	188.1	225.3
尼日利亚	264.0	296.6	337.8	270.0	309.6	355.7
南　　非	160.0	171.4	178.7	100.0	109.5	111.0
加 拿 大	119.6	119.9	122.2	124.1	130.2	132.0
墨 西 哥	144.0	151.6	158.0	154.1	167.5	174.0
美　　国	125.0	124.6	126.6	127.6	129.9	130.9
阿 根 廷	211.9	225.5	248.8	244.0	250.9	287.0
巴　　西	172.8	181.2	190.4	182.3	192.9	204.6
委内瑞拉	452.1	581.4		738.0	958.3	
捷　　克	125.4			127.9		
法　　国	116.6	116.7	118.5	119.9	120.4	121.4
德　　国	115.5	115.9	117.2	118.3	116.8	118.5
意 大 利	120.7	121.6	123.3	125.4	127.7	127.9
荷　　兰	119.1	120.6	122.1	115.6	116.8	116.7
波　　兰	123.6	127.9	131.3	122.5	127.8	131.1
俄罗斯联邦	272.5	304.3	325.2	274.6	291.3	328.9
西 班 牙	125.8	125.5	127.7	133.4	132.0	130.9
土 耳 其	433.7	460.8	500.3	155.9	168.4	186.2
乌 克 兰	226.4	262.4		100.0	110.9	
英　　国	126.1	125.5	131.3	125.2	131.9	136.0
澳大利亚	128.4	130.7	134.4	138.5	143.6	145.9
新 西 兰	124.4	127.0	129.9	129.1	136.8	138.1

资料来源：联合国ILO数据库。

12-10 中国与世界主要国家(地区)对比资料
——货物进出口额

单位：亿美元

国家和地区	2010		2011	
	出口	进口	出口	进口
世　界	**152740**	**154640**	**182550**	**184380**
中　国	15778	13951	18984	17435
中国香港	4007	4414	4557	5109
中国澳门	9	56	9	79
孟加拉国	192	278	244	362
文　莱	89	25	124	29
柬埔寨	51	68	70	93
印　度	2264	3502	3046	4626
印度尼西亚	1581	1353	2006	1769
伊　朗	1013	650	1315	621
以色列	584	612	678	755
日　本	7698	6941	8226	8550
哈萨克斯坦	600	311	883	379
韩　国	4664	4252	5552	5244
老　挝	17	21	24	27
马来西亚	1986	1646	2270	1877
蒙　古	29	33	48	65
缅　甸	87	48	93	80
巴基斯坦	214	378	253	440
菲律宾	515	585	483	637
新加坡	3519	3108	4095	3658
斯里兰卡	86	135	102	203
泰　国	1953	1829	2288	2285
越　南	722	848	969	1068
埃　及	264	529	305	589
尼日利亚	840	442	1160	550
南　非	809	942	968	1216
加拿大	3879	4025	4524	4626
墨西哥	2983	3102	3496	3611
美　国	12783	19692	14804	22659
阿根廷	681	565	840	739
巴　西	2019	1915	2560	2369
委内瑞拉	657	396	926	476
捷　克	1330	1267	1623	1516
法　国	5235	6097	5961	7139
德　国	12589	10548	14723	12539
意大利	4473	4870	5232	5575
荷　兰	5743	5164	6610	5987
波　兰	1597	1780	1874	2077
俄罗斯联邦	4006	2486	5220	3238
西班牙	2544	3270	3087	3742
土耳其	1139	1855	1349	2408
乌克兰	515	609	685	826
英　国	4057	5615	4732	6378
澳大利亚	2126	2016	2704	2437
新西兰	314	306	377	371

资料来源：世界贸易组织数据库。

2012

北京区域统计年鉴

附录篇

BEIJING AREA STATISTICAL YEARBOOK

指标解释

ZHIBIAO JIESHI

附录：指标解释

（一）法人情况

法人单位 指有权拥有资产、承担负债，并独立从事社会经济活动（或与其他单位进行交易）的组织。法人单位应同时具备以下条件：（1）依法成立，有自己的名称、组织机构和场所，能够独立承担民事责任；（2）独立拥有和使用（或授权使用）资产或者经费、承担负债、有权与其他单位签订合同；（3）具有包括资产负债表在内的账户，或者能够根据需要编制账户。

产业活动单位 指位于一个地点，从事一种或主要从事一种社会经济活动的组织或组织的一部分。产业活动单位应同时具备以下条件：（1）在一个场所从事一种或主要从事一种社会经济活动；（2）相对独立地组织生产活动或经营活动；（3）能提供收入、支出等相关资料。

单产业法人 指仅包含一个产业活动单位的法人单位，该法人单位同时也是一个产业活动单位。

多产业法人 指由两个及以上产业活动单位组成的法人单位，这些产业活动单位接受法人单位的管理和控制。

登记注册类型 企业法人或企业产业活动单位的登记注册类型，按其在工商行政管理机关登记注册的类型填写。如企业登记注册类型发生变化，但未及时到工商部门变更登记，企业应根据变化后的实际情况填写。其他法人和产业活动单位的登记注册类型，按其主要经费来源和管理方式，根据实际情况，比照《企业登记注册类型与代码》填写。

国有企业 指企业全部资产归国家所有，并按《中华人民共和国企业法人登记管理条例》规定登记注册的非公司制的经济组织。不包括有限责任公司中的国有独资公司。

集体企业 指企业资产归集体所有，并按《中华人民共和国企业法人登记管理条例》规定登记注册的经济组织。

股份合作企业 指以合作制为基础，由企业职工共同出资入股，吸收一定比例的社会资产投资组建，实行自主经营，自负盈亏，共同劳动，民主管理，按劳分配与按股分红相结合的一种集体经济组织。

联营企业 指两个及两个以上相同或不同所有制性质的企业法人或事业单位法人，按自愿、平等、互利的原则，共同投资组成的经济组织称为联营企业。联营企业包括国有联营企业、集体联营企业、国有与集体联营企业和其他联营企业。

有限责任公司 指根据《中华人民共和国公司登记管理条例》规定登记注册，由两个以上，五十个以下的股东共同出资，每个股东以其所认缴的出资额对公司承担有限责任，公司以其全部资产对其债务承担责任的经济组织。有限责任公司包括国有独资公司、其他有限责任公司。

私营企业 指由自然人投资设立或由自然人控股，以雇佣劳动为基础的营利性经济组织。包括按照《公司法》、《合伙企业法》、《私营企业暂行条例》、《个人独资企业法》规定登记注册的私营独资企业、私营合伙企业、私营有限责任公司、私营股份有限公司和个人独资企业。

其他企业 指上述类型之外的其他内资经济组织。

港、澳、台商投资企业 指港澳台地区投资者依照中华人民共和国有关涉外经济的法律、法规成立的企业，包括与港澳台商合资经营企业、与港澳台商合作经营企业、港澳台商独资经营企业、港澳台商投资股份有限公司、其他港澳台商投资企业。

外商投资企业 指外国企业或外国人依照中华人民共和国有关涉外经济的法律、法规成立的企业，包括中外合资经营企业、中外合作经营企业、外资企业、外商投资股份有限公司、其他外商投资企业。

（二）人口和就业

户籍人口 指公民依照《中华人民共和国户口登记条例》已在其经常居住地的公安户籍管理机关登记了常住户口的人。

暂住人口 公安机关掌握的本市行政区域内，无本市常住户口，来自外省（市），在京暂住三日以上，并向公安机关申报暂住登记以及领取暂住证的人员。

常住人口 指在某地区实际居住半年以上的人口。

常住外来人口 指不具有本市户籍户口，来自北京市行政区划以外的省、自治区、直辖市，且在京居住半年以上的人口。

从业人员 指在各级国家机关、党政机关、社会团体及企业、事业单位中工作，取得工资或其他形式的劳动报酬的全部人员。包括：在岗职工、聘用的离退休人员以及在单位中工作的港澳台及外籍人员、兼职人员、借用的外单位人员和第二职业者。不包括本单位的不在岗职工。

在岗职工 指在本单位工作并由单位支付工资的人员，以及有工作岗位，但由于学习、病伤产假（六个月以内）等原因暂未工作，仍由单位支付工资的人员。

在岗职工工资总额 与“在岗职工”指标相对应，根据1990年1月1日的国家统计局令（一号）修订，指单位在报告期内直接支付给本单位在岗职工的劳动报酬总额。包括基础工资、职务工资、级别工资、工龄工资、计件工资、奖金、各种津贴和补贴、交通补贴、洗理费、书报费、旅游费、过节费、伙食补助、住房补贴、住房提租补贴、由单位从个人工资中直接为其代扣或代缴的个人所得税、房水电费以及住房公积金和社会保险基金个人缴纳部分等。

在岗职工平均工资 指企业、事业、机关等单位的在岗职工在一定时期内的人均劳动报酬。它表明一定时期在岗职工工资收入的高低程度，是反映在岗职工工资水平的主要指标。

城镇登记失业人数 指年末实有的城镇登记失业人员数（包括全部正在领取失业保险金的失业人员）。

（三）国民经济核算

地区生产总值 是按市场价格计算的地区生产总值的简称。它是一个地区所有常住单位在一定时期内生产活动的最终成果。地区生产总值有三种表现形式，即价值形态、收入形态和产品形态。从价值形态看，它是所有常住单位在一定时期内所生产的全部货物和服务价值超过同期投入的全部非固定资产货物和服务价值的差额，即所有常住单位的增加值之和；从收入形态看，它是所有常住单位在一定时期内所创造并分配给常住单位和非常住单位的初次分配收入之和；从产品形态看，它是最终使用的货物和服务减去进口货物和服务。在实际核算中，地区生产总值的三种表现形态表现为三种计算方法，即生产法、收入法和支出法。三种方法分别从不同的方面反映地区生产总值及其构成。

三次产业 根据社会生产活动历史发展的顺序对产业结构的划分，产品直接取自自然界的部门称为第一产业，对初级产品进行再加工的部门称为第二产业，为生产和消费提供各种服务的部门称为第三产业。它是世界上通用的产业结构分类，但各国的划分不尽一致。我国2002年版国民经济行业分类标准：

第一产业：农、林、牧、渔业（包括农业、林业、畜牧业、渔业和农、林、牧、渔服务业）。

第二产业：工业（包括采矿业、制造业、电力、燃气及水的生产及供应业）和建筑业。

第三产业：除第一、第二产业以外的其他各业。

（四）财政和税收

地方财政收入 指国家财政参与社会产品分配所得的收入，是实现国家职能的财力保证。包括地方公共财政预算收入和基金预算收入。

地方公共财政预算收入 指通过一定的形式和程序，由各级财政部门组织并纳入预算管理的各项收入。

税收收入 包括增值税、营业税、企业所得税、个人所得税、资源税、城市维护建设税、房产税、印花税、城镇土地使用税、土地增值税、车船税、耕地占用税、契税等。

营业税 是对在中华人民共和国境内提供应税劳务、转让无形资产或者销售不动产的单位和个人，就其取得营业额征收的一种税。

企业所得税 是对中国境内全部企业的生产经营所得和其他所得征收的一种税。

增值税 指以商品或劳务销售额为计税依据并实行扣除已征税款制度的一种流转税。

地方财政支出 是以国家为主体，以财政的事权为依据进行的一种财政资金分配活动，集中反映了国家的职能活动范围及其所发生的耗费，包括地方公共财政预算支出和基金预算支出。

地方公共财政预算支出 是各级财政部门对集中的一般预算收入有计划地分配和使用而安排的支出。

一般公共服务支出 指政府提供基本公共管理与服务的支出，包括人大事务、政协事务、政府办公厅(室)及相关机构事务、发展与改革事务、统计信息事务、财政事务、税收事务、审计事务、海关事务、人力资源事务、纪检监察事务、人口与计划生育事务、 商贸事务、知识产权事务、工商行政管理事务、国土资源事务、 海洋管理事务、 测绘事务、地震事务、气象事务、民族事务、宗教事务、港澳台侨事务、档案事务、共产党事务、民主党派事务及工商联事务、群众团体事务、彩票事务等。

教育支出 指政府教育事务支出，包括教育行政管理、学前教育、小学教育、初中教育、普通高中教育、普通高等教育、初等职业教育、中专教育、技校教育、职业高中教育、高等职业教育、广播电视教育、留学生教育、特殊教育、干部继续教育、教育机关服务等。

社会保障和就业支出 指政府在社会保障与就业方面的支出，包括社会保障和就业管理事务、民政管理事务、财政对社会保险基金的补助、补充全国社会保障基金、行政事业单位离退休、企业改革补助、就业补助、抚恤、退役安置、社会福利、残疾人事业、城市居民最低生活保障、其他城镇社会救济、农村社会救济、自然灾害生活救助、红十字事务等。

医疗卫生支出 指政府医疗卫生方面的支出，包括医疗卫生管理事务支出、医疗服务支出、医疗保障支出、疾病预防控制支出、卫生监督支出、妇幼保健支出、农村卫生支出等。

节能环保支出 指政府环境保护支出，包括环境保护管理事务支出、环境监测与监察支出、污染治理支出、自然生态保护支出、天然林保护工程支出、退耕还林支出、风沙荒漠治理支出、退牧还草支出、已垦草原退耕还草、能源节约利用、污染减排、可再生能源和资源综合利用等支出。

交通运输支出 指政府交通运输和邮政业方面的支出，包括公路运输支出、水路运输支出、铁路运输支出、民用航空运输支出、邮政业支出等。

城乡社区事务支出 指政府城乡社区事务支出，包括城乡社区管理事务支出、城乡社区规划与管理支出、城乡社区公共设施支出、城乡社区住宅支出、城乡社区环境卫生支出、建设市场管理与监督支出等。

农林水事务支出 指政府农林水事务支出，包括农业支出、林业支出、水利支出、扶贫支出、农业综合开发支出等。

（五）投资和建筑业

全社会固定资产投资 包括城镇固定资产投资（含房地产开发投资）和农村固定资产投资。

城镇固定资产投资 指城镇各种登记注册类型的企业、事业、行政单位及个体户进行的计划总投资在500万元及以上的建设项目投资。镇及镇以上各级政府及主管部门直接领导、管理的建设项目和企事业单位的投资均为城镇固定资产投资。

农村固定资产投资 农村投资统计以投资项目建设地址所在的地域为农村投资统计的范围，即农村投资是指各种投资主体建设的建设项目地址在农村区域范围内的、以满足农村居民生产、生活需要为主要目的的各种投资活动。农村固定资产投资包括农户和非农户固定资产投资。

房地产开发投资 指从本年1月1日起至本年最后一天止完成的全部用于房屋建设工程和土地开发工程的投资额,以及公益性建筑和土地购置费等投资。

房屋施工面积 指报告期内施工的全部房屋建筑面积。包括本期新开工的面积和上年开工跨入本期继续施工房屋面积，以及上期已停建在本期恢复施工的房屋面积。本期竣工和本期施工后又停建、缓建的房屋面积仍包括在施工面积中，多层建筑应填各层建筑面积之和。

房屋竣工面积 指报告期内房屋建筑按照设计要求已全部完工，达到住人和使用条件，经验收鉴定合格(或达到竣工验收标准)，可正式移交使用的各栋房屋建筑面积的总和。

商品房销售面积 指在报告期内出售商品房屋的合同总面积（即双方签署的正式买卖合同中所确定的建筑面积）。由现房销售建筑面积和期房销售建筑面积两部分组成。

建筑业总产值 是以货币表现的建筑业企业在一定时期内生产的建筑产品和服务的总和。它包括建筑工程产值、设备安装工程产值、其他产值三部分内容。

年末从业人员 指在本单位工作并取得劳动报酬或收入的期末实有人员数。年末从业人员包括在各单位工作的外方人员和港澳台方人员、兼职人员、再就业的离退休人员、借用的外单位人员和第二职业者，但不包括离开本单位仍保留劳动关系的职工。

利润总额 指企业在一定会计期间的经营成果，是生产经营过程中各种收入扣除各种耗费后的盈余，反映企业在报告期内实现的亏盈总额。

（六）能源、环境、城市公用

能源消费总量 指一定地域（行政或地理区域）内，国民经济各行业和居民家庭在一定时期所消费的各种能源的总和。能源消费总量包括终端能源消费量、能源加工转换损失量、能源运输和管理过程的损失量三部分。

平均每万元地区生产总值能源消费量 能源总消费量或分品种能源消费量与地区生产总值之比。

生活垃圾无害化处理量 指报告期内简易处理场和各种垃圾无害化处理场（厂）处理垃圾的总量。垃圾简易处理量指垃圾简易填埋场所处理的垃圾总量。垃圾无害化处理量指垃圾无害化处理场（厂）所处理的垃圾总量。

生活垃圾无害化处理率 指报告期垃圾无害化处理量与垃圾产生量的比率。

公路里程 指公路的长度，凡达到《公路工程技术标准（JTGB01−2003）》规定的技术等级的公路，均统计公路里程，包括大、中城市的郊区公路里程，公路通过城镇（指县城、集镇）街道的里程和公路桥梁长度、隧道长度、渡口的宽度以及分期修建的公路已验收交付使用的里程。国道、省道、县道、乡道和专用公路中新增的人工修建的、路基宽度在4.5米以上的等外路里程也纳入公路里程统计。按技术等级公路可分为高速公路、一级公路、二级公路、三级公路、四级公路和等外公路。

（七）农　　业

农林牧渔业总产值　是以货币表现的农林牧渔业的全部产品总量和对农林牧渔业生产活动进行的各种支持性服务活动的价值。

农作物播种面积　指实际播种或移植有农作物的面积。凡是实际种植有农作物的面积，不论种植在耕地上还是种植在非耕地上，均包括在农作物播种面积中。在播种季节基本结束后，因遭灾而重新改种和补种的农作物面积，也包括在内。

有效灌溉面积　指具有一定的水源，地块比较平整，灌溉工程或设备已经配套，在一般年景下当年能够进行正常灌溉的耕地面积。

设施农业　指以工厂化生产方式，建造人工设施，改变气候条件，提高农作物抵御自然灾害的能力，改良生物特性，使作物实现错季或反季节生产，达到农作物均衡生产的目的。

农业机械总动力　指主要用于农、林、牧、渔业的各种动力机械的动力总和。包括耕作机械、排灌机械、收获机械、农用运输机械、植物保护机械、牧业机械、渔业机械和其他农用机械[内燃机按引擎马力折成瓦（特）计算，电动机按功率折成瓦（特）计算]。不包括专门用于乡、镇、村、组办工业、基本建设、非农业运输、科学实验和教学等非农业生产方面用的动力机械与作业机械。

农村用电量　指本年度内，扣除在农村中的国有经济工业交通、基建等单位的用电量以后的农村生产和生活的全年用电总量（计量单位千瓦小时，按全年累计数统计），包括国家电网供电，也包括农村自办电站供电量。

农用化肥施用量　指本年度内实际用于农业生产的化学肥料数量，包括氮肥、磷肥、钾肥和复合肥。施用量要求按折纯量计算数量，即各类化学肥料的实际施用数量按其含氮、含五氧化二磷、含氧化钾的比例折成百分之百计算。

乡镇及行政村常住户数　指长期（一年以上）居住在乡镇（不包括城关镇）行政管理区域内的住户，还包括居住在城关镇所辖行政村范围内的农村住户。户口不在本地而在本地居住一年及以上的住户也包括在本地农村住户内；有本地户口，但举家外出谋生一年以上的住户，无论是否保留承包耕地都不包括在本地农村住户范围内。不包括乡村地区内的国有经济的机关、团体、学校、企业、事业单位的集体户及集中连片的商品住宅小区居民户。

乡镇及行政村常住人口　指乡村地区常住居民户数中的常住人口数，即经常在家或在家居住6个月以上，而且经济和生活与本户连成一体的人口。外出从业人员在外居住时间虽然在6个月以上，但收入主要带回家中，经济与本户连为一体，仍视为家庭常住人口；在家居住，生活和本户连成一体的国家职工、退休人员也为家庭常住人口。但是现役军人、中专及以上（走读生除外）的在校学生、以及常年在外（不包括探亲、看病等）且已有稳定的职业与居住场所的外出从业人员，不应当作家庭常住人口。

乡镇及行政村从业人员　指全部乡镇及行政村人口中16岁以上实际参加生产经营活动并取得实物或货币

收入的人员，既包括劳动年龄内经常参加劳动的人员，也包括超过劳动年龄（男16—60岁；女16—55岁）但经常参加劳动的人员。但不包括户口在家的在外学生、现役军人和丧失劳动能力的人，也不包括待业人员和家务劳动者。从业人员按从事主业时间最长（时间相同按收入）分为农业从业人员、工业从业人员、建筑业从业人员、交运仓储及邮电通讯业从业人员、批零贸易及餐饮业从业人员、其他从业人员。

（八）工　业

工业总产值　指工业企业在报告期内生产的以货币形式表现的工业最终产品和提供工业劳务活动的总价值量。它包括：在本企业内不再进行加工，经检验、包装入库（规定不需包装的产品除外）的成品价值，对外加工费收入，自制半成品、在产品期末期初差额价值。工业总产值采用“工厂法”计算，即以工业企业作为一个整体，按企业生产活动的最终成果来计算，企业内部不允许重复计算，不能把企业内部各个车间（分厂）生产的成果相加。但在企业之间、行业之间、地区之间存在着重复计算。

轻工业　指主要提供生活消费品和制作手工工具的工业。按其所使用的原料不同，可分为两大类：（1）以农业为原料的轻工业，是指直接或间接以农产品为基本原料的轻工业，主要包括食品制造、饮料制造、烟草加工、纺织、缝纫、皮革和毛皮制作、造纸以及印刷等工业。（2）以非农产品为原料的轻工业，是指以工业品为原料的轻工业，主要包括文教体育用品、化学药品制造、合成纤维制造、日用化学制品、日用玻璃制品、日用金属制品、手工工具制造、医疗器械制造、文化和办公用机械制造等工业。

重工业　是指为国民经济各部门提供物质技术基础的主要生产资料的工业。按其生产性质和产品用途，可以分为下列三类：（1）采掘（伐）工业，是指对自然资源的开采，包括石油开采、煤炭开采、金属矿开采、非金属矿开采和木材采伐等工业。（2）原材料工业，指向国民经济各部门提供基本材料、动力和燃料的工业。包括金属冶炼及加工、炼焦及焦炭化学、化工原料、水泥、人造板以及电力、石油和煤炭加工等工业。（3）加工工业，是指对工业原材料进行再加工制造的工业，包括装备国民经济各部门的机械设备制造工业、金属结构、水泥制品等工业，以及为农业提供的生产资料如化肥、农药等工业。

工业销售产值　是以货币形式表现的，工业企业在报告期内销售的本企业生产的工业产品或提供工业性劳务价值的总价值量。包括企业在报告期内实际销售（包括本期生产和非本期生产）的全部成品、半成品的总价值，报告期内完成的对外承接的工业品加工的加工费收入，对外工业品修理作业可获取的加工费收入和对内非工业部门提供的加工修理、设备安装等收入。已销售的成品、半成品，不论是本期生产的，还是非本期生产的，只要是本期销售出去的均包括在内。企业为本单位基本建设部门、生活福利部门等提供的产品和工业性作业及自制设备也应视同销售，这部分也应作为销售统计。

资产总计　指企业过去的交易或者事项形成的、由企业拥有或者控制的、预期会给企业带来经济利益的资源。资产一般按流动性分为流动资产和非流动资产。其中流动资产可分为货币资金、交易性金融资产、应收票据、应收账款、预付款项、其他应收款、存货等；非流动资产可分为长期股权投资、固定资产、无形资产及其他非流动资产等。

负债合计　指企业过去的交易或者事项形成的，预期会导致经济利益流出企业的现时义务。负债一般按偿还期长短分为流动负债和非流动负债。

所有者权益　指企业资产扣除负债后由所有者享有的剩余权益。公司的所有者权益又称股东权益。包括实收资本、资本公积、盈余公积、未分配利润等。

主营业务收入 指企业确认的销售商品、提供劳务等主营业务的收入。

利润总额 指企业在一定会计期间的经营成果，是生产经营过程中各种收入扣除各种耗费后的盈余，反映企业在报告期内实现的亏盈总额。

应交增值税 指企业按税法规定，从事货物销售或提供加工、修理修配劳务等增加货物价值的活动本期应交纳的税金。

（九）商　　业

社会消费品零售额 指企业（单位、个体户）通过交易直接售给个人、社会集团非生产、非经营用的实物商品金额，以及提供餐饮服务所取得的收入金额。个人包括城乡居民和入境人员，社会集团包括机关、社会团体、部队、学校、企事业单位、居委会或村委会等。

批发和零售业单位 指在流通环节从事商品批发活动和零售活动的单位。

餐饮业企业 指在一定场所，专门从事对食物进行现场烹饪、调制，并出售给顾客主要供现场消费服务活动的企业。如各种饭馆、中西餐厅、酒馆、茶馆和火车餐车、车站食堂、飞机场餐厅等。

住宿业企业 指有偿为顾客提供临时住宿服务活动的单位。如旅游饭店、宾馆、酒店和旅馆、旅店等。

（十）对外贸易

进出口总额 海关进出口总额指实际进、出我国海关并能引起我国境内物质资源增加或减少的进出口货物总金额。包括我国境内法人和其他组织以一般贸易、易货贸易、加工贸易、补偿贸易、寄售代销贸易等方式进出口的货物、租赁期一年及以上的租赁进出口货物、边境小额贸易货物、国际援助物资或捐赠品、保税区和保税仓库进出口货物等的金额合计。进出口总额用以观察一个国家在对外贸易方面的总规模。我国规定出口货物按离岸价格统计，进口货物按到岸价格统计。

实际使用外商直接投资额 指批准的合同外资金额的实际执行数，外国投资者根据批准外商投资企业的合同（章程）的规定实际缴付的出资额和企业投资总额内外国投资者以自己的境外自有资金实际直接向企业提供的贷款。

（十一）旅　　游

入境旅游者 指来中国（大陆）观光、度假、探亲访友、就医疗养、购物、参加会议或从事经济、文化、体育、宗教活动，且在中国（大陆）的旅游住宿设施内至少停留一夜的外国人、港澳台同胞等游客。入境旅游者不包括以下人员：（1）应邀来华访问的政府部长以上官员及其随行人员。（2）外国驻华使领馆官员、外交人员以及随行的家庭服务人员和受赡养者。（3）常住我国一年以上的外国专家、留学生、记者、商务机构人员等。（4）乘坐国际航班过境不需要通过护照检查进入我国口岸的中转旅客。（5）边境地区往来的边民。（6）回大陆定居的港澳台同胞。

（十二）价格指数

居民消费价格指数 是度量消费商品及服务项目价格水平随着时间而变动的相对数，反映居民家庭购买的消费品及服务价格水平的变动情况。居民消费价格指数变动率通常被用来作为反映通货膨胀（或紧缩）程度的指标。

工业生产者出厂价格指数 是反映全部工业产品出厂价格总水平变动程度的相对数。其中包括工业企业售给商业、外贸、物资部门的产品，还包括售给工业和其他部门的生产资料以及直接售给居民的生活消费品。通过工业生产价格指数能观察工业产品出厂价格变动对工业总产值的影响。

工业生产者购进价格指数 是反映全部工业原材料、燃料、动力购进价格总水平变动程度的相对数。用其可以观察和研究工业企业原材料价格变动对生产的影响，以及企业对原材料涨价的消化能力和承受能力，为制定价格政策提供依据。

（十三）城乡居民收支

城镇居民可支配收入 指调查户可用于最终消费支出和其他非义务性支出以及储蓄的总和，即居民家庭可以用来自由支配的收入。它是家庭总收入扣除交纳的个人所得税、个人交纳的社会保障支出以及调查户的记账补贴后的收入。

城镇居民消费性支出 指调查户用于满足家庭日常生活消费需要的全部支出，包括食品、衣着、居住、家庭设备用品及服务、医疗保健、交通和通信、教育文化娱乐服务、其他商品和服务等八大类。包括用于赠送的商品或服务。消费性支出构成是按照商品或服务的用途进行分类，如果消费支出的目的与用途不一致时，必须按照用途归入相应类内。

农村居民纯收入 指农村住户当年从各个来源得到的总收入相应地扣除所发生的费用后的收入总和。纯收入主要用于再生产投入和当年生活消费支出，也可用于储蓄和各种非义务性支出。“农民人均纯收入”是按人口平均的纯收入水平，反映的是一个地区或一个农户农村居民的平均收入水平。

农村居民家庭生活消费支出 指农村住户用于物质生活和精神生活方面的支出。包括食品、衣着、居住、家庭设备用品及服务、医疗保健、交通和通讯、文化教育娱乐用品及服务、其他商品和服务等消费支出。

（十四）教　　育

毕业生数 指上学年度内，具有学籍的学生学完教学计划规定的全部课程，考试及格，取得毕业证书，实际毕业的学生数。不包括结业生和肄业生数。

招生数 指新学年开始时，按照国家计划实际招收入学的新生数。不包括留级生和复读学生数。

在校学生数 指学年初开学以后，具有学籍的注册学生数。

教职工数 指在学校(机构)工作并由学校(机构)支付工资的教职工人数。教职工数包括校本部教职工、科研机构人员、校办企业职工、其他附设机构人员。

专任教师 指主要从事教育工作的人员。包括临时（一年以内）调去帮助做其他工作的教学人员。不包括调离教学岗位，担任行政领导工作或其他工作的原教学人员。不包括兼任教师和代课教师。

（十五）文化、科技

公共图书馆藏书　指各级文化部门举办的面向社会服务的独立的图书馆（不包括文化馆的图书室，也不包括文化系统以外的图书馆藏书）数量。

广播综合覆盖率　根据国家广电总局制定的《广播电视人口覆盖率统计技术标准和方法》进行统计调查的，在对象区内能接收到广播节目的覆盖人口数占本行政区域内人口总数的比率。

电视综合覆盖率　根据国家广电总局制定的《广播电视人口覆盖率统计技术标准和方法》进行统计调查的，在对象区内能接收到电视节目的人口数占本行政区域内人口总数的比率，包括中央、省、地市、县电视节目综合覆盖人口。

专利　是专利权的简称，是对发明人的发明创造经审查合格后，由专利局依据专利法授予发明人和设计人对该项发明创造享有的专有权。包括发明、实用新型和外观设计。

发明专利　指专利法及其实施细则所称的发明，指对产品、方法或者改进所提出的新的技术方案。

实用新型专利　指专利法及其实施细则所称的实用新型，指对产品的形状、构造或者其结合所提出的适于实用的新的技术方案。

外观设计专利　指专利法及其实施细则所称的外观设计，指对产品的形状、图案、色彩或者其结合所做出的富有美感并适于工业上应用的新设计。

（十六）卫生、体育

卫生机构　指从卫生行政部门取得《医疗机构执业许可证》，或从民政、工商行政、机构编制管理部门取得法人单位登记证书，为社会提供医疗保健、疾病控制、卫生监督服务或从事医学科研和教育等工作的单位。

卫生技术人员　指由卫生机构支付工资的全部固定职工和合同制职工中现任职务为卫生技术工作的专业人员，不包括从事管理工作的人员。

执业医师和注册护士　指领取医师执业证书和注册护士证书的人员，不包括从事管理工作的医师和护士。与2002年以前年鉴中的医生和护（师）士口径基本相同。

体育场地　指专门用于体育训练、比赛和健身活动的，有一定投资的公益性或经营性体育建筑设施。

（十七）社会福利

优抚对象　依照法律和政策的规定，享受国家、社会和群众抚恤优待的人员，包括中国人民解放军（包括中国人民武装警察部队）现役军人、革命伤残人员、复员退伍军人、革命烈士家属、因公牺牲军人家属、病故军人家属、现役军人家属。

社会救济对象总人数　指在报告期末生活在当地规定的最低生活保障线以下的家庭人员及国家规定由民政部门救济的特殊人员和60年代精简退职老职工救济人员等。

城市居民最低生活保障人数　指报告期末家庭平均收入在当地规定的最低生活保障线以下的城镇居民数。包括“三无”对象、失业人员和在职、下岗、退休人员等。

农村最低生活保障人数　指报告期末在建立农村最低生活保障制度的地区，得到当地政府或集体给予最低生活保障的农业人口家庭人数。

参加农村新型合作医疗人数　指截止报告期末乡镇已参加农村新型合作医疗的总人数。农村新型合作医疗制度是由政府组织、引导、支持，农民自愿参加，集体、个人和政府多方筹资，以大病统筹为主的农民医疗互助共济制度。

城镇社区服务设施数　指报告期末城镇(街道办事处、居委会）设立的以非盈利为目的，为社区居民服务，特别是为老年人、残疾人、儿童服务的社区服务中心、活动站、服务站、养老院、老年公寓（托老所）、残疾儿童日托所、家务服务站、婚姻介绍所等福利性设施以及职工社会保险管理服务的机构数。几种不同类型的社区服务单位，共用一个场所的，只能统计为一个社区服务设施。成为社区服务设施的条件：(1)是独立核算单位；(2)有固定的从业人员；(3)有一定的服务项目；(4)有一定的服务场所。